शिवानी

प्रख्यात कथाकार शिवानी का जन्म 17 अक्तूबर, 1923 को विजयादशमी के दिन राजकोट, गुजरात में हुआ।

शिवानी की पहली रचना अल्मोड़ा से निकलनेवाली 'नटखट' नामक एक बाल-पत्रिका में छपी थी। तब वे मात्र बारह वर्ष की थीं। इसके बाद वे मालवीय जी की सलाह पर पढ़ने के लिए अपनी बड़ी बहन जयंती तथा भाई त्रिभुवन के साथ शान्तिनिकेतन भेजी गईं, जहाँ स्कूल तथा कॉलेज की पत्रिकाओं में बांग्ला में उनकी रचनाएँ नियमित रूप से छपती रहीं। गुरुदेव रवीन्द्रनाथ टैगोर उन्हें 'गोरा' पुकारते थे। उनकी ही सलाह कि हर लेखक को मातृभाषा में ही लेखन करना चाहिए, शिरोधार्य कर उन्होंने हिन्दी में लिखना प्रारम्भ किया। शिवानी की पहली लघु रचना 'मैं मुर्गा हूँ' 1951 में 'धर्मयुग' में छपी थी। इसके बाद आई उनकी कहानी 'लाल हवेली' और तब से जो लेखन-क्रम शुरू हुआ, उनके जीवन के अन्तिम दिनों तक अनवरत चलता रहा। उनकी अन्तिम दो रचनाएँ 'सुनहुँ तात यह अकथ कहानी' तथा 'सोने दे' उनके विलक्षण जीवन पर आधारित आत्मवृत्तात्मक आख्यान हैं।

1979 में शिवानी को 'पद्मश्री' से अलंकृत किया गया। उपन्यास, कहानी, व्यक्ति-चित्र, बाल उपन्यास और संस्मरणों के अतिरिक्त, लखनऊ से निकलनेवाले पत्र 'स्वतंत्र भारत' के लिए शिवानी ने वर्षों तक एक चर्चित स्तम्भ 'वातायन' भी लिखा। उनके लखनऊ स्थित आवास-66, गुलिस्ताँ कालोनी के द्वार लेखकों, कलाकारों, साहित्य-प्रेमियों के साथ समाज के हर वर्ग से जुड़े उनके पाठकों के लिए सदैव खुले रहे।

21 मार्च, 2003 को दिल्ली में उनका निधन हुआ।

सुरंगमा

शिवानी

राधाकृष्ण पेपरबैक्स

राधाकृष्ण पेपरबैक्स में
पहला संस्करण : 2006
ग्यारहवाँ संस्करण : 2025

राधाकृष्ण पेपरबैक्स : उत्कृष्ट साहित्य के जनसुलभ संस्करण

राधाकृष्ण प्रकाशन प्राइवेट लिमिटेड
जी-17, जगतपुरी, दिल्ली-110 051
द्वारा प्रकाशित

शाखाएँ : अशोक राजपथ, साइंस कॉलेज के सामने, पटना-800 006
पहली मंजिल, दरबारी बिल्डिंग, महात्मा गांधी मार्ग, प्रयागराज-211 001
1, अनमोल सोराबजी संतुक लेन, धोबी तलाव, मरीन लाइंस, मुम्बई-400 002
वेबसाइट : www.radhakrishnaprakashan.com
ई-मेल : info@radhakrishnaprakashan.com

बी.के. ऑफसेट
नवीन शाहदरा, दिल्ली-110 032
द्वारा मुद्रित

मूल्य : ₹ 299

SURANGAMA
Novel by Shivani

ISBN : 978-81-8361-068-1

सुरंगमा

प्रशस्त लॉन की हरीतिमा पर सतरंगी आभा बिखेरती धूप की बृहत रंगीन छतरी हवा में नाव के पाल-सी झूम रही थी, सामने धरी मेज़ पर दो-तीन फाइलों के पन्ने हवा में फड़फड़ा रहे थे। सुरंगमा कुछ हिचक से ही आगे बढ़ी थी। एक बार जी में आया, वहीं से लौट जाए। अभी तो किसी ने उसे देखा भी नहीं था, फिर मीरा के शब्द उसके कानों में गूँज गए—'डैडी ने सब बातें कर ली हैं—तू नाही मत करना सुरंगमा, तेरे भविष्य के लिए यही सामान्य ट्यूशन एक दिन असामान्य सिद्ध होगा। पांडेजी, इस समय मन्त्रिमंडल के सबसे दैदीप्यमान नक्षत्र हैं।' सुरंगमा फिर उसी मेज़ के पास खड़ी हाथ की घड़ी देखने लगी थी, मेज़ पर चश्मा औंधा पड़ा था। फाइल के पन्ने अभी भी फड़फड़ा रहे थे, हाथ की घड़ी नौ बजा रही थी, पर जिसने उसे आठ बजे मिलने का समय दिया था, वह कहीं नहीं था। वह तो अच्छा था, वह आज आठ ही बजे शाम का खाना भी बना-बुनूकर ढाँप आई थी। ठीक साढ़े दस बजे बैंक पहुँचना था। कब तक ऐसे खड़ी रहेगी। उसने इधर-उधर दृष्टि फेरी। एक बेंच पर कई खद्दर की टोपियाँ एक साथ दिख गईं, लगता था सब मन्त्री जी के मिलनेवाले थे। ओफ, इतनी भीड़ में क्या उसे देख पाएँगे मन्त्री जी? अगर आ भी गए तो उस भीड़ के घेरे को चीर उन तक पहुँचने में ही उन्हें घंटाभर लग जाएगा। कैसी विचित्र भीड़ थी। कोई सुरती फाँक रहा था, कोई पनबट्टे से बीड़ा निकाल रहा था, तब ही एक मटमैली-सी रंगउड़ी शेरवानी पहने हृदय-पुष्ट सज्जन टोपी सम्भालते उसकी ओर बढ़ आए, "क्यों बहन जी, कै बजे मिलेंगे मन्त्रीजी, कोई कह रहा है गवर्नमेंट हाउस चले गए हैं।"

"मुझे पता नहीं, मैं स्वयं ही उनसे मिलने आई हूँ।"

सुरंगमा का रूखा स्वर उन्हें और भी वाचाल बना गया।

"आई सी, आई सी—आपसे उनका पुराना परिचय है शायद!"

उनकी गिद्धदृष्टि में कुतूहल की सहस्र किरणें एक साथ फूट उठीं। उस अभद्र प्रश्न का उत्तर दिए बिना ही सुरंगमा फिर लॉन के सीमान्त पर लगे एक पाम वृक्ष की सुबृहत् छाया में खड़ी हो गई। वहीं पर अर्द्ध वृत्ताकार घेरे में बैठी देहाती महिलाओं की कई जोड़ी आँखें उसे बड़े विस्मय से घूरने लगीं। उनमें से एक के हाथ में एक लम्बा-सा कागज़ था, लगता था वही उस दल का नेतृत्व कर रही है और अपनी कोई दरख्वास्त लेकर मन्त्री जी से मिलने आई है। वह उस भीड़ से भी दूर छिटककर बरामदे की ओर बढ़ ही रही थी कि एक नाटा-सा व्यक्ति मिलनेवालों की भीड़ में ही उसे ढूँढ़ता उसकी ओर चला आ रहा था, "क्षमा कीजिएगा, आपको रुकना पड़ा। मैं मन्त्री जी का पी. ए. हूँ, बड़ी देर से आपको ढूँढ़ रहा था, आप यहाँ क्यों खड़ी रह गई। आइए, आइए, मन्त्री जी आपसे अन्दर के कमरे में ही मिलेंगे।"

वह बिना कुछ कहे उसके साथ-साथ चलने लगी। एक बार फिर दौड़कर घर भाग जाने की तीव्र इच्छा उसके अन्तर्मन को झकझोर उठी। क्यों आ गई थी वह यहाँ? कैसी भीड़ थी, लग रहा था मिलनेवालों की भीड़ निरन्तर बढ़ती ही जा रही है। देखते ही देखते कितनी ही रंग-बिरंगी कारें, वर्दीधारी पुलिस अफसर, महिलाएँ बरामदा घेरकर खड़ी हो गईं, कोई चादर ओढ़े निपट देहातिन, कोई मलिन बुर्काधारिणी, कोई ओठों को रँगे बटुआ झुलाती अधैर्य से घड़ी देख रही थी, कोई झकाझक स्वच्छ बगुला के पंख-सी श्वेत साड़ी में समाज-सेवा की जीवन्त विज्ञापन बनी बड़े अन्तरंगतापूर्ण अधिकार से पी. ए. से पूछ रही थी, "अरे भई कब मिलेंगे दिनकर जी? कल तो फोन पर सुबह ही चले आने को कहा था उन्होंने..."

कितनी खद्दर की तिरछी टोपियाँ थीं—कितने खद्दर के कुर्ते—पान से रँगी कितनी कुटिल बत्तीसियाँ।

पी. ए. उसे एक सुदीर्घ, टेढ़ी-मेढ़ी सँकरी गैलरी से ले जाता अनर्गल बोलता चला जा रहा था, "असल में आज मन्त्री जी का एकदम ही पैक्ड प्रोग्राम है, दो-दो युनिवर्सिटियों के अध्यापकों के दो डेप्यूटेशन आए हैं, उधर तीन बजे एक मीटिंग है, दस बजे एक अस्पताल का उद्घाटन करने सीतापुर जाना है। इसी से कहने लगे, यहीं बुला लो—शेव कर रहे हैं, खास मिलनेवालों को हमेशा वहीं बुलाते हैं। आप एक सेकेंड रुकें, मैं खबर कर आऊँ।"

सुरंगमा थमककर बाहर ही खड़ी हो गई।

"आएँ।" पी. ए. पर्दा उठाकर नम्र भृत्य की मुद्रा में खड़ा हो गया।

मोटे-मोटे भारी पर्दों से प्रशस्त कमरा भी उसे एकदम अँधेरा लगा। बड़ी कुर्सी में बैठे जिस महिमामय व्यक्ति के व्यस्त जीवन की विशद भूमिका वह मार्ग-भर सुनती आई थी, उसे देखते ही वह ठिठककर खड़ी रह गई।

"आइए, आइए मिस जोशी, बैठिए," हाथ जोड़कर वह स्वयं जिस नम्रता में दुहरा हो गया, उसके लिए सुरंगमा प्रस्तुत नहीं थी। मूर्ख-सी वह बिना प्रत्युत्तर दिए ही खड़ी रह गई।

"बैठिए ना!"

हड़बड़ाकर उसने हाथ जोड़े और बैठ गई। श्यामवर्णी चेहरे को सद्यः फेरी गई ब्लेड के स्पर्श ने और भी चिकना बना दिया था। चौड़ा माथा, तीखी मुड़ी नासिका, पृथुल अधर और मूँछों की पतली रेखा चेहरे के साँवले रंग से घुल-मिल गई थीं। मेदहीन छँटे-छरहरे शरीर को देखकर लगता था पच्चीस-छब्बीस वर्ष का कोई तरुण सामने बैठा है। किन्तु लाल डोरीदार आँखों में गहन क्लान्ति की अवसन्न छाया थी।

वह हँसा, और साँवले रंग में उसके मोती के-से दाँतों की उजली झलक ने उसकी वयस की मरीचिका में सुरंगमा को एक बार फिर भटका दिया।

क्या इसी व्यक्ति की किशोरी पुत्री को पढ़ाने उसे बुलाया गया था? क्या उसकी इतनी बड़ी पुत्री हो सकती थी?

"नाम तो आपका बड़ा सुन्दर है मिस जोशी, ऐसे नाम तो पहाड़ियों में कम होते हैं। मैं भी पहाड़ी हूँ, शायद आप जानती ही होंगी! क्यों?" वह फिर हँसा, उसकी हँसी प्रत्येक बार उसके ग्लान चेहरे पर सौ पावर का बल्ब-सा जला जाती थी। किन्तु पहली हँसी से कितनी भिन्न थी यह दूसरी हँसी! लाल क्लान्त आँखों का घेरा भी उस हँसी ने ऐसे संकुचित कर दिया कि एक पल को सुरंगमा को लगा, उसकी एक आँख भी हँसी से सँवरे प्रश्न के साथ-साथ कुटिल भंगिमा में मुँद गई है! उसका कलेजा काँप उठा, यह तेज़ नरपुंगव का था या नरभक्षी का!

"जी, मेरे पिता पहाड़ी हैं, माँ बंगाली थीं," कहने के साथ ही उसकी दोनों हथेलियाँ पसीने से तर हो गई। एक माह पूर्व यह प्रश्न पूछा जाता तो उत्तर यह नहीं होता, माँ के लिए तब वह क्या भूतकाल का प्रयोग करती? किन्तु माँ होती तो वह इस अवांछित इंटरव्यू के लिए यहाँ आती ही क्यों?

"ओह तब ही, यही मैं सोच रहा था, मैं बंगाल में बहुत रहा हूँ, मिस जोशी! यह नाम और कोई रख ही नहीं सकता। कभी बुद्धदेव बसु मेरे भी

प्रिय कवि थे। इस कविता की पंक्तियाँ मुझे भी बहुत प्रिय थीं :

छोट्टो घर खानी
मने की पड़े सुरंगमा?
मने की पड़े, मने की पड़े
जानालाय नील आकाश झरे
सारा दिन रात हावाय झडे
सागर दोला...
(उस छोटे-से कमरे की याद है सुरंगमा?
बोलो, क्या अब कभी उस कमरे की याद आती है?
जहाँ की खिड़की से नीलाकाश
बरसता कमरे में रेंग आता था
सारे दिन-रात तूफान
समुद्र झकझोर जाता था)

वही गुनगुनाहट फिर एक बार उसकी बहुरूपिया हँसी में खो गई! कैसे स्निग्ध स्नेही स्मित का आह्वान था इस बार! सुरंगमा का सारा भय दूर हो गया, उस भोले निष्कपट शिशु की-सी हँसी ने उसकी सारी घबराहट दूर कर दी।

"आप जा सकती हैं मिस जोशी, आपका नाम ही आपका परिचय दे गया है। आप निश्चय ही मेरी पुत्री की सुयोग्य शिक्षिका सिद्ध होंगी। मैं बहुत व्यस्त रहता हूँ। आपने तो देख ही लिया होगा। बाहर कैसी भीड़ लगी है। नित्य यही मेला लगा रहता है, यही भीड़। मेरे शुष्क जीवन को साहित्य बहुत पहले ही छोड़ चुका है। आप जाएँ मिस जोशी, मेरे पी. ए. आपको मेरी पुत्री से मिला देंगे। समय भी आप उससे मिलकर स्वयं ही ठीक कर लें। धन्यवाद!"

पल-भर पूर्व, विस्मृत कविता के छन्दों में स्वयं ही पेंगें लेकर झूलता मन्त्री सहसा उदास हो गया था। भावभीनी आँखों की तरल दृष्टि ने गिरगिट का-सा रंग बदल लिया। लग रहा था, वह उसे अपने अधीर आदेश का धक्का-सा दे रहा है। वह बाहर आई तो फिर उनका कठोर स्वर गरजा, "दीक्षित, इन्हें मिनी से मिला दो और जिस समय भी यह पढ़ाने आएँ, इन्हें लाने और छोड़ने स्टॉफ-कार का प्रबन्ध कर दिया जाए।"

"जी, ठीक है।"

और फिर पी. ए. उसे यन्त्रचालित पुतली-सी साथ-साथ लिए दूसरे कमरे में मिनी को बुलाने चला गया। मिनी का कमरा उसी गोल कमरे से संलग्न था, इसी से उसका असन्तुष्ट, सिरचढ़ा नींद में डूबा स्वर बाहर तक आ गयाः

"क्या है? क्यों उठूँ?"

तो क्या वह दस बजे सोकर उठती थी!

"आपकी ट्यूटर आई हैं बेबी, पापा ने कहा है आप उनसे मिल लें, बाहर बैठी है।" पी. ए. का स्वर अत्यन्त नम्र हो उठा था।

बड़ी देर बाद पी. ए. उसे लेकर आया तो सुरंगमा से 'हाय' कह नाइटी के ऊपर लिपटे शॉल में हाथ छुपाए ही मुँह फुलाकर वह बैठ गई।

स्पष्ट था कि उसे ऐसे नींद में उठाए जाने का अभ्यास नहीं था। एक प्रकार से लड़ने की-सी ही अचल मुद्रा में वह तनी बैठी रही। बीच-बीच में एक-आध बार कनखियों से अपनी नई अध्यापिका को देखने का लोभ वह संवरण नहीं कर पा रही थी, यह सुरंगमा ने देख लिया था। स्पष्ट था कि उस गम्भीर सुन्दरी नवीन शिक्षिका ने लड़की को प्रभावित कर दिया था। उसकी अहंकारी, किसी को कुछ न समझनेवाली मुखमुद्रा में स्वयं ही नरमी आ गई।

"मैं कल रात सेकेंड शो देखने चली गई थी, इसी से अभी भी नींद आ रही है।" वह क्षमा माँगने के-से स्वर में हँसने लगी। उसकी उस पिता की-सी आकर्षक उज्ज्वल हँसी से वातावरण का तनाव स्वयं छँट गया।

"तुम क्या इस वर्ष ही एस. सी. दे रही हो?" सुरंगमा के चेहरे से जैसे लड़की की आँखें ही नहीं हट पा रही थीं।

"जी हाँ!"

"कौन-कौन से विषय पढ़ना चाहोगी मुझसे?" सुरंगमा की बुद्धिदीप्त प्रखर दुष्टि में तैर रहा गहन आत्मविश्वास सामने बैठी उसकी भावी शिष्या को सतर बना गया। भावी कठोर अनुशासन के चाबुक की झलक जैसी उसने हवा में लहराती देख ली थी।

"फिज़िक्स, केमिस्ट्री ऐंड मैथ्स।"

"ठीक है, मैं परसों से तुम्हें पढ़ाने आऊँगी, शाम को 6 बजे। इज़ दैट ऑल राइट?"

"जी, 6 बजे तो मैं रेलवे क्लब में तैरना सीखने जाती हूँ।" सुखद सन्ध्या में किशोर मित्रों के साहचर्य का सम्भावित बिछोह उसके स्वर को रुआँसा

बना गया।

"आप सुबह नहीं आ सकतीं मिस, या फिर चार बजे?"

"नहीं," स्वर में घन की-सी दृढ़ खनक थी। उस नहीं का अर्थ था केवल नहीं।

"मैं बैंक में नौकरी करती हूँ। पाँच बजे से पहले कहीं आ-जा नहीं सकती। इफ इट सुट्स यू वेल एंड गुड, नहीं तो अपने पिता जी से मेरी ओर से क्षमा माँग देना।"

वह फिर एक क्षण भी बिना अपनी नवीन छात्रा की ओर देखे, पर्दा उठाकर बाहर चली गई थी। मिनी का खून खौल उठा। ह्वाट चीक! किससे कैसे बातें की जाती हैं, यह भी नहीं जानतीं क्या!

जिस मिनी को सचिव, मुख्य सचिवों की पत्नियाँ पान के पत्ते-सा फेरती थीं, उसके कैशोर्य को पीछे ठेल समवयसिनी के रूप में स्वीकार कर उसे अपनी गोष्ठियों में आमन्त्रित करती थीं, यहाँ तक कि विदेशिनी नन्स भी जिसके पिता के पद की महत्ता को स्वीकार कर उसके अबाध्य आचरण को देखकर अनदेखा कर देतीं, उसी को यह दो कौड़ी की मास्टरनी, अपनी उन्नत नासिका हवा में उठाती, बिना हाथ जोड़े ही चली गई। नहीं पढ़ेगी वह इस अहंकारी लड़की से। लड़की ही तो लग रही थी वह। न जाने किस हिन्दी स्कूल की पढ़ी होगी, एस. सी. का मैथ्स पढ़ाएगी तो पहले ही दिन चकरघिन्नी खाकर गिर पड़ेगी। शक्ल-सूरत की अच्छी हैं तो क्या हुआ। अध्यापिका बनने क्यों आ गई? फिल्म इन्स्टीट्यूट में क्यों नहीं चली गई?

कुछ ही माह पूर्व सुरंगमा घर अपने कपड़े लेने जा रही थी कि किसी ने उसे पुकारा था-"सुनिए," एक सेकेंड वह चौंककर मुड़ी, फिर उस अनजान अपरिचित चेहरे को देख तेज़ी से आगे बढ़ने लगी–शायद किसी और से कह रहा था।

"सुनिए ज़रा रुकेंगी क्या?" इस बार अजनबी एकदम ही उसके पास आ उसका मार्ग रोककर खड़ा हो गया। बहुत बड़े फ्रेम का चश्मा, सिल्क का कुर्ता-धोती और चमकता खल्वाट।

"मैं स्वप्न राय हूँ, शायद आपने मेरा नाम सुना होगा, फिल्म-डायरेक्टर स्वप्न राय!" उसने फिर बड़ी आशा से सुरंगमा की ओर अपनी अहंदीप्त दृष्टि उठा दी थी।

"मैं बड़ी देर से आपके पीछे-पीछे आ रहा था। अपूर्व, ऐके बारे अपूर्व!"

मन का उच्छ्वास जैसे वह रोक ही नहीं पा रहा था। "लाखों में एक चेहरा है आपका—एकदम स्क्रीन-टेस्ट के लिए बनाकर पृथ्वी पर भेजा है शायद विधाता ने! सत्यजीत मेरा परम मित्र है, काश मेरे साथ यहाँ होता! मोशाई, एकदम यही चेहरा ढूँढ़ रहा था स्वप्न राय। कहाँ-कहाँ नहीं घूमा पर चेहरा मिलता भी था तो भावनाविहीन और जहाँ भावपूर्ण चेहरा जुटता वहाँ एक न एक दोष! या तो आँखें छोटी या चिबुक तीखा या नाक बहुत लम्बी—पर आहा—तबीयत खुश कर दी आपने! जैसा ही चेहरा वैसा ही फिगर—मिस, क्या शुभ नाम है आपका? पता? फोन नम्बर? एक बार यदि दया कर मेरे स्टूडियो को पवित्र करें।" पॉकेट से डायरी निकाल वह हाथ में कलम साध सुरंगमा का नाम लिखने को उद्यत हो गया था।

"सुनिए, मेरी माँ मृत्यु-शय्या पर है। मुझे अभी वहाँ पहुँचना है", कह वह एक प्रकार से उसे धक्का देकर आगे बढ़ गई थी।

अब, कभी-कभी सुरंगमा को अपने उस दिन के रूखे व्यवहार पर स्वयं ही दुःख होता था। किन्तु दोष उसका नहीं था। उन दिनों वह अपने जीवन की कठिन अग्नि-परीक्षा से गुज़र रही थी। हाथ के जिस सामान्य से दर्द को माँ ने वातजनित व्याधि ही समझकर ध्यान नहीं दिया था, वही सातवें दिन उसे तीव्र ज्वर और असह्य पीड़ा में तड़पा गई थी! माँ के कॉलेज में उसकी छुट्टी की अरजी देकर वह भागी-भागी अपनी सहपाठिनी मीरा के घर गई थी। मीरा के पिता मेडिकल कॉलेज में रीडर थे, उन्होंने सुरंगमा को उसकी माँ का मृत्यु-दंड सुनाया था। हड्डियों की मज्जा में भी ल्युक्रोमिया का विष फैल चुका था। "सारकोमा में रोगी के जीवन की आशा करना व्यर्थ है बेटी, वैसे कानपुर या बम्बई ले जाकर देख लो।" माँ के कॉलेज की सहृदय अध्यापिकाओं ने उसे एकान्त में बहुत समझाया था। माँ की प्रिन्सिपल भी बंगाली थीं, उन्होंने उसे फंड का रुपया भी दिलवा दिया था, किन्तु फिर भी माँ के उस राजरोग की दामी चिकित्सा उसके लिए असम्भव हो उठी थी। नित्य तीसरे-चौथे दिन रक्त चढ़ाया जाता, किन्तु नियति उसमें किसी कुटिल ग्वाले की ही भाँति फिर पानी मिला देती। स्वयं राजलक्ष्मी भी अपने असाध्य रोग की विषम स्थिति जान गई थी। सुरंगमा जब माँ को लेकर कलकत्ता गई तब उसके मन में एक क्षीण आशा और भी थी। कभी कलकत्ते के पास ही उसके नाना का बहुत बड़ा कारोबार था, आज तक कठिन-से-कठिन विपत्ति आने पर भी माँ ने कभी वर्षों पूर्व छूट गए पितागृह के प्रति कोई ममता

नहीं दिखाई थी। क्या पता, इस बार माँ उसे नाना का पता देकर मिलने भेज ही दे। किन्तु राजलक्ष्मी अपने पिता के कठोर स्वभाव को खूब पहचानती थी। उनकी दृष्टि में उसका अपराध अक्षम्य था, वैभव में लालिता राजलक्ष्मी जब पिता के कठोर अनुशासन की धज्जियाँ उड़ाकर अपने म्यूजिक ट्यूटर के साथ भागी थी, तब उसकी वयस थी केवल सत्रह वर्ष। कानून की दृष्टि में वह नाबालिग थी। राजा प्रबोधरंजन राय चौधरी ने अपनी उस इकलौती पुत्री को ढूँढ़ने में पैसा पानी की तरह बहा दिया था। किन्तु गोविन्दपुरवा के जिस अज्ञातप्राय ग्राम में गजानन जोशी, उनके लाड़ों की पत्नी राजलक्ष्मी को लेकर अपना हनीमून मना रहा था, वहाँ राजा प्रबोधरंजन के लाख-लाख सिपाही भी उसे नहीं ढूँढ़ सकते थे। कैसा विचित्र रहा होगा माँ का जीवन! कभी-कभी सुरंगमा को माँ का रहस्यमय अतीत अन्यमनस्का बना जाता। कहाँ फ्रेंच गवर्नेस मदाम क्रिस्टीन का अनुशासन, पिता के मोनोग्राम अंकित कटलरी में साहबी छोटा हाजरी, बीसियों दास-दासियाँ, चार-चार घोड़ाजुती वह फिटन जिसे उसके नाना ने कलकत्ते की बड़ी गौहरजान से खरीदा था। जब वह छोटी थी, तब कभी-कभी रंग में आने पर माँ उसे अपने शैशव के विलास-वैभव की कहानियाँ सुनाती जैसे दूसरी ही माँ बन उठती। वह फिर लखनऊ के गर्ल्स कॉलेज की अध्यापिका राजलक्ष्मी जोशी नहीं, राजा प्रबोधरंजन राय चौधरी की राजकन्या राजलक्ष्मी बन जाती। बड़ी गौहरजान नाना की गर्लफ्रेंड थीं, उसकी नानी की रहस्यमयी मृत्यु के पश्चात् कोठरी में उनका आना-जाना, नौकर-चाकर, दास-दासी सबने बड़े स्वाभाविक रूप में ही स्वीकार कर लिया था। नित्य सन्ध्या होते ही सजी फिटन के घोड़ों की टाप सुनते ही राजलक्ष्मी दौड़कर गौहर मासी से लिपट जाती। ठीक रात की रानी के सन्ध्या कालीन पुष्पों-सी ही मह-मह महकती थी गौहर मासी। "तेरे नाना को वह नाम लेकर पुकारतीं थी—प्रबोध। मेरा नाम भी तो उन्हीं का दिया है। मुझे देखते ही उन्होंने पापा से कहा था—'लोक्खीर मत कपाल नियये ऐसे छे प्रबोध, डाकबे राजलक्ष्मी।' (लक्ष्मी का-सा ललाट लेकर आई है प्रबोध, इसे राजलक्ष्मी कहकर ही पुकारना।)

किन्तु राजलक्ष्मी के ललाट पर लिखी विधि की अदृश्य लिपि को किसी ने नहीं देखा था। वह लिपि कठोर संघर्ष की, आघातों की और असाध्य रोगजनित कठिन यन्त्रणा की रेखाओं से उसके प्रशस्त ललाट को उसी क्षण संकुचित कर गई थी। पहले-पहले, गोविन्दपुरवा के सरल ग्रामवासियों ने उस

जोड़ी को सन्दिग्ध दृष्टि से ही देखा था। एक तो गजानन का चेहरा ही कुछ ऐसा था कि कोई भी उसकी ओर मैत्री का हाथ बढ़ाने में हिचकता था। हर समय सकपकाई-सी दृष्टि, उठने-बैठने में एक सहमी सी हिचकिचाहट और आवश्यकता से अधिक पैनी, चतुर आँखें। दोनों की वयस का अन्तर भी छिपाए से नहीं छिप सकता था। कच्ची कली-सी साँवली राजलक्ष्मी के सलोने चेहरे पर पीढ़ियों के आभिजात्य की सुस्पष्ट छाप थी। गम्भीर उदास चेहरे की उस दुबली-पतली लड़की का परिचय जब रामभजन मोदी को अपनी पत्नी के रूप में देकर गजानन ने ग्राम में रहने की शरण माँगी तब उसने उसी दिन पंचायत बुलाकर पंचों की राय ली थी—"हमें तो लगता है ससुर, किसी भले घर की लड़की को भगा लाया है। कहीं ऐसा न हो कि आज इन्हें शरण देकर, कल हमारे गाँव की मुश्कें बँधें।"

पर अन्त तक राजलक्ष्मी की करुण, भीरु दृष्टि उस उदार ग्राम का आश्रय पाने में सफल ही हुई थी। ग्राम-पाठशाला से संलग्न एक जीर्ण देवालय से सटी एक खपरैल की छाई कोठरी उन्हें मिल गई। किराया उनसे कुछ भी नहीं लिया गया था, जोशी महाराज ब्राह्मण थे—देवालय की पूजा करते रहेंगे और कुछ दिनों तक स्कूल के अस्वस्थ हेडमास्टर का कार्यभार भी उन्हें सम्भालना होगा।

कुछ ही दिनों में, गजानन जोशी ने अपने रहन-सहन और आचार-व्यवहार से ग्रामवासियों को प्रभावित कर लिया। साफ-सुथरा रेशमी कुर्ता, चुन्नटदार धोती, अनामिका में सोने की अँगूठी, खुले सुवर्ण बटनों से झाँकती यज्ञोपवीत की डोरी। मन्दिर में लगे मकड़ी के जालों को झाड़-झूड़ वर्षों से मलिन शिवलिंग को सोडा से साफ कर गजानन ने चमका दिया फिर प्रातःकाल जोर-जोर से शिवस्तोत्र की आवृत्ति कर उसे कुछ ही दिनों में उसने विस्तृत मन्दिर की महिमा का ऐसा प्रचार आरम्भ किया कि उसी गाँव के नहीं दूर-दूर के गाँवों से भी दर्शनार्थी आकर चढ़ावा चढ़ाने लगे। प्रत्येक शिवरात्रि को, वहाँ अब बड़ी धूम से मेला लगने लगा। कुछ ही महीनों में राजलक्ष्मी को अपने जीवन की सांघातिक भूल का आभास हो गया था। जिस व्यक्ति के चिकने चेहरे और सुकंठ के माधुर्य पर रीझकर, वह पिता का राजसी वैभव त्याग आई थी, उसकी मरीचिका से व्यर्थ अस्तित्व को उसका नैकट्य कुछ ही दिनों में स्पष्ट कर गया। तीसरे ही महीने उसका नवीन सहचर उसके श्यामवर्ण को लेकर जो प्रच्छन्न व्यंग्य कर गया था, उससे राजलक्ष्मी का

कोमल चित्त बुरी तरह आहत हो गया था।

"तुम तो कहते थे, पहाड़ में तुम्हारे पिता के ऊन का बहुत बड़ा व्यवसाय है। इस सड़े-से गाँव में मेरा बिलकुल मन नहीं लगता। वहीं क्यों नहीं ले चलते मुझे? अपनी सेवा से मैं उन्हें प्रसन्न कर लूँगी।"

"और क्या, अपने व्यवहार से तुम उन्हें भले ही प्रसन्न कर लो, तुम्हारा रंग उन्हें कभी प्रसन्न नहीं कर सकता। पहाड़ की तो डोमनियाँ भी गोरी होती हैं।"

राजलक्ष्मी, सिर से पैर तक सुलग गई थी। क्या यह वही गजानन था, जिसने उसके पितृगृह के राजसी एकान्त कक्ष में उसके पैर पकड़कर कहा था, "मैं तुम्हारे बिना एक पल भी नहीं जी सकता। राजलक्ष्मी, ऐसे लुक-छिपकर आखिर हम कब तक मिल पाएँगे? फिर तुम्हारी उस फिरंगी मेम की तो पीठ में आँखें हैं। कैसी बाघिनी-सी चक्कर लगाती रहती है। परसों राजा साहब वर्धमान जा रहे हैं, तुम्हारी बुढ़िया मेम भी अस्पताल में बीमार पड़ी है। इससे अच्छा अवसर फिर हमें कभी नहीं मिलेगा। मैंने सब प्रबन्ध कर लिया है, लिलुवा में मेरा एक मित्र है, उसने अपनी कार देने का वायदा किया है। परसों रात को हम दोनों निकल चलेंगे।"

और सत्रह वर्ष की अबोध किशोरी अपने उस कुटिल प्रेमी का हाथ पकड़कर निकल पड़ी थी। अटैची में थे पूरे पाँच हज़ार रुपए, माँ के छोटे-मोटे गहने, कुछ कपड़े और एक रत्नजटित ओवल दर्पण, जिसे उसके पिता ने उसके सत्रहवें जन्मदिन पर उपहार में दिया था—"मेरी राजलक्ष्मी का चेहरा ही ऐसा है कि उसका प्रतिबिम्ब वह इस रत्नजटित दर्पण में देखे'—कभी-कभी, वह उस खपरैल छाई झोपड़ी में उस दर्पण में अपना चेहरा देखती तो दीर्घतप्त साँसों से वह दर्पण पल-भर में धूमिल हो जाता। उतनी ही बार पितृगृह के वैभव की स्मृति उसे व्याकुल कर देती।

मन्दिर के चढ़ावे के अतिरिक्त गजानन की पाठशाला से भी खासी आमदनी थी। उसके भाग्य से ही शायद हेडमास्टर को प्लूरिसी हो गई थी। वेतन के अतिरिक्त ग्राम के शिष्य कभी दूध-दही, कभी लकड़ी और अनाज ला-लाकर उसका भंडार भर जाते। उस पर ग्राम-भर की अर्जियाँ, तार, चिट्ठी लिखने के अतिरिक्त, उसने एक काम और खोज लिया था। दूर-दूर से लोग उसके पास कुंडली दिखाने आने लगे थे। उसका ज्ञान कितना था, यह तो केवल राजलक्ष्मी ही जानती थी, किन्तु लोगों को जोशी पंडित की गणना में

अद्‌भुत विश्वास था। राजलक्ष्मी को पति के यह सब धन्धे, ज़रा भी अच्छे नहीं लगते थे, उस पर व़ह गजानन में एक अजीब परिवर्तन भी लक्ष्य कर रही थी। सन्ध्या होते ही वह न जाने किधर निकल जाता, कुंडी चढ़ाकर वह अकेले ही बड़ी रात तक उसका खाना लिए जागती रहती : क्या पता, पिता के भेजे किसी सिपाही ने ही उसे पकड़ लिया हो। जब लौटता, तब चेहरा न जाने कैसा तमतमाया रहता और दोनों आँखें रहती जवाफूल-सी लाल। धीरे-धीरे उसने स्वयं ही उस रहस्य की गुत्थी सुलझा ली थी। पति के मुँह से आती देशी ताड़ी की महक पहचानने में उसे विलम्ब हो भी कैसे सकता था! इस महक के सुमार्जित रूप से उसके शैशव का परिचय बहुत पुराना था। उसके पिता के सेलर की प्रसिद्धि दूर-दूर तक थी। जिस पिता की बैठक में उनके मित्रों की महफिल जमती, मदाम उसे सन्ध्या सात बजे ही खिला-पिलाकर सुला देती, पर सोने से पहले अपनी लाड़ली पुत्री को दुलारने पिता एक बार अवश्य आते थे और उनकी आगमनी पूरे कमरे को एक तीखी कड़ुवी सुगन्ध से भर जाती। उस गंध की कुहेलिका बड़ी देर तक कमरे में मँडराती रहती। किन्तु पति के साथ आई इस नवीन दुर्गन्ध से उसे उबकाई सी आने लगती। पहले-पहल वह पीकर आता तो चुपचाप सिर झुकाए चूल्हे के पास ठंडा खाना खा मुँह ढाँप-ढूँपकर सो जाता। क्रोध में उफनती लक्ष्मी कच्ची दीवार की ओर मुँह फेर बड़ी देर तक निःशब्द सिसकती रहती। पर मन्दिर के चढ़ावे की समृद्धि के साथ-साथ धीरे-धीरे गजानन का दुःसाहस भी बड़ी निर्लज्जता से बढ़ता चला गया था। अब वह रात-आधी रात को लौटता तो कभी अनर्गल बकता, कभी थाली पटक लक्ष्मी पर अकारण ही बरसने लगता। "दिन-भर पड़ी-पड़ी खटिया तोड़ती है, यह भी नहीं कि दिन-भर हाड़तोड़ मेहनत कर आए मालिक को ढंग से रोटी बनाकर ही दे दे। यह भी कोई खाना है? तेरे बाप के यहाँ ऐसा ही खाना खाया जाता होगा—क्या? मैं पूछता हूँ, पराँठे बनाने में क्या तेरे बाप की घी खर्च होता है? कल ही तो गुरुसरन चौथाई टिन देसी घी का पहुँचा गया है।"

सहमी-सी लक्ष्मी, एक कोने में दुबक जाती। दूसरे दिन पराठे बनाकर रखती तो वह फिर थाली दूर पटक देता, "मैं पूछता हूँ, यह रोज़-रोज़ पूरी-पराँठे खिलाकर क्या मेरा लिवर चौपट करेगी? जानती नहीं मेरा लिवर कमजोर है? अपना तो रोज़ पूरी-पराँठे खाकर मुटा रही है, साली।"

कभी-कभी लक्ष्मी उसकी हिन्दी में दी गई गालियों को समझ भी नहीं

पाती। गजानन बर्षों बंगाल में रहा था, इसी से उसकी बंगला में एक सहज स्वाभाविकता थी, किन्तु इधर उसे चिढ़ाने को वह जानबूझकर ही हिन्दी बोलने लगा था। जिस नैन-नक्श की उसकी गौहर मासी लाख-लाख बलैया लेती थीं, उसी की दिन-रात खिल्ली उड़ा-उड़ाकर उसने लक्ष्मी को ऐसी हीनभावना से त्रस्त कर दिया था कि वह घंटों उस रत्नजटित दर्पण में अपना चेहरा देखती रहती। क्या वह सचमुच ही इतनी कुत्सित है? उसकी उज्ज्वल बड़ी-बड़ी आँखों की करुण तरल चाशनी ने उन्हें और भी बड़ी बना दिया था, रक्ताल्पता की विवर्णता उसके चेहरे को साँवला होने पर भी गेहुँआ बना गई थी। शरीर पहले की अपेक्षा कृश हो गया था, किन्तु आँखों में विद्रोह ही ज्वलन्त दृष्टि दिन-प्रतिदिन उग्रतर होती चली गई थी। धीरे-धीरे, एक ही-सी नीरस दिनचर्या में लक्ष्मी का एक वर्ष बीत गया था। रात को असमय लौटे पति की अनिश्चित, अस्थिर डगमगाती पदचाप सुन, वह द्वार खोल फिर दीवार की ओर मुँह फेरकर, लेट जाती। पति की गालियों की अजस्र वर्षा भी, अब उसे करवट लेने को नहीं उकसा पाती। न उसके विद्रोही चित में भय था, न संकोच, पर जब नशे में पशु बन गया पति उसे किसी-किसी दिन अपने उग्र प्रणय-निवेदन से त्रस्त कर देता तो वह आतंकित होकर चीख उठती, किन्तु ग्राम की बस्ती से दूर, उस देवालय की कोठरी की जीर्ण दीवारों से टकराकर उसकी चीख, उसी तक लौट आती—'बाबा-बाबा-बाबा गो' वह असहाय, भीरु करुण स्वर में गाय-सी रम्भाती रहती और उसका वह पति, जिसके सुदर्शन चेहरे, लम्बी काठी की कंचन काया पर रीझ वह बिना आगा-पीछा सोचे पितृगृह से निकल आई थी, उसे घृणा से देख कमरे में ही पच्च से थूक देता—"खुँकू, ऐके बारे, जैनो मुखे दाँत नईं—जत सब नैकामी!" (एकदम बच्ची है, जैसे मुँह में दाँत ही नहीं हैं—नखरे देखो इनके!) फिर पति की परितृप्त उल्लसित बीभत्स अट्टहास की गूँज, उसे चेतनाहीन कर देती। अपनी ही रुद्ध श्वास की अवरुद्ध गति, कभी उसे भयत्रस्त कर देती। इतनी तेज़-तेज़ साँस क्यों चलने लगी थी उसकी! कहीं माँ की बीमारी तो नहीं लग गई? फिर खर्राटे भरते पति के पलंग से नीचे लटके आधे धड़ को देख, वह सारी-सारी रात अपनी खिड़की पर खड़ी हो, संलग्न देवालय के गवाक्ष से आते प्रदीप के धूसर प्रकाशपुंज को देखकर ही काट देती।

गोविन्दपुरवा में रहते उसे एक वर्ष से भी कुछ ऊपर ही हो गया था, किन्तु ग्राम के एक भी परिवार से अभी तक उसकी घनिष्ठता नहीं हो पाई

थीं। सरल ग्रामवासियों में, जहाँ प्रचुर मद्यपान करने पर भी, गजानन जोशी को अनोखा सम्मान प्राप्त था, वहीं पर उसकी एकान्तप्रिया पत्नी को, ग्राम ने स्वीकार नहीं किया था। प्रत्येक मंगलवार को ग्राम के चौपाल में जोशी पंडित, सुन्दरकांड का सस्वर पाठ करते थे, ग्राम-भर की स्त्रियाँ पत्र-पुष्प-फल आदि आँचल में भर, रामायण सुनने आतीं और फुसफुसाती, ''कैसी होगी यह पंडिताइन! ऐसी अमरित बरसा करते हैं जोशी पंडित, पर एक दिन भी तो सुनने नहीं आतीं।''

पंडित जोशी के रामायण-पाठ की चर्चा धीरे-धीरे दूर तक फैल गई। जितनी ही दर्शनार्थियों की भीड़ बढ़ने लगी, उतनी ही अधिकाधिक दक्षिणा से गजानन की छींट की थैली भरने लगी। एक तो सीखा-सधा उस्तादी कंठ, उसमें स्वर का जन्मजात माधुर्य और चौपाइयों का स्वाभाविक मधु! हारमोनियम में अलाप लेकर, गजानन प्रत्येक चौपाई, दोहा, सोरठा, कवित को नित्य नवीन राग-रागनियों के पक्के लुभावने रंग में निचोड़कर फैला देता–कभी मांड, कभी दरबारी और कभी कामोद-केदार–

सुनि सीता दुख प्रभु सुख अयना
भरि आए जल राजिव नयना

चौपाई के मर्मस्पर्शी भावों को अभिनय-कला में पटु जोशी पंडित रामनामी चादर से आँखें पोंछ और भी सजीव बना देते। रामायण-पाठ समाप्त होता तो, आँखों से रामायण लगा, अधमुँदे पक्ष्मों की चिलमन से वह देखते रहते कि कितना चढ़ावा चढ़ा है। बड़ी देर तक श्रद्धालु श्रोता पैर छू-छूकर बिना उनकी ओर पीठ किए ही पीछे सरकते जाते, जैसे किसी देवालय में प्रतिष्ठित देवमूर्ति को माल्यार्पण कर लौट रहे हों। बड़ी देर बाद, ध्यानमग्न बगुले की-सी ही फुर्ती से वह दक्षिणा बटोरते और प्रसाद बाँट-बूँट घर की ओर चल देते।

मंगलवार को लक्ष्मी फिर चूल्हा नहीं जलाती। चिवड़ा, गट्टा, केले, फूट, आम, बताशे, इलायची दाने और कभी-कभी तो गन्ने के रस की खीर भी चढ़ावे में आ जाती। वह आज तक कभी पति का रामायण-पाठ सुनने नहीं गई थी। एक तो ग्राम की स्त्रियाँ जब भी उसे देखतीं, फुसफुसाकर न जाने आपस में क्या-क्या कहने लगतीं। उसके पलायन की रहस्य-चादर ग्रामवासियों ने स्वयं ही फाड़ डाली थी। उसका श्यामवर्ण, हिरणी की-सी भयत्रस्त चकित दृष्टि, हिन्दी का अटपटा उच्चारण देख वे समझ गए थे कि वह बंगाली है और जोशी जी उसे किसी सम्भ्रान्त परिवार से तिड़ी कर लाए हैं।

ग्राम के दक्षिण की ओर एक छोटा-सा तालाब था, था तो छोटा, पर उसकी नीलाभ गहराई घातक थी। बहुत पहले उसमें गाँव के ठाकुर का लड़का तैरने में डूबकर मर गया था। तब से वहाँ तैरता कोई नहीं था। ग्रामवासी वहाँ सिघाड़े की बेल फैला दिया करते थे, उसी बेल के विस्तृत अस्तित्व से सहम, अब ग्राम के दुःसाहसी तैराकों ने भी वहाँ तैरना छोड़ दिया था। सन्ध्या घनायमान होते ही, लक्ष्मी कन्धे पर तौलिया डाल, नित्य तैरने चली जाती है और घंटों मछली-सी तैरती रहती है। यह एक दिन किसी ने गजानन से कह दिया तो घर लौटते ही, उसने लक्ष्मी को मारते-मारते बेदम कर दिया था।

"छिनाल, वहाँ किसे अपना योवन दिखाने जाती है, बोल—मुझसे मन भर गया है क्या? जानती है इस गाँव में मेरी कैसी इज्जत है!"

"जानती हूँ!" लक्ष्मी का स्वर, उस निष्प्रदीप अँधेरे कमरे में भयानक कठोरता से गूँज उठा था। "तुम्हारी इज्जत के बारे में, अब क्या जानना बाकी रहा है? मन्दिर में, बूढ़े लच्छू साहू की जवान विधवा बहू को तुम कैसी पूजा करवाते हो, क्या मैं इसी खिड़की से देख नहीं चुकी हूँ? और मैं, जो सिवाय उस ग्राम की तलैया में तैरने के, किसी परिन्दे से भी बात नहीं करती उसे तुम कहते हो छिनाल!" वह पुराने दमे की मरीज-सी हाँफने लगी थी।

"हाँ-हाँ, एक नहीं, हजार बार कहूँगा—वेश्या, वेश्या—वेश्या है तू—दोगली मेरी जासूसी करती है—मैं क्या तेरे उस कुकर्मी बाप और गौहरजान के बारे में कुछ नहीं जानता? वह तो मेरी ही बुद्धि भ्रष्ट हो गई थी जो कुमाऊँ के गर्गगोत्रियों के संस्कारशील परिवार का पुत्र होकर भी तुझ दुराचारिणी को पत्नी बनाकर ले आया।"

"मैं तुम्हारी पत्नी नहीं हूँ, गजानन जोशी!" लक्ष्मी ने आज तक कभी उसे ऐसे नाम लेकर नहीं पुकारा था। "हमारा विवाह हुआ ही कहाँ है? कानून की दृष्टि में, मैं आज भी कुँआरी हूँ। किसी भी थाने में जाकर, आज खड़ी होकर यह कह दूँ कि यह शोहदा मुझे भगाकर ले आया है, तो तुम हवालात में बन्द नजर आओगे।"

इस अप्रत्याशित आघात के लिए, गजानन प्रस्तुत नहीं था। पत्नी की तीव्र उक्ति उसके नशे को भेदती, उसके कलेजे में तीखी छुरी-सी चुभ गई।

"कहाँ है तू—आज तेरा गला घोंटे बिना नहीं छोड़ूँगा। भले ही गजानन जोशी के गले में फाँसी का फन्दा पड़ जाए।" उन्मत्त अविवेकी दानव की ही भाँति दाँत पीसता, वह अँधेरे में उसे टटोलता, झपटने को उद्यत हुआ।

लक्ष्मी खिड़की के पास ही खड़ी थी, पति का वह उग्र रूप देख वह पल को हिचकी, फिर उसने खिड़की से ही छलाँग लगा दी। आश्चर्य था, कि उस ऊँची खिड़की से कूदने पर भी, उसे एक खरोंच भी नहीं लगी। लगभग उन्मादिनी की ही तीव्र गति से वह उस सुदीर्घ जनशून्य पथ को लाँघती-भागती चली गई थी। उसका मस्तिष्क कर्मशून्य था। लग रहा था, वह स्वयं नहीं दौड़ रही है, किसी अदृश्य चुम्बकीय शक्ति से विधि का कोई पूर्व निर्धारित भविष्य उसे अपनी ओर खींच रहा है। छोटे-से स्टेशन पर रुकी एक मालगाड़ी के खाली डिब्बे में ही वह दुबककर बैठ गई थी। सारी रात, वह घोड़ों की, लीद-भरे उस डिब्बे में ठिठुरती रही थी। क्या पता शराबी पति उसे ढूँढ़ता वहीं आ जाए?

किन्तु कोई नहीं आया। एक कठोर झटके से अपने लौह अंजर-पंजर हिलाती मालगाड़ी जब चली, तब विदा लेते उस स्टेशन के कनेर पर भोर की चिरैया चहक रही थी। लक्ष्मी की आँखों से झर-झरकर आँसू बहने लगे, पितृगृह से उसका यह कैसा विचित्र द्विरागमन था।

दिन डूबे मालगाड़ी किसी बड़े स्टेशन पर रुकी और चोरों की भाँति इधर-उधर देखती लक्ष्मी नीचे उतर गई। पहली बार उसे अपनी असहाय विवशता का आभास हुआ और उसके दोनों पैर बुरी तरह काँपने लगे थे। इधर-उधर से आई अनेक पटरियों के संगम पर वह हताश खड़ी थी कि दूर किसी इंजन की सर्चलाइट चमकी। वह आँखें बन्द कर पटरी पर खड़ी हो गई। किसी ने उसे हाथ पकड़कर दूर पटक दिया। दूर गिरते ही जिन पटरियों पर वह खड़ी थी, उन्हीं पर से धड़धड़ाती एक लम्बी रेलगाड़ी उसे लगभग मूर्छित कर गई।

"कौन हो तुम? कटना ही था तो बीच यार्ड में कटने क्यों आई? एक सेकेंड की भी देर होती तो चटनी बन जाती।"

नीली वर्दी में उसका गोरा चेहरा और भी ललछौंहा लग रहा था और उसकी फीरोजवर्णी आँखें निश्चय ही किसी विदेशी की थीं।

"चोट लग गई क्या? उठ नहीं पा रही हो? आई एम सॉरी, पर तुम्हें ऐसे नहीं पटकता तो ओह माई गॉड!" वह फिर, जैसे भयावह सम्भावना का स्मरण करते ही सहम उठा। 'उठ पाओगी?"

स्वीकृति में गर्दन, हिलाती-काँपती लक्ष्मी उठ गई थी।

"कहाँ जाओगी? यह रायबरेली है।"

"मैं तो यहाँ किसी को भी नहीं जानती, इतनी रात को कहाँ जाऊँगी आप यदि कृपा कर आज आश्रय दे दें", उसका स्पष्ट उच्चारण सुनते ही उस अनजान व्यक्ति के चेहरे से, क्रोध की रेखाएँ स्वयं हट गईं।

"अजीब लड़की हो—यू आर सो यंग—और यह भी नहीं जानती कि कहाँ जाओगी। अच्छा, चलो मेरे साथ, इधर से ही चलो, पिछवाड़े से ही निकलना होगा। इधर से जाने पर सब मुझे पहचान लेंगे, फिर तुम्हारे पास टिकट भी तो नहीं होगा—क्यों?"

कुछ भी उत्तर न देकर लक्ष्मी ने सिर झुकाया और हाथों से ही लपेटा गया विराट् जूड़ा, उसकी पीठ पर बिखर गया। उस घनकृष्ण केशराशि को विदेशी की चकित आँखें देखती ही रह गईं। कितने लम्बे बाल थे—लड़की के!

पिछवाड़े से ही, लाइनें फँदाता उसका वह जीवनदाता, उसे अनेक काँटेदार तारों को लँघाता एक छोटे-से लाल खपरैलवाले बँगले में पहुँचा। स्वच्छ बँगले की जाफरी जंगली जलेबी के घनलता-गुल्मों से घिरी थी, बड़े-बड़े रंगीन पीपों में चन्द्रमल्लिका के गुच्छे लटक रहे थे। जेब से चाबी निकालकर, उसने ताला खोला और एक क्षण को, लक्ष्मी की उपस्थिति भूल, अन्यमनस्क-सा स्वयं भीतर चला गया, फिर अचानक मुड़कर वह हँसा। "कैसा मूर्ख हूँ मैं! भूल ही गया था कि तुम बाहर खड़ी हो। आओ-आओ—आई विल मेक यू ए हॉट कप ऑफ टी।"

लक्ष्मी सहमती-सी भीतर गई, बत्ती जलते ही कमरे की अव्यवस्था स्पष्ट हो उठी। एक केन की कुर्सी पर दो-तीन अखबार पड़े थे, दूसरी पर नाइटसूट और ड्रेसिंग गाउन लटके थे। मेज़ पर चाय का जूठा प्याला पड़ा था, उसी की तश्तरी में सिगरेटों का अवशेष स्तूपाकार होकर नीचे बिखर गया था। शायद उसके अजनबी मेजबान ने, अतिथि की दृष्टि का आतंक भाँप लिया था। वह हँसकर कहने लगा "आई एम सॉरी—मेरा कमरा हमेशा इतना ही गन्दा रहता है। आई कांट, हैल्प इट—आई एम ए बेचलर। हफ्ते में एक बार, मेरी बहन वैरोनिका लखनऊ से आकर सब ठीक-ठाक कर जाती है, पर उसके आने तक घर की फिर वही हालत हो जाती है। मेरी ड्यूटी कभी रात की रहती है, कभी दिन की, सफाई करूँ भी तो कैसे? मैं चाय ले आऊँ..."

वह चला गया तो भयभीता लक्ष्मी को वास्तविकता का दुर्द्धर्ष काठिन्य

सहसा चैतन्य बना गया। पता नहीं, कैसा व्यक्ति था वह! पर, रात-भर के लिए इस कुँआरे मेजबान का आतिथ्य स्वीकारने के अतिरिक्त उसके सम्मुख और चारा ही क्या था? कहीं ऐसा तो नहीं था कि विधाता उसे इसी अन्धी खाई में गिराने उस खन्दक से निकाल लाया था!

थोड़ी ही देर में वह एक प्याला चाय लेकर चला आया। उजाले में पहली बार लक्ष्मी ने उसका हँसमुख चेहरा ठीक से देखा। "तुम चाय पी लो, मैं तब तक खाने की व्यवस्था करता हूँ।"

लक्ष्मी चाहने पर भी यह नहीं कह सकी कि उसे बिल्कुल भूख नहीं है, वह उसके खाने की चिन्ता न करे। पर वह तो उसे एकटक देखती प्याला थामना भी भूल गई थी। उस शान्त चेहरे पर शिशु की-सी सरल मुस्कान थी। आँखों के नीचे सामान्य-सी क्लान्ति की झाईं थी, किन्तु चिकने चेहरे पर कहीं भी चिन्ता की एक झुर्री नहीं थी, आँखों के तूतिया रंग की गहराई चेहरे को और भी आकर्षक बना गई थी। लक्ष्मी को एक प्याला थमा, वह स्वयं दूसरा प्याला थाम, उसी के सामने धरी कुर्सी पर बैठ गया। "नाउ टेल मी," उसने अपनी उसी स्निग्ध हँसी से सँवारकर पूछे गए प्रश्न से लक्ष्मी को चौंका दिया, "क्यों ऐसा करने गई थीं? जानती हो, आज केवल ईश्वर की महान् अनुकम्पा ने ही तुम्हें जीवन-दान दिया है?"

लक्ष्मी ने सर झुका लिया, उस अपरिचित दयालु मेजबान के स्वर के वात्सल्य ने उसके आहत चित्त को और भी विचलित कर दिया, उसके हाथ का प्याला काँप गया, होंठ हिले, फिर डबडबाई आँखों के गह्वर ने कंठ अवरुद्ध कर दिया।

"लेट इट बी–लेट इट बी–टेक इट इजी। (जाने दो–धैर्य से काम लो) जब तुम ठीक हो जाओगी, तब बातें करेंगे–तुम चाय पी लो–तब तक मैं ही अपना परिचय दे दूँ, क्यों?" वह फिर हँसा, "मेरा नाम रौबर्ट है, रौबर्ट म्यूरी, पिता अंग्रेज थे, माँ आइरिश। मेल में गार्ड हूँ। इसी से तुम जहाँ भी जाना चाहोगी वहाँ तुम्हें पहुँचाने में मुझे कोई भी दिक्कत नहीं होगी–और तुम्हारा नाम क्या है?"

उसकी निष्कपट हँसी लक्ष्मी को हाथ पकड़कर किसी अबोध शिशु की भाँति जैसे पृथ्वी पर पहले डगमगाते चरण धरना सिखा रही थी।

"लक्ष्मी," चाय के प्याले में ही दृष्टि गड़ाकर उसने कहा।

"ओह लक्ष्मी, द गॉडेस!" उसने फिर अपनी परिहास-सिक्त हँसी से

गम्भीर, साहसी लक्ष्मी को हँसाने की चेष्टा की।

लक्ष्मी का चेहरा लाल हो गया, शायद उसके अस्तित्व-बोध को देख, फिर वह स्वयं खिसियाकर उठ गया।

"तुम हाथ-मुँह धोना चाहोगी?" उसने फिर बड़ी चतुरता से असमय के परिहास का विषय-परिवर्तन कर दिया, "आओ, तुम्हें गुसलखाना दिखा दूँ।"

स्वच्छ गुसलखाने की करीने से धरी वस्तुओं में कहीं पर भी कमरे की-सी अव्यवस्था नहीं थी। बेसिन के ऊपर लगे दर्पण में लक्ष्मी ने अपना चेहरा देखा, तो उसे अपना ही चेहरा अनजाना लगा। कोटरग्रस्त आँखें, पपड़ी-पड़े अधर और रक्तशून्य चेहरा! हाथ-मुँह धोने पर भी वह बड़ी देर तक अन्यमनस्क-सी खड़ी ही रह गई थी। बाहर का अनिश्चित परिवेश उसे बार-बार भीतर धकेल रहा था। जी में आ रहा था, वह रातभर गुसलखाने में ही बन्द रहे। फिर उसने दोनों हाथ ललाट पर टेक, पितृगृह में प्रतिष्ठित दुर्गा का स्मरण किया, 'माँ, मेरी रक्षा करना!' खुले बालों पर बड़ी देर तक शावर की बौछार पड़ने पर भी कनपटी की टपकन दूर नहीं हुई थी, दोनों हाथों से धड़कते स्नायुजाल को ज़ोर से दाब वह बाहर निकल आई।

"आओ-आओ, मेरा खाना तो रोज़ ऐसा ही रहता है, तुम्हें मीट-मछली से परहेज तो नहीं है ना?

"नहीं", सिर हिलाकर लक्ष्मी उसके पीछे-पीछे चली गई थी, मेज़ पर उसने बड़े यत्न से ही दो प्लेटें, काँटे, छुरी, चम्मच सजाकर रखे थे, एक प्लेट में कटी डबलरोटी थी, दूसरी में सलाद था और एक प्लेट में तली मछली के टुकड़े और भुनी कलेजी थी। खाना देखकर लक्ष्मी की भूख जग गई। दो दिन से उसके पेट में अन्न का दाना भी नहीं गया था। पति के उन्मत्त क्रोध से कुढ़-कुढ़कर वह पिछले दो दिनों से नित्य भूखी ही सो जाती थी, फिर भूखी रहती या प्यासी, वहाँ पूछनेवाला ही कौन था?

"खाओ, खाओ लक्ष्मी, घबड़ा क्यों रही हो? कल ही मैं तुम्हें तुम्हारे घर पहुँचा आऊँगा। खाकर आराम से वैरोनिका के कमरे में सो जाना, उसका बिस्तर हमेशा तैयार रहता है। मोमबत्ती और दियासलाई भी सिरहाने रख आया हूँ।"

वह स्वयं डबलरोटी के टुकड़ों के बीच मछली दबाकर ऐसे मनोयोग से खाने लगा, जैसे मेज़ पर वह अकेला ही हो। गहरी भूख लगने पर भी लक्ष्मी गले के नीचे गस्सा नहीं उतार पा रही थी। जिस मछली के लिए कितने दिनों

से उसके प्राण ललक रहे थे, उसे वह आज सामने देखकर भी उठाकर नहीं खा पा रही थी। एक-आध टुकड़ा डबलरोटी किसी तरह पानी की घूँट के साथ निगल उसने नैपकिन से मुँह पोंछ लिया।

"बस? हो गया खाना? तुमने तो कुछ खाया ही नहीं, लक्ष्मी! यह तो ठीक नहीं है—वट आई केन क्वाइट अंडरस्टैंड!" गोद में धरे नैपकिन से मुँह पोंछ वह उठ गया।

"आओ, तुम्हें तुम्हारा कमरा दिखा दूँ", कमरे के द्वार तक उसे पहुँचाकर फिर वह तटस्थ शालीनता से द्वार खोलकर ऐसे खड़ा हो गया जैसे किसी साहब का बैरा हो।

"सुनो लक्ष्मी," फिर वह बड़े गम्भीर स्वर में कहने लगा, "प्रत्येक मनुष्य के जीवन में कभी-कभी ऐसा अवसर आता है, जब मौत के अलावा उसे और कोई रास्ता नहीं सूझता, किन्तु हम मनुष्यों का यह दुर्भाग्य है कि बुलाने से मौत कभी नहीं आती। सुबह, उठोगी, तो निश्चय ही नया प्रभात तुम्हें जीवन के प्रति आशावान् बना देगा। जीवन इतना बुरा नहीं है, लक्ष्मी! अच्छा—सो जाओ, गुड नाइट।"

वह चला गया और उसके बूटों की कठोर पगध्वनि सीमान्त की किसी रहस्यमय दिशा में खो गई। हड़बड़ाकर लक्ष्मी ने चिटखनी चढ़ा दी और कमरे के द्वार से ही लगी आरामकुर्सी पर कटे पेड़-सी वह ढह गई। बहुत देर तक वह किसी सम्मोहित माध्यम-सी उसी कुर्सी पर पड़ी रही। फिर धीरे-धीरे अचानक आ गए किसी उजाले का फोकस कमरे की सज्जा पर फैलता चला गया। कमरे की स्वामिनी निश्चय ही सुघड़ सलीकेवाली थी। लापरवाह भाई की अटपटी गृहस्थी में उसका वह कमरा किसी उधड़े स्वेटर पर लगे नए ऊन के पैबन्द-सा ही अलग चमक रहा था। कमरे के बीचों-बीच एक गोल मेज़ पर क्रोशिये का मेज़पोश बिछा था, उसमें उसी के लगाए हफ्ते-भर के वासी फूल सूखने पर भी लगानेवाली की सुरुचि का परिचय दे रहे थे। दीवार पर क्वीन विक्टोरिया का बड़ा-सा तैलचित्र टँगा था, मेंटलपीस पर बड़ी-सी घड़ी शायद किसी नीलाम से खरीदी गई थी, या फिर अतीत की पीढ़ियों के स्मृतिचिह्न रूप में ही उसे पोंछ-पोंछकर सहेज दिया गया था। घड़ी की दोनों जीर्ण सुइयाँ बारह के धूमिल अक्षरों पर उसी अचल मुद्रा में खड़ी थीं, जिसमें उन्होंने शायद युगों पूर्व बारह बजाए थे। उसी के नीचे किसी के विवाह का एक चित्र टँगा था, जिससे रौबर्ट के मुस्कराते तारुण्य को पहचानने में लक्ष्मी

को बिलम्ब नहीं हुआ। उसके पास ही एक आकर्षक मुस्कराती युवती भी खड़ी थी, तब क्या यही वैरोनिका थी? सिर पर फूलों के ताज सजाए 'ब्राइड्स मेड' बनी तीन-चार बालिकाएँ खड़ी थीं। न जाने क्यों, उस कमरे की सज्जा देखकर लक्ष्मी को पितृगृह की स्मृति विचलित कर गई। ऐसा ही कमरा तो मदाम क्रिस्टीन का भी था। उनके विवाह-चित्र के एक-एक सदस्य का नाम, वेशभूषा, यहाँ तक कि उल्लसित स्मित तक उसे आज तक कंठस्थ था। बटनहोल में पैंजी लगाए मदाम के लम्बे-चौड़े पति, उनकी तीन मुस्कराती बहनें लिज़बेल, डोरोथी और डोन, ऐसे ही पुष्पकिरीट सम्भाले, 'ब्राइड्स मेड' बनी खड़ी थीं, और अपनी विराट् छातियों पर मोतियों की तिहरी लड़ की माला पहन नव वधू से भी अधिक माँ लग रही मदाम विवाह के उस चित्र में भी क्रूर अधरों को गाम्भीर्य से भींचे खड़ी थीं।

पिता के यहाँ गवर्नेस के रूप में आने से पहले मदाम नैनीताल के रमाजे अस्पताल में स्टॉफ-नर्स थीं। माँ के जीवन-काल में ही गृहभंडार की चाबी का गुच्छा बड़ी स्वाभाविकता से मदाम के बटुए में चला गया था। दुर्गापूजा में किसके लिए कैसे कपड़े बनेंगे, नौकरों की वर्दी किस दर्जी से सिलवाई जाएगी, सईसों की पगड़ी किस दुकान से खरीदी जाएगी, घोड़ों को कितना दाना दिया जाएगा। दुर्गापूजा में मूर्तिकार अक्षयपाल को कितना बयाना दिया जाएगा, सब कुछ निर्णय मदाम ही लेती थी। बड़ा दिन आता तो पापा स्वयं मदाम के साथ जा, 'आर्मी एंड नेवी स्टोर' या 'ह्वाइट के लुडलो' के यहाँ उपहारों की सूची थमा आते, फिर जो उत्सव उसके पितृगृह में बड़े दिन की आगमनी पर होता, वह शायद नवरात्रियों में भी नहीं होता था। रुग्ण माँ की देखभाल मदाम ही करती थीं, असल में उन्हीं की परिचर्या के लिए मदाम को बहुत मोटीतगड़ी तनख्वाह का प्रलोभन देकर पापा ने नैनीताल से बुलाया था, फिर धीरे-धीरे उनकी पदोन्नति गवर्नेस के पद पर हो गई। माँ की कंकालप्राय देह की स्मृति ही लक्ष्मी के अन्तर में बार-बार उभरती थी। स्वस्थ रूप से उसने माँ को देखा ही कब था? जब से उसने होश सम्भाला, माँ को बिस्तर पर ही देखा। कभी कलकत्ते से डॉक्टर आ रहे हैं, कभी काशी के कोई प्रसिद्ध कविराज। सैकड़ों कंडों की आँच में लोहे की विराट कढ़ाई में गोमूत्र में शोधा गया आसव पकता और कहीं मदाम कबूतरों को निचोड़-निचोड़ ऐसे ताजा रक्त निकालतीं जैसे कबूतर न होकर सन्तरें हों। फिर एक दिन उसे सुबह ही सजा-धजाकर माँ के कमरे में भेज दिया गया था। ले गई गृह

की पुरानी दासी माया। वह माँ के मायके की दासी थी, उसके साथ मदाम होती तो शायद माँ कुछ नहीं कहती, पर माया थी शायद इसी से उसके हृदय का गह्वर अन्तिम बार पुत्री के सम्मुख मुखर होकर फूट गया था, "आमाके विष दिच्छे डाकातरा खुकू, आमा के विष दिच्छे" (मुन्नी, ये डाकू, मुझे ज़हर दे रहे हैं, ज़हर।) माया की सूजी आँखें और लाल नाक देखकर भी वह अबोध मूर्खा कुछ नहीं समझी थी। दिनभर मामा के यहाँ बिताकर वह रात को लौटी तो भागकर माया उसे छाती से चिपटाकर ज़ोर-ज़ोर से रोने लगी थी। कभी-कभी माँ उसे देखकर भी चुपचाप आँखें बन्द किए पड़ी रहती तो माया कहती, "दीदी, खुकू ऐशेछे।" (दीदी, मुन्नी आई है।) पर माँ वैसी ही मुर्दा पड़ी रहती। किन्तु कभी-कभी उसकी यन्त्रणा-कातर आँखें द्वार की ओर टिकी प्रतीक्षा करतीं। उस दिन वह उसे बड़े लाड़ से छाती के पास खींचकर कहती, "खेये छीश खुकू? जा घुमो ऐ बारे!" (खाना खा लिया तूने? जा अब सो जा!)

आज उसके क्षत-विक्षत चित्त में माँ की एक ही करुण छवि अंकित थी, भयार्त्त दृष्टि और वह सहमा कंठस्वर, 'खुकू डाकातरा आमाके विष दिच्छे!' माँ की मृत्यु के कुछ ही दिन पूर्व की एक और स्मृति भी उसे बीच-बीच में काठ बना देती। उसके पिता के कंठ में अद्भुत मांसल माधुर्य था। उनके कमरे में एक बड़ा-सा औरगन था, जिसे नित्य सुबह उठते ही मदाम अपने स्वच्छ झाड़न से पोंछती थीं, कभी-कभी झाड़न के संस्पर्श से उसके सफेद-काले अवयव मृदु झंकार छोड़ अपनी टनटन से लक्ष्मी को जगा देते। वह जान जाती कि भोर हो गई है। एक दिन वह उसी परिचित टनटन के मधुर एलार्म से जग गई—तब क्या भोर हो गई थी? पर मदाम तो उसकी पार्श्व की पलंग पर पड़ी खर्राटे ले रही थीं। खुली खिड़की से तारों-भरे आकाश को देख उसने आँखें बन्द की ही थीं कि उसे लगा माँ का क्षीण कंठ उसे पुकार रहा है—'खुकू, खुकू...'

माँ उसके पास ही कमरे में अकेली सोती थी। वह उठकर गई तो देखा माँ जगी है, "खुकू, दरवाजा एकटू खुले जा माँ, तोर बाबा गान कोरछे (मुन्नी, दरवाजा ज़रा खोल जा माँ, तेरे पापा गाना गा रहे हैं)।"

उसने दबे पैरों से जाकर पिता के कमरे का द्वार खोल दिया था। भारी डबल पर्दों की यवनिका में संगीत में डूबे उसके पिता उसे देख नहीं पाए। उनके दोनों लम्बे-लम्बे हाथ औरगन के पर्दों पर थिरक रहे थे और चौड़ी पीठ

पर पड़े रेशमी ड्रेसिंग गाउन का नारंगी ड्रैगन अँधेरे में ही चमक रहा था। भाव-विभोर होकर उस दिन उसके पिता ने जो गाना गाया था, उसे फिर उसने बड़ी होने पर न जाने कितनी बार सुना था। कभी आधी रात को, कभी बैसाख की कठोर प्रखर द्विप्रहर में, जब बंगाल की काल बैसाखी लॉन पर प्रहरी-से खड़े सुदीर्घ पाम वृक्षों के आमूल विध्वंस की सम्भावना से उसे कँपा देती थी, और तभी उसी एकान्त कमरे की खिड़की से उनका मीठा गला गूँजकर बाहर चला आता :

तखन तोरे बलेछिनू मन
जास ने रे तुई ऐ विपथे
मानलि नी तंखन
कांटार भये छाड़ली सुपथ
सुगम मेवे धरली विपथ
छ जनाय तोर पथेर सम्पद
करिलो हरन—

(मैंने तब तुझसे कहा था रे मन, इस विपथ में मत जा, पर तूने मेरा कहना नहीं माना, काँटों के भय से तूने सुपथ त्याग दिया, जब छह जनों ने तेरे पथ की सम्पदा हर ली है।)

उस गीत को बार-बार गाकर ही वह क्या अपने अनुतप्त मन की व्यथा माँ तक पहुँचाकर क्षमा माँगते थे? उस दिन पिता का द्वार खोल वह फिर माँ के सिरहाने खड़ी हो गई थी।

"की रे आमार काछे शुबी?" (क्यों री, क्या मेरे पास सोएगी)? हँसकर फिर माँ ने अपने रज़ाई का प्रवेश-द्वार उसके लिए खोल दिया था। वह जानती थी कि यदि कहीं मदाम ने उसकी यह अबाध्यता पकड़ ली तो नन्ही हथेली पर उनके तीखे चाबुक के अनेक प्रहार सहने होंगे।

"जानती हो लक्ष्मी, तुम्हारी माँ को भयानक क्षयरोग है, तुम्हें इसी से उनके पास नहीं जाने दिया जाता। क्यों, तुम भी क्या उन्हीं की तरह दिन-रात बिस्तर पर पड़ी रहना चाहती हो? क्या तुम चाहती हो कि उन्हीं के-से बेडसोर के भयानक घाव ... तुम्हारे सुन्दर नितम्बों पर वैसे ही बेडसोर हों? लोग तुमसे घृणा करेंगे—कोई तुम्हारे पास नहीं फटकेगा..."

"मेरी माँ से कोई घृणा नहीं करता, एक तुम्हीं उनसे घृणा करती हो!" पहली बार उसने अपने मुँहफट शैशव की चोट से मदाम को हतप्रभ कर

दिया था।

"तुम बहुत शैतान और दुष्ट लड़की हो!" मदाम का मर्कटमुखी चेहरा क्रोध से और भी लाल बन गया था।

लक्ष्मी पैर पटकती-रोती अपने कमरे में भाग गई थी।

उस एक रात के माँ के शय्या-शयन के लिए वह मदाम के हज़ार-हज़ार बेंत भी सह सकती थी। कितनी दुबली थी माँ, उसकी पसली की हड्डियाँ उसे छुरी-सी चुभती रही थीं और माँ चुपचाप उसे छाती से चिपटाए रही, फिर स्वयं ही उसने पीठ फेर ली थी। पीठ फिरी रहने पर भी वह जान गई थी कि माँ रो रही है। पापा का स्वर बड़ी देर तक उसी गाने को दुहराता रहा था :

तखन तोरे बलेछिनू रे मन
जास ने विपथे
मानली नी तखन—

खिड़की से आती, काठाल चम्पा की दमघोंट देनेवाली तीव्र सुगन्ध के साथ माँ की देह से आती दवाइयों की गन्ध मिलकर अब भी कभी उसके नथुने फड़का जाती। आज इस अपरिचित मेज़बान की खिड़की से आती वैसी ही पुष्प-गंध उसे पितृगृह के बिछुड़े अतीत की ओर खींच रही थी। कैसा आश्चर्य है कि कभी कोई जानी-पहचानी पूर्व परिचित सुगन्ध भी, भूले-बिसरे धुँधले अतीत को, सदयःअंकित चित्र-सा ही स्पष्ट कर देती है। वैरोनिका की दुग्धधवल शय्या के, कैडलविक पलंगपोश को लक्ष्मी ने तहाकर कुर्सी पर धर दिया। न दो ऊँची तकियों के स्वच्छ गिलाफों के कलेवर पर सोनेवाली अपनी कोई सिलवट छोड़ गई थी, न चादर पर। लगता था, अभी-अभी किसी ने दोनों हाथों से एक-एक सिलवट मिटाकर, नए सिरे से बिस्तर लगाया है। अनजान परिवेश में, उस बिस्तर पर लेटने में भी, लक्ष्मी को हिचकिचाहट हो रही थी, पर बिस्तर पर लेटते ही, अब तक स्वयं उसके भय से सहमी-दुबकी नींद सहसा उसकी पलकें मूँदे दे रही थी। अंग-अंग ऐसे टूट रहा था जैसे किसी ने मार-कूटकर रख दिया हो। उसने बत्ती बुझाई और फिर पलंग पर लेट गई। वह फिर जिधर भी करवट लेती, उधर ही एक भीनी मन्द सुगन्ध उससे लिपट जाती। शौकीन सोनेवाली से उसका यही प्रथम परिचय था। अन्धकार गहन होता चला गया, सड़क के जिस लैम्पपोस्ट का उजाला अब तक कमरे को धूमिल प्रकाश से उज्ज्वल कर रहा था, वह भी शायद बुझ

गया था। उस अन्धकार में, नशे में उन्मत्त उद्धत पति की उग्रमूर्ति, उसके आहत चित्त की व्यथा को और तीव्र कर गई।

कल, जब उसका दयालु मेज़बान उससे पूछेगा—'कहाँ जाओगी तुम?' तो वह उसे अपने प्रत्यावर्त्तन की कौन-सी दिशा का संकेत दे पाएगी? अधःपतित पति की बाँहों में पुनः लौट जाने से तो उसी ट्रेन के नीचे कट जाने में श्रेय था। पितृगृह में लौट जाने को भी उसका भीरु अपराधी चित्त प्रस्तुत नहीं था। पिता का क्रोध वह जानती थी, फिर उस गृह के आलीशान परिवेश में लौटने पर, वह अपने अदृश्य के निर्दिष्ट परिणाम को किसी क्रिस्टल में उभरे चित्र-सा ही स्पष्ट देख सकती थी। उसे देखने पर मदाम का अग्निगर्भा रूप स्मरण करते ही वह उस एकान्त अँधेरे कमरे में भी सिहर उठी थी, जैसे हाथ में चाबुक लिए, कठोर हृदयहीन मदाम आकर उसके सिरहाने खड़ी हो गई हो। पिता की मर्यादा पर उसका निर्लज्ज पलायन जो कलंक का अमिट धब्बा लगा गया था, वह वर्षभर में चाहे कितना ही मलिन क्यों न हो गया हो, उसके घर लौटते ही फिर प्रगाढ़ हो उठेगा। पिता की सम्पत्ति भी उस कलंक को अब म्लान नहीं कर सकती थी। सबसे अधिक आघात तो, पिता को उसकी भग्न सगाई ने दिया होगा। मयूरभंज के राजपरिवार में उसका रिश्ता कब का पक्का हो चुका था। प्रत्येक दुर्गापूजा को, उसकी भावी ससुराल के न जाने कैसे-कैसे भव्य उपहार ग्रहण कर, उसके पिता ने उन थालों की समृद्धि द्विगुणित कर अपने उदार समधी होने की भूमिका बाँधी थी। उन्हें पापा ने क्या मुँह दिखाया होगा? उस अपमान की तीव्र दहन को, क्या उसका प्रत्यावर्त्तन और भी असह्य नहीं बना देगा? फिर, एक वर्ष में ही कुटिल प्रणयी पति का सान्निध्य उसे प्रेम की सँकरी अली-गलियों में घुमा चुका था, पिता और मदाम के अनुचित सम्बन्ध की दुष्कीर्ति को वह न समझ पाए, ऐसी मूर्ख अब नहीं रह गई थी। उसका वही सांसारिक ज्ञान अब मायके को उसके लिए नरक-सा ही कठिन बना देगा। विधि का अमोघ निर्देश ही, अब उसके अभिशप्त जीवन का एकमात्र पाथेय था। बड़ी रात तक वह इधर-उधर करवटें बदलती रही थी। उस गुदगुदी शय्या में भी उसे हज़ार काँटे चुभ रहे थे। उस पर एक अज्ञात भय की सिहरन रह-रहकर उसे कँपा रही थी। कहीं आधी रात को उसका कुँआरा मेज़बान यदि द्वार खटखटा दे तब? किन्तु ऐसा कुछ हुआ नहीं।

पौ फटने से कुछ पूर्व उसे झपकी आ गई। जब हड़बड़ाकर उठी तब

सचमुच ही कोई द्वार खटखटा रहा था। उसने हड़बड़ाकर कपड़े ठीक किए, द्वार खोला तो रौबर्ट, हाथ में चाय की ट्रे लिए मुस्करा रहा था, "आई एम सॉरी, तुम्हें नींद से जगा दिया, पर सात बजे हैं, आठ बजे मेरी ड्यूटी है, तुम्हें फिलहाल वैरोनिका के पास छोड़ जाऊँगा, वहाँ पहुँचकर, तुम्हें जहाँ भी जाना हो, लौटते में तुम्हें मैं वहीं पहुँचा दूँगा—लो पहले चाय पी लो।"

तब क्या सुबह हो गई थी? शायद बड़ी देर में उसकी आँखें झपकीं इससे नींद नहीं टूटी थी। उसने सर झुकाए ही ट्रे थाम ली। रात्रि के अस्पष्ट अन्धकार में रौबर्ट उसकी घनकुन्तल राशि को ही देख पाया था, किन्तु नवीन सूर्य की मन्द किरणें उसके सर्वांग पर छिटकीं, तो वह आश्चर्य चकित मुग्ध दृष्टि से उसे देखता रहा। सोने में जूड़ा अस्त-व्यस्त होकर शिथिल हो गया था पर फिर भी ऐसा लग रहा था जैसे कोई शंखचूड़ काला नाग, कुंडली मारे उसकी ग्रीबा से सट गया हो। ललाट पर स्वेद की बूँदें झलक रही थीं। पीली साड़ी, मुड़ी-तुड़ी होने पर भी यत्न से पहनी गई थी और शायद उसी पीले रंग की पांडुर आभा में सुकुमार चेहरा और भी पीला लग रहा था। ट्रे लेने में, एक पल को विचलित हो गए आँचल की उठी यवनिका से, उसका उद्धत यौवन क्रुद्ध सर्पिणी की-सी ही चिरी जिह्वा लपलपा गया तो रौबर्ट ने सहमकर आँखें फेर लीं।

ऐसा रूप-यौवन, किस कठोर आघात से आहत हो मृत्यु का वरण करने, उस मेल ट्रेन के पहिए के औदार्य का याचक बना होगा?

चाय पीकर वह ट्रे उठा स्वयं ही बेसिन में साफ करने लगा, तो पहली बारी नतमुखी लक्ष्मी का बोल फूटा, "आप हट जाइए, मैं धो देती हूँ..."?

"ओह सो काइंड ऑफ यू—पर मुझे तो यह बस नित्य करने की आदत है—ह्वाई स्पायल मी।" वह हँसा।

लक्ष्मी ने उसके हाथ से प्याले लेकर स्वयं साफ कर दिए, फिर ट्रे उठाकर मेज़ पर धर आई। रौबर्ट तैयार होने चला गया। जब लौटा तब नीली वर्दी में था। बोसकी की नीली कमीज में, उसका गोरा रंग और निखर आया था। ग्रीक सौन्दर्य की रूपरेखा से गढ़े चेहरे पर तीखी नाक के नीचे लाल अक्षरों पर ममतामयी मुसकान थी, और फीरोज़ी आँखों में था गहन वात्सल्य!

"चलो लक्ष्मी, चलें।" उसने ऐसे अन्तरंग परिचय के स्वर में कहा, जैसे उसे वह वर्षों से जानता हो—"तुम्हें मैं ज़नाने डिब्बे में बिठा दूँगा, घबराना नहीं, बीच-बीच में आकर तुम्हें देखता रहूँगा। दिन ही दिन का तो सफर है,

वह भी कुछ ही घंटों का, चार बजे लखनऊ पहुँच जाएँगे--मेरा केबिन गाड़ी के छोर पर है।" वह मार्ग-भर, किसी नन्हीं बच्ची की तरह उसे दिलासा देता आया, पर वह धन्यवाद का शब्द भी नहीं कह पाई।

ट्रेन के जिस ज़नाने डिब्बे में रौबर्ट उसे बिठा गया था, उसमें दो-तीन देहाती स्त्रियाँ गठरी-मोटरी लिए बैठी थीं। गोरे साहब को देखकर तीनों सहम कर सिकुड़ गईं।

रौबर्ट फिर, जाते-जाते लौट आया। अपना बटुआ उसे थमाकर फिर वह अंग्रेजी में ही कहने लगा, "इसे रख लो, शायद कभी ज़रूरत पड़े।" ट्रेन चल पड़ी, पर बड़े आत्मविश्वास से अनुभवी लम्बी-लम्बी डगें भरता अपने डिब्बे की ओर बढ़ गया। मार्ग-भर उसकी सहयात्रिणियाँ उसे सन्देह से घूरती रहीं, शायद रौबर्ट का व्यक्तित्व और अंग्रेजी सम्भाषण, उन्हें और सहमा गया था। लखनऊ पहुँचने से पूर्व रौबर्ट उसे चाय का एक कुल्हड़ थमा गया था, "लाइक इट? आई लव दिस कुल्हड़ टी।" वह खिड़की पकड़ स्वयं भी अपने कुल्हड़ से चुस्कियाँ लेता गाड़ी चलने तक खड़ा रहा था।

लखनऊ आने के एक स्टेशन पहले ही उसकी तीनों सहयात्रिणियाँ डिब्बा खाली कर उतर गई तो लक्ष्मी भयभीत हो गई। कहीं कोई चोर-उचक्का चढ़ आया तो वह क्या कर लेगी। पर, गाड़ी उसके बाद किसी भी स्टेशन पर नहीं रुकी। चारबाग आते ही रौबर्ट उसे उतारने आ गया। उसके पीछे-पीछे वह ऐसी सकपकाई-सहमी चली जा रही थी, जैसे दाएँ-बाएँ, आगे-पीछे एक ही गजानन के असंख्य संस्करण उसे पकड़ने चले आ रहे हों। उसी आतंक के साथ-साथ एक और दुश्चिन्ता उसे मुखर बना गई।

"सुनिए, मेरे पास तो टिकट नहीं है।"

"मेरा बटुआ तो है ना।" रौबर्ट हँसा, "कहीं उसे लेकर न भाग जाना।"

लक्ष्मी का चेहरा फक्क पड़ गया। छि-छि, उसने क्या अन्त तक बटुआ लेकर भागनेवालियों की श्रेणी में ही उसे रख दिया था।

रिक्शा उसे लखनऊ के जिन प्रशस्त पथों से लिए जा रहा था, उनसे लक्ष्मी का कोई पूर्व परिचय नहीं था। पिछली बार पति के साथ जब पितृगृह से भागकर आई थी, तब गजानन ने उसके लम्बे घूँघट को एक पल के लिए भी नहीं हटने दिया था। लखनऊ का स्टेशन कब आया और कब गया, वह जान भी नहीं पाई थी। लालबाग के लाल ईंटों के बने छोटे-से बँगलेनुमा मकान के पास ही रिक्शा छोड़ रौबर्ट लोहे का फाटक खोल उसे भीतर ले

गया। बरामदे में वह रौबर्ट के पीछे खड़ी थी कि घंटी का शब्द सुन गृहस्वामिनी ने द्वार खोल दिया। भाई को देखकर चिकने गौरमुखमंडल पर क्षण-भर को उतरी उजली हँसी उसी पल भाई की अपरिचिता संगिनी को देख, लिपस्टिक-रंजित अधरों पर ही विलुप्त हो गई। जिस सुगन्ध का भभाका लक्ष्मी को उसकी शय्या पर ही बेसुध कर गया था उसी सुगन्ध का आभास पाते ही वह जान गई कि यही वैरोनिका है।

"वैरोनिका, दिस इज़ लक्ष्मी! लक्ष्मी, यह मेरी बहन है, वैरोनिका," रौबर्ट ने ऐसी स्वाभाविकता से दोनों का एक-दूसरी से परिचय कराया, जैसे दोनों ही को एक-दूसरी से मिलने का पूर्वाभास था, किन्तु कुँआरे भाई के साथ उस सुन्दरी साँवली हिन्दुस्तानी युवती को देखकर वैरोनिका प्रसन्न नहीं हुई थी, यह भाव प्रतिपल उसके कठोर चेहरे को उग्रतर बनाता और भी कठोर बना रहा था। उस श्यामवर्णी चेहरे को उसका ऐंग्लो इंडियन आभिजात्य भीतर आने का निमन्त्रण नहीं दे पा रहा था।

"कम इन लक्ष्मी", रौबर्ट का ही स्नेहसिक्त स्वर उसे किसी उत्साहित बालक के-से उत्कंठित आमन्त्रण से भीतर खींच ले गया।

बहन का कमरा भाई के कमरे से कहीं अधिक सुव्यवस्थित था। कमरे में लगा केन का सोफा, दीवान पर बिछा डनलप मोज़ेइक, फर्श की सुघड़ता, सबमें सुरुचि की सुस्पष्ट छाप थी। दीवार पर वैरोनिका के यौवन-काल का आदमकद चित्र टँगा था, जिसमें खुले गले के नीले गाउन में उसके उत्तुंग यौवनदीप्त वक्षस्थल पर गार्नेट की माला के सुरमई दाने, अधरों पर गाढ़े लिपस्टिक की रेखा, घुटने पर धरे हाथ की लम्बी मध्यमा पर सिग्नेट अँगूठी का चौकोर चमकता कत्थई कश्मीरी पत्थर अपने कलेवर पर चमकते अबरखी सितारों के साथ ऐसा जीवन्त होकर निखर आया था कि लगता था अभी वह चौखट से उतरकर कुर्सी पर बैठ जाएगी।

यौवनकाल में वह निश्चय ही अनिन्द्य सुन्दरी रही होगी, किन्तु अब इस गतयौवना के चेहरे और उस चित्रांकित पूर्णयुवती के सुचिक्कन चेहरे में कोई साम्य नहीं था।

"मैं तो जानती थी कि तुम हमेशा की तरह आज भी अकेले ही आओगे, इसी से मैंने एक ही जने का खाना फ्रिज में रखा है।"

वैरोनिका ने बिना लक्ष्मी की ओर देखे ही भाई को सम्बोधित कर स्पष्ट कर दिया कि खाना केवल उसी के लिए रखा गया है, अचानक छत फाड़कर

टपक पड़ी उस हिन्दुस्तानी लड़की के लिए नहीं।

रौबर्ट ने बहन की बात अनसुनी कर बड़े चातुर्य से प्रसंग बदलने की चेष्टा की, "अरे हाँ, वैरोनिका, तुमने पिछली बार कहा था ना, अब कभी मद्रास की ओर जाऊँ तो तुम्हारे लिए ढेर सारी काली मिर्च ले आऊँ और नटमैग! ओह लक्ष्मी, तुम कभी वैरोनिका के हाथ का बना स्पौंजकेक खाओगी तो बस अँगुलियाँ ही चाटती रहोगी, पर वैरोनिका मूड आने पर ही केक बेक करती है, क्यों है ना?" पर रूठी वैरोनिका पूर्ववत् बड़बड़ाती रही, "खाना कम पड़ेगा तो मुझे दोष मत देना, मैं क्या जानती थी कि तुम किसी को साथ ला रहे हो?"

लक्ष्मी का चेहरा अपमान से लाल पड़ गया, किन्तु बहन की बात जैसे रौबर्ट के कान में ही नहीं पड़ी।

"बड़ी भूख लगी है वैरोनिका, जो कुछ भी बनाया है जल्दी से मेज़ पर लगा दो। मुझे तीन बजे एक मेला-स्पेशल लेकर बनारस जाना है। तुम्हारे फ्रिज में बियर-वियर तो होगी ही, क्यों? गला एकदम सूख रहा है।"

फिर वह हँसकर शायद फ्रिज से बोतल निकालने ही भीतर चला गया। उसके जाते ही वैरोनिका ने लक्ष्मी को अपनी तीखी दृष्टि का पहला चाबुक मारा, "तुम रौबर्ट को कब से जानती हो," उस प्रश्न की मींड कुछ तीखी ही होकर, सरसराती लेस के पर्दों को चीर शायद रौबर्ट तक पहुँच गई।

"वैरोनिका, विल यू प्लीज़ कम इन?" उसने बहन को भीतर बुला लिया।

पहले दोनों की बातें अत्यन्त मन्द शालीन स्वर में होती रहीं, अचानक ही वैरोनिका का उत्तेजित कंठस्वर लक्ष्मी को चौंका गया।

"नो थैंक यू सर", वह व्यंग्य से अपनी सारी शालीनता भूल-बिसर गई थी, "मैं ऐसी मूर्ख नहीं हूँ, न जाने क्या चुरा, किसे मार-मूर, किसके पाप की गठरी मेरे दरवाज़े पर उतारने आई है। जहाँ से लाए हो, वहीं छोड़ आओ। आज तक इस मुहल्ले में वैरोनिका म्यूरी की ओर किसी ने अँगुली नहीं उठाई। आज, जब कब्र में जाने की घड़ियाँ गिन रही हूँ तब इस जवान छोकरी का पाप धोने को कह रहे हो?"

"क्या बात कर रही हो वैरोनिका, कौन तुमसे कह रहा है कि उसे सदा के लिए आश्रय दो। मैं क्या इतना मूर्ख हूँ। लड़की निश्चय ही किसी सम्भ्रान्त परिवार की है। हम तुमसे भी साफ अंग्रेज़ी बोलती है और मैं तो किसी को भी काँटे-छुरी पकड़ते ही उसकी ब्रीड पकड़ लेता हूँ, बेचारी न जाने किस

आफत की मारी ट्रेन से कटने जा रही थी...''

''तो क्या मैंने दुनिया-भर के आफत के मारों का कोई ठेका ले रखा हैं?''

''वैरोनिका—आई बेग...'' रौबर्ट शायद घुटने टेककर बैठ गया था, किन्तु जितना ही धीमा स्वर रौबर्ट का था, उतने ही क्रुद्ध स्वर में उसकी बहन गरज रही थी।

''नाऊ टेल मी बॉबी, डिड यू गेट हर इनटू ट्रबल? (सच बताओ बॉबी, क्या तुम्हीं ने तो उसका सर्वनाश नहीं किया?)''

''आई स्वीयर, आई स्वीयर वैरोनिका—पर कैसी बात कर रही हो तुम, एकदम बच्ची है बेचारी!''

''जी हाँ, ऐसी सैकड़ों बच्चियों की पाप की गठरियाँ वैरोनिका म्यूरी धो चुकी है। कम से कम बारह हफ्ते का गर्भ है, मैं क्या बच्ची हूँ। पीले चेहरे और पीली आँखों को देखते ही मैं जान गई थी। कहो तो अभी तुम्हारे सामने ही कबुलवा दूँ।''

''नहीं, नहीं,'' रौबर्ट का संकुचित कंठस्वर सहसा दीन-विगलित होकर फुसफुसाहट में खो गया।

जब बड़ी देर बाद दोनों एकसाथ बाहर आए, तब लगता था, दोनों में कोई समझौता हो गया है। रौबर्ट का चेहरा विजय-गर्व से दमक रहा था, ''चलो लक्ष्मी, खाना लग गया है...'' वैरोनिका कठोर दृष्टि से लक्ष्मी को देख फिर भीतर चली गई।

''आपको मेरी वजह से...'' लक्ष्मी का स्वर भर्रा गया—उस छलछलाई कृतज्ञ दृष्टि को देखते ही रौबर्ट स्वयं रुआँसा हो गया।

''ओह प्लीज़ डोंट... वैरोनिका ऐसी नहीं है।'' वह फुसफुसाया, ''जितनी कठोर वह दिखती है उतनी असल में वह है नहीं। अखरोट की ही तरह उसका बाहरी छिलका कठोर है लक्ष्मी, गूदा उतना ही मीठा है।'' फिर, अपनी अनोखी उपमा से स्वयं पुलकित हो, वह किसी शैतान बच्चे-सा मुस्कराने लगा।

''वैरोनिका इज़ ऐन इक्सेलेंट कुक, लक्ष्मी।'' वह शायद जान-बुझकर ही रूठी बहन को मनाने मक्खन लगा रहा था। वैरोनिका ने तीन धुले नैपकिन निकालकर मेज़ पर धर दिए। भाई के लिए ही शायद उसने उस दिन उसकी मनपसन्द चीज़ें बनाकर रखी थीं—गोश्त, मछली, मैकेरुनी, चीज़ कैनेज और

डिंग। किन्तु उसका स्नेहशून्य आतिथ्य लक्ष्मी को जिह्वा पर डंक देता चला गया था। एक रोटी के टुकड़े को ही वह देर तक कुतरती रही थी। पल-भर पूर्व के भाई-बहन के बीच हुए वार्तालाप ने उसे एक ऐसे नए धरातल पर खड़ा कर दिया था, जिसकी धरणी निरन्तर काँप रही थी।

तब क्या सचमुच ही वह उस पशु की सन्तान की माँ बननेवाली थी? किन्तु वह कितनी मूर्ख थी, जो गर्भधारिणी होने पर भी अजन्मी सन्तान के अस्तित्व का एक भी संकेत नहीं समझ पाई। समझती भी कैसे? न आज तक कभी उसका सर चकराया, न उसे किसी शारीरिक अस्वस्तिबोध ने ही विचलित किया। कभी-कभी पितृगृह के उड़िया महाराज की बनाई झाल मछली के लिए वह स्वयं जल से निकली मछली-सी ही तड़प उठी थी। लगता था कहीं किसी की थाली में भी झोल का अवशिष्ट जूठन पा लेती तो नज़र बचाकर शायद चाट ही लेती।

रौबर्ट जाने लगा तो एक पल को लक्ष्मी की निविड़ गम्भीर पुतलियों में न जाने कैसे आतंक की बदली तैर गई थी। रौबर्ट को लगा, वह रो पड़ेगी।

"लक्ष्मी", वह हाथ का बैग झुलाता फिर ठिठककर खड़ा हो गया था, "तुम घबराना नहीं, वैरोनिका ने कहा है, मेरे लौटने तक तुम यहाँ रुक सकती हो।"

'और फिर? फिर मैं कहाँ जाऊँगी?' लक्ष्मी की अकपट दृष्टि में तैर गए उसके मूक प्रश्न की भाषा भी रौबर्ट ने पढ़ ली थी। कुछ क्षणों के लिए उसके सुदर्शन चेहरे पर चिन्ता की झुर्रियाँ उभरीं, फिर वह बड़ी आनन्दी मुद्रा में 'सी यू' कह हाथ हिलाता निकल गया। लक्ष्मी बड़ी देर तक उसकी सुदीर्घ छाया को देखती रही थी।

"आओ, भीतर आ जाओ लक्ष्मी", लक्ष्मी चौंककर मुड़ी। भाई के जाते ही वैरोनिका का उग्र स्वर ज्वार-भाटे की उन्मुक्त तरंगों की भाँति उसी वेग से नम्र हो गया था।

"आओ!" उसका हाथ पकड़ वैरोनिका अकपट स्नेह से उसे भीतर ले गई। द्वार की दोनों चिटखनियाँ लगा उसने मूर्तिवत् अचल खड़ी लक्ष्मी की ओर स्नेह-स्निग्ध दृष्टि से देख, फिर उसी मधुर स्वर में कहा, "आओ, मेरे बेडरूम में चलो।"

वैरोनिका के बेडरूम की भव्य सज्जा भी उसके गोल कमरे की सज्जा-सी ही सुघड़ थी। एक चौड़े नक्काशीदार आईना लगे पलंग पर स्वच्छ बिस्तर

लगा था, पलंगपोश की सपाट बिछावन से लेकर दो ऊँचे तकियों के उत्तुंग उभार में रौबर्ट के बँगले में लगे उसके बिस्तर का-सा यमज साम्य था।

"बैठो!" उसने अन्यमनस्क खड़ी लक्ष्मी का हाथ पकड़कर कुर्सी पर बिठा दिया और स्वयं पलंग पर बैठ गई। कुछ देर तक एक अवांछित चुप्पी की घुटन का बादल कमरे में तैर गया, फिर वैरोनिका ने ही उस मेघ को अपनी मुक्त हँसी के झोंके से बहा दिया।

"क्यों लक्ष्मी, किस दुख से ट्रेन के नीचे कटने गई थीं? मैं बताऊँ?" फिर वह हँसकर उसे छेड़ने के-से स्वर में कहानी-सी सुनाने लगी, "तुम किसी सम्भ्रान्त गृह की पुत्री हो, यह तो मैं तुम्हें देखते ही जान गई थी। शायद, बचपन में ही बहुत उपन्यास पढ़ने लगी थीं," अब अपनी पैनी दृष्टि लक्ष्मी के नतमुखी चेहरे पर गड़ा, उसने अपनी अँगूठियों से भरी अँगुलियों की कैंची-सी बना घुटने पर धर ली, और एक नकली बनावटी लम्बी साँस खींचकर फिर लक्ष्मी के अतीत का सूत्र थाम लिया, "फिर, तुम्हारे जीवन में शायद कोई प्रेमी आया, उपन्यासों के नायक-सा ही सुन्दर–ए डैशिग हीरो और एक दिन तुमने बिना कुछ सोचे-समझे उसे अपना सर्वस्व अर्पण कर दिया, जब उसने तुम्हारी यह अवस्था देखी, तब तुम्हें छोड़कर भाग गया, क्यों, है ना ठीक? मैं जानती हूँ लक्ष्मी, जानती हूँ। कौमार्यावस्था में मातृत्व का बोझ कैसा दुर्वह होता है, कितना लज्जाजनक!" क्या स्वयं अपने ही अतीत की स्मृति वैरोनिका को परदुःखकातर बना रही थी?

"मैं कुँआरी नहीं हूँ।" लक्ष्मी की पतली आवाज़ काँप रही थी।

"ओह दैट इज़ समथिंग–तब क्या पति से झगड़ा हो गया या किसी सौत का आविर्भाव तुम्हें पटरी के पास खींच ले गया? पर ऐसे चेहरे को तो किसी सौत का डर-खौफ नहीं होना चाहिए, लक्ष्मी, क्या विवाह तुम्हारे माता-पिता की सहमति से हुआ था?"

"मेरे माँ नहीं हैं!"

"ओह, तब क्या पिता ने तुम्हारा विवाह किया था?"

"नहीं, मैंने स्वयं ही अपना विवाह किया था।"

"कहाँ, कोर्ट में? पर तुम तो अभी बालिग नहीं लगती, क्या उम्र है तुम्हारी?"

"अठारह वर्ष!"

"ओह माई गॉड! विवाह कहाँ हुआ था?"

‘‘एक मन्दिर में ही हमने एक-दूसरे को माला पहनाकर विवाह किया था।’’

‘‘कोई साक्षी था?’’

‘‘नहीं’’

‘‘मूर्ख लड़की, तुम्हारे इस गुड्डे-गुड़िया के विवाह को कौन मान्यता देगा? न समाज न कानून। तुम्हारे गर्भ की सन्तान अवैध कहलाएगी।’’

लक्ष्मी को लगा, समस्त ब्रह्मांड उसे गोद में लिए घूम रहा है। उसी कुर्सी पर पीठ टेककर उसने आँखें बन्द कर लीं। क्षण-भर पूर्व उसने जिस गर्वस्फीत स्वर में अपने विवाहिता होने की दर्पपूर्ण घोषणा की थी, वह स्वर स्वयं विषाद से आच्छन्न हो गया।

‘‘मैं जानती हूँ, मैंने मूर्खता की थी।’’ वह स्वयं ही बड़बड़ाने लगी—उसने यह स्वप्न में भी नहीं सोचा था कि वह पशु की सन्तान की जननी बननेवाली है, उसे कटु सत्य के आघात पर यह दूसरा आघात व्याकुल कर गया था कि उसकी अवांछित सन्तान अवैध कहलाएगी। रात को, वैरोनिका के लाख मनाने पर भी उसने एक कौर मुख में नहीं लिया और भूखी ही सो गई थी। वैरोनिका ने उसके सोने की व्यवस्था अपने ही कमरे में की थी, पर पास ही के सटे पलंग पर लेटी रौबर्ट की उस बुद्धिमती बहन ने फिर उसके अतीत के विषय में उससे एक प्रश्न भी नहीं पूछा था। दूसरे दिन, वह जाने कब उठकर अपने काम में जुट गई थी। जब लक्ष्मी की आँखें खुलीं तब धूप का एक तिकोना टुकड़ा खिड़की के बन्द पर्दों का अतिक्रमण कर मेज़ पर फैल चुका था।

‘‘जग गई लक्ष्मी? तुम्हें इतनी प्यारी नींद आई थी कि तुम्हें जगाने का मन ही नहीं हुआ। आज मेरी ड्यूटी दिन के एक बजे तक है, डेढ़ तक लौट आऊँगी। तुम्हारे लिए रुकी हूँ, कल रात भी तुमने कुछ नहीं खाया। नहा-धो लो, फिर नाश्ता करेंगे।’’

‘‘पर मुझे तो भूख ही नहीं है।’’ लक्ष्मी की आँखें सजल हो गईं।

‘‘देखो लक्ष्मी’’, एप्रन बाँधती वैरोनिका ने झुककर उसके चिकने बालों पर स्नेह से हाथ फेरा, ‘‘तुम्हें अब एक और की भी चिन्ता करनी है, यह मत सोचो कि तुम अब अपने ही लिए खा-पी रही हो। जो तुम्हारे भीतर एक और प्राणी पल रहा है, उसे भूखे रखने का तुम्हें कोई अधिकार नहीं है, उठो, चलो तो जल्दी—आई एम ऑलरेडी लेट।’’

लक्ष्मी उठकर नहाने जाने लगी तो वैरोनिका एक बड़े-से तौलिए में एक

रेशमी साड़ी, ब्लाउज़, पेटीकोट भी उसे थमा गई।

"अच्छा हुआ, जो ये कपड़े मेरे पास पड़े थे, कभी बड़े शौक से खरीदी थी, पर साड़ी मुझसे सम्भाली नहीं गई। चार-पाँच ज़च्चाओं को वैरोनिका म्यूरी सम्भाल सकती है, पर तुम हिन्दुस्तानियों के इस छह गज़ी तम्बू-कनात को नहीं। हमेशा यही लगता है कि किसी ने कफन लपेट दिया है। अपने कपड़े धोकर डाल देना, ब्लाउज़ तुम्हें अवश्य बड़ा होगा, पर अभी देख ही कौन रहा है। लौटते में मैं अमीनाबाद से तुम्हारे लिए कपड़े लेती आऊँगी, पर याद रहे तब ना! अस्पताल पहुँचते ही तो सब भूल जाती हूँ। सिस्टर म्यूरी यह करो, सिस्टर म्यूरी वह करो, अब पैरों में इतनी ताकत रही नहीं। नहीं तो कभी एक-एक साथ दिन और रात की ड्यूटी निभाई है। यानी एक दिन में पूरे चौंसठ रुपए..."

सफेद झकाझक कलफ की गई तिरछी टोपी उसके सुनहले भूरे केशों पर ताज-सी टिकी थी, नकली बत्तीसी होने पर भी स्वच्छ हँसी थी, एकदम असली।

"लो, चाबी तुम रखो, तुम्हारा नाश्ता मेज़ पर धर गई हूँ—सब ठीक से खा लेना। यह नहीं कि अंडा अधकच्चा है तो उठाकर सिंक में बहा दो। तुम्हारे लिए ऐसा ही हाफ बॉइल्ड अंडा ठीक है।"

उसे चाबी थमाकर, फिर वह चली गई थी। बड़ी देर, उन्मुक्त जलधार के नीचे पूर्ण कुन्तल भिगोकर, जब लक्ष्मी बाहर निकली तब तक मन का बोझ बहुत हल्का हो गया था। किसी प्रकार अपनी दयालु मेज़बान का आदेश पालन कर उसने नाश्ता निबटाया फिर बरामदे में ही बिछी चटाई पर लेट गई। अपरिचित गृह के औदार्य से खुले छोड़े गए एकान्त कमरों में जाने का उसे साहस नहीं हुआ। अब तक वैरोनिका ने दुबारा उसके हृदय के घावों को अपनी कुतूहली जिज्ञासा की अनावश्यक खोंच-खाँच से नहीं दुखाया था, किन्तु स्वयं उसका भी तो कुछ कर्तव्य था। लेटे-लेटे ही वह दृढ़ निश्चय कर चुकी थी कि वैरोनिका के आते ही वह उसे अपने अतीत के बिखरे पृष्ठ थमा देगी। निश्चय ही वह ममतामयी अपरिचिता फिर उसे घर से बाहर नहीं निकाल पाएगी। जब वैरोनिका लौटी, तब उसके दोनों हाथ, कागज के पैकटों से भरे थे।

"मैं तुम्हारे लिए सब कुछ ले आई हूँ।" उसका उत्फुल्ल चेहरा उत्साह से दमक रहा था, "पेटीकोट, साड़ी, तौलिया, कंघा, साबुन, पेस्ट, टुथ-ब्रुश।

दर्जी से भी कह आई हूँ, कल यहीं बैठकर तुम्हारे ब्लाउज़ सिल जाएगा।" कृतज्ञ दृष्टि से उसे देख, लक्ष्मी ने पैकैट थाम लिया, और वह कर भी क्या सकती थी? वह भिखारिणी-सी ही तो, उसके द्वार पर आँचल फैलाकर खड़ी हो गई थी। चाय पीकर जब वैरोनिका उसे लेकर गोल कमरे में बैठी रौबर्ट का मोजा बिन रही थी तब ही लक्ष्मी ने साहस कर अपना पूरा अतीत उसके सम्मुख खोलकर रख दिया।

"लक्ष्मी", वैरोनिका का स्वर गम्भीर था, "मेरी राय मानो तो तुम अपने पिता के पास ही चली जाओ। तुम सम्पन्न गृह की पुत्री हो, तुम्हारे पिता उतने कठोर नहीं होंगे कि तुम्हें क्षमा-दान न दें। फिर, तुम उनकी एकमात्र सन्तान हो। तुम्हारी इस अवस्था में तुम्हारा घर लौट जाना ही ठीक है। हो सकता है अपनी प्रतिष्ठा और वैभव के ज़ोर से तुम्हारे पिता तुम्हारे उस अकर्मण्य पति का बुला, उससे तुम्हारा विवाह करा, कोई अच्छी नौकरी दिला दें।"

"नहीं-नहीं" लक्ष्मी लगभग चीख ही पड़ी थी, "देखिए, उसने मेरी क्या अवस्था की है।" अब तक लाज-संकोच से सिकुड़ी-सिमटी जैसे किसी दयालु न्यायाधीश की अदालत में खड़ी धर्षिता, पीड़िता नालिश कर रही लक्ष्मी मुखरा लक्ष्मी बन गई थी। उसने वैरोनिका का दिया ढीला ब्लाउज़ बिना किसी संकोच के चिंबुक तक उठा लिया और ईषत् नम्र सूचिक्कन स्तन-युगल पर भयानक दन्तनख-क्षतों के नीले उभरे चकत्ते वैरोनिका को सहमा गए।

लक्ष्मी, हृदयहीन पति की पाशविकता का पुष्ट प्रमाण देकर मेज़ पर ही सर रखकर सिसकने लगी।

वैरोनिका, बड़ी देर तक, सिसकियों से काँपती पीठ पर फैले उसके घुँघराले केशों पर हाथ फेरती रही।

"लक्ष्मी, डोंट क्राई माई चाइल्ड! अब तुम्हें कोई भय नहीं है। शायद ईसू ने जान-बूझकर ही तुम्हें मेरे पास भेजा है। आज तक चार सौ निन्यानबे शिशु पृथ्वी पर लाई हूँ—पाँच सौ पूरे करने के लिए—शायद वह मेरी कठिन परीक्षा लेना चाह रहा है। तुम्हें अब कहीं नहीं जाना होगा। तुम मेरे पास ही रहोगी।" उसे अभयदान देकर फिर वैरोनिका रात-भर नहीं सो पाई थी। उसके गृह में अचानक किसी आँधी-सी आ गई उस सुन्दरी विजातीय किशोरी को देखकर क्या उसके कुतूहली प्रतिवेशी चुप रह पाएँगे? आज तक उसकी प्रतिष्ठा, उसका सुनाम किसी भी प्रकार की टिप्पणी का लक्ष्य नहीं बने थे,

किन्तु कुछ ही महीनों में लक्ष्मी की अवस्था के स्पष्ट होने पर, क्या उसकी प्रतिष्ठा वैसी ही अम्लान रह पाएगी? आधी रात को ही वह जान गई थी कि उसकी बगल में सोई लक्ष्मी की आँखों में भी नींद नहीं उतरी है।

"लक्ष्मी!" उसने पुकारा।

"हूँ।"

"नींद नहीं आ रही है क्या?"

लक्ष्मी निरुत्तर पड़ी रही।

"लक्ष्मी, मुझे अभी-अभी एक बात सूझी है, मानोगी?"

"कहिए!"

अन्धकार ही में उसका हाथ टटोलकर वैरानिका ने थाम लिया था।

"तुम्हारी अवैध सन्तान का भविष्य अब भी सम्भाला जा सकता है लक्ष्मी", वैरोनिका अब उत्तेजित होकर पलंग ही पर बैठ गई थी। "मैं जानती हूँ, यह एक अत्यन्त अभद्र, हृदयहीन प्रस्ताव है, पर तुम रौबर्ट से विवाह कर लो, लक्ष्मी!"

लक्ष्मी का सर्वांग काँप उठा था। यह क्या कह रही थी वह!

"हाँ लक्ष्मी, यह एकमात्र पथ है, जो अब तुम्हें और तुम्हारी भावी सन्तान को समाज की मान्यता दे सकता है। रौबर्ट को तुम नहीं जानती। ईश्वर ने उसे गलती से ही पृथ्वी पर भेज दिया है। बचपन में मेरे पिता उसे ज़ेवियर कहकर पुकारते थे। छुटपन में जब हम उसकी चीज़ छीन लेते, उसने कभी मुँह खोलकर भी हमारी शिकायत नहीं की। अन्याय का, कभी उसके जीवन में कोई अर्थ नहीं रहा। मेरी एक बात भी उसने आज तक नहीं टाली है। तुम 'हाँ' कर दो तो मैं उसे चुटकियों में मना लूँगी।"

"यह क्या कह रही हैं आप? मैंने दो दिन से पहले उनको कभी देखा भी नहीं था", लक्ष्मी का रुआँसा आहत स्वर फिर उसी क्षण पास ही में कहीं चीख रही श्रृगाल-टोली की आर्त्त हाहाकार-ध्वनि में डूब गया था।

"यह तो कोई ऐसी बात नहीं है", स्वर का ऐंग्लों इंडियन अहं एक बार फिर मुखर हो उठा, "तुम हिन्दुओं में तो तुम लोग हमेशा ही अनदेखे-अनजाने व्यक्ति की चादर की गाँठ से बँध, खुशी-खुशी फेरे लेती हो।"

"नहीं-नहीं, मैं ऐसी मूर्खता अब नहीं करूँगी। एक बार यथेष्ट भोग चुकी हूँ। किसी भी पुरुष को देखते ही अब मेरे हाथ-पैर ठंडे पड़ जाते हैं।"

"उस सबका, कभी कोई प्रश्न नहीं उठेगा, इसका मैं तुम्हें वचन देती

हूँ। रौबर्ट सन्त है—ए सेंट पर्सनीफाइड। तुम्हें वह केवल पति का आरक्षण ही नहीं देगा, तुम्हारी भावी सन्तान को अपना नाम देगा, लक्ष्मी। पिता का वात्सल्य देगा, पिता की छत्रछाया देगा, यह क्यों नहीं समझती तुम?'' वैरोनिका के स्वर में अनुनय-विनय की नम्रता नहीं थी, आदेश की कठोर खनक थी, ''यहाँ फादर ओनूर मेरे मित्र हैं। अपने गिरिजाघर में वह कल ही तुम दोनों का विवाह करा देंगे। किसी को कानों-कान भी पता नहीं होगा। रौबर्ट के आते ही, तुम दोनों यहाँ से जा सकते हो। खुदा की मेहरबानी है कि अभी किसी ने तुम्हें देखा नहीं है। जब तुम लौटोगी तब मैं भी अपने परिचित मित्र, आत्मीयों को तुम्हारा परिचय रौबर्ट की पत्नी के रूप में दे सकूँगी।''

दूसरे दिन, फिर सब कुछ स्वप्न-सा ही घटित हो गया था। जिस प्राचीन गिरजे में लक्ष्मी जन्मगत धर्म का परित्याग कर, एक सर्वथा अनजान व्यक्ति के पार्श्व में जाकर खड़ी हो गई थी, उसकी धूलि-धूसरित लाल दीवारें मलिन दर्पण-सी ही धुँधली लग रही थी। फादर ओनूर ने केवल एक बार उससे पूछा था—''तुम्हें इस व्यक्ति की पत्नी बनना स्वीकार है? ''स्वीकार है'', नतमुखी लक्ष्मी का धड़कता हृदय उत्तर के साथ-साथ बाहर छिटका जा रहा था। उसका आर्द्र स्वर स्वच्छ होने पर भी, चेहरा करुण रुदन की यन्त्रणा से भी अधिक कातर लग रहा था। उसे लग रहा था कि स्वयं नियति इसी क्षण उसके जीवन को एक अमोध निर्देश से संचालित कर रही है।

विवाह के शब्द-समूह उच्चारित करने में उसके प्रत्येक स्वर में विवश यन्त्रणा की झंकार थी। दोनों बड़ी-बड़ी काली आँखें पल-पल में विस्फारित होती आकर्ण बनी जा रही थीं। लगता था, देवस्थल में प्रतिष्ठित कोई प्रतिभा ही अपने पाषाण-अधर खोल, बीच-बीच में बुदबुदा रही है। उसके स्वर में साथ-साथ रौबर्ट का गम्भीर स्वर वज्र-सा बज रहा था, तब दोनों आँखें बन्द किए, लक्ष्मी मन-ही-मन बुदबुदा रही थी—

विंध्यस्थां विंध्यनिलयां दिव्यस्थान निवासिनीं।
योगिनीं योगमाताश्च, चंडिकां प्रणमाम्यहम्।।

चिररोगिणी जननी का वही स्वर उसके कानों में कह रहा था, ''जखन विपदे पड़बी खुकू, माके एई मन्त्र जापे डाकीश, देखबी संगे-संगे तोर विपद केटे गेछे।'' (जब-जब विपत्ति आए मुन्नी, माँ को इसी मन्त्रजाप से पुकारना, देखना तेरी सब विपत्ति कट जाएगी।) माँ का सिखाया वही मन्त्र वह बार-बार दुहरा रही थी।

"अँगुली दो बेटी।" फादर ओनूर का शान्त स्वर सुन उसने चौंककर आँखें खोलीं, "रौबर्ट तुम्हें अब अँगूठी पहनाएगा।"

और फिर लक्ष्मी उसी गम्भीर मुद्रा में गिरजे से लक्ष्मी म्यूरी बनकर वहीं से रौबर्ट के साथ स्टेशन चली गई थी। वैरोनिका उन्हें छोड़ने आई थी और जब ट्रेन चली तब वह धीर गति से चल रही गाड़ी के साथ-साथ चलती कहने लगी, "रौबर्ट, मैं जानती हूँ, तुमने आज मेरे लिए कितना बड़ा त्याग किया है। मुझे पूरा विश्वास है कि तुम इस त्याग की पावनता को सदा अक्षुण्ण रखोगे।"

जीवन भी कैसे अलौकिक आश्चर्यों से भरा है। जिस गृह के द्वार पर वह दो दिन पूर्व आश्रय की भीख माँगने खड़ी थी, आज वह इसी गृह की स्वामिनी बनने पर भी उसी असहायता से काँप रही थी।

द्वार खोलकर रौबर्ट ने नम्र स्वर में कहा, "तुम्हारा इस गृह में स्वागत है लक्ष्मी, एक पल को भी यह न सोचना कि मैं तुम्हें कभी पति के अधिकारों की माँग से क्षुब्ध करूँगा। आज रात भी तुम उसी दिन की तरह उसी कमरे में चटखनी चढ़ाकर निर्भय, निःसंशय सोती रहना—आई एम योर मोस्ट हम्बल सर्वेंट, मैडम।" अपने स्वभाव-सिद्ध परिहास की अनूठी झलक दिखाता वह फर्शी सलाम की बन्दिश में दोहरा हो गया था। फिर उसने हँसकर सामने धरी कुर्सी खींच ली और बैठकर बड़े उन्मुक्त सहज भाव से सिगरेट सुलगाने लगा। सिगरेट का पहला कश खींचते ही वह सहसा गम्भीर हो गया।

"लक्ष्मी, वैरोनिका ने मुझे सब कुछ बता दिया है। मैंने उसके प्रस्ताव को, पहले अत्यन्त मूर्खतापूर्ण प्रस्ताव समझ, उसे डपट दिया था, पर अपनी बहन को मैं जानता हूँ वह मूर्खता कम ही करती है। जो निश्चय भी उसने आज तक लिया उसके पीछे उसके गहरे मनन-चिन्तन की भूमिका रहती है। तुम शायद नहीं जानतीं, तुम्हारी ट्रेजडी में वह स्वयं अपनी जीवन के इतिहास का ही दुहराया जाना देख रही थी। मेरी यह बहन कभी अपूर्व सुन्दरी थी, बोट-हाउस की ब्यूटी-क्वीन, न जाने कितने मास्क् डबॉल की एकछत्र साम्राज्ञी। जब सोलह वर्ष की थी, तब ही इसका एक कुटिल प्रेमी तुम्हारी-सी ही अवस्था में ठुकराकर भाग गया था। चाहने पर भी वैरोनिका उसका पीछा नहीं कर पाई थी, क्योंकि वह था सर्वसम्पन्न उच्च राज्याधिकारी, चार-चार ए. डी. सी. उसके पीछे चँवर डुलाते फिरते थे और वैरोनिका तब सीनियर केम्ब्रिज की छात्रा थी। मेरे पिता एक प्रतिष्ठित व्यक्ति थे। ऐंग्लों इंडियन समाज में उनकी

विशेष ख्याति थी। पुत्री की इस लज्जा के आधात को वह नहीं सह सके। उनकी मृत्यु के तीसरे ही दिन एक दुर्घटना में हम दोनों भाई-बहन माँ को भी खो बैठे। मैं तब बहुत छोटा था, पर फिर भी मुझे वैरोनिका की वे अतीत की दबी सिसकियाँ आज भी कभी-कभी चौंका देती हैं, जब रात-रात-भर मुझे छाती से चिपटाए वह नैनीताल के हमारे उस एकान्त बँगले में सिसकती रहती थी। हमारे दूर के रिश्ते की एक बुआ लखनऊ के मेडिकल कॉलेज में नर्स थीं, उन्होंने फिर हमें अपने संरक्षण में ले लिया था। जब वैरोनिका के पुत्र हुआ तब वह अपना सब कलंक भूल चुकी थी। था भी वह ऐसा ही। नीली आँखें, तीखी और एकदम गोल-मटोल, मक्खन की बट्टी से गढ़े भरे-भरे हाथ-पैर। तब कौन कह सकता था कि वैरोनिका का वही गुलगोथना बेटा एक दिन उसका सबसे बड़ा सिरदर्द बन उठेगा! चार-पाँच दिन के बाद ही, हमें उसकी विचित्र गतिविधि देखकर कुछ अटपटा-सा लगने लगा। जिन सुन्दर नीली पुतलियों ने हमें पहले ही दिन मोह लिया था, वे निरन्तर काँच की गोलियों-सी घूमने लगीं। गोल-मटोल चेहरे की भावहीनता, क्रमशः स्पष्ट होती चली गई। दिन-प्रतिदिन उस भोले दन्तहीन शिशु का चेहरा किसी दन्तहीन अनुभवी वृद्ध का-सा सिकुड़ता चला गया। एक दिन हम दोनों जान गए कि वह नार्मल नहीं है। उसके साथ के बच्चे, घुटनों चलते—आसपास धरी चीजों पर लपकने लगे थे और वह अपनी लट्टू-सी घूमती पुतलियों से हमें घूरता हमारे कलेजे में हिमखंड बनाता जा रहा था। बुआ के कहने से वैरोनिका ने अपनी नर्सिंग की ट्रेनिंग पूरी कर ली थी। दिन-भर अब वह माइक को आया के पास छोड़, अपनी ड्यूटी पर जाने लगी। नाइट-ड्यूटी पर जाती तो मैं उसकी देखभाल करता। कभी अकेले निस्तब्ध रात्रि में उसकी भयावह भावशून्य दृष्टि, हंडा-सा सिर और मौन्स्टर की-सी हँसी मुझे भयभीत कर जाती। पर धीरे-धीरे हम दोनों ने उसके अस्वाभाविक अस्तित्व को स्वीकार कर लिया। मैं अब उसके भूख से रोने को पहचानने लगा था, उसके करवट लेने के रोने की भाषा, नैपी गीले होने का क्रन्दन सब कुछ पहचान मैं कभी दूध की बोतल उसके मुँह से लगा देता, कभी करवट बदल देता और कभी नैपी बदल उसकी नन्ही अचल विवश देह को अपनी देह का आश्रय दे सुला देता। मुझे तो आज भी यही लगता है कि वह वैरोनिका से अपने पूर्वजन्म की कोई कठोर शत्रुता निभाने ही आया था। चौबीस सुदीर्घ वर्षों तक, वह निरन्तर उसके जीवन को भी अपने जीवन-सा ही निष्प्राण-अर्थहीन बनाता

रहा। वह तब तक उसके सुख का मार्ग अवरुद्ध किए पड़ा रहा, जब तक उसका यौवन जलकर खाक नहीं हो गया। जब वह गया तब उसकी अभागिनी जननी के दग्ध यौवन की राख ही शेष थी। वैरोनिका अपूर्व सुन्दरी थी, एक से एक बाँके जवान, उसे अपनी पत्नी बनाना चाहते थे, किन्तु उसके उस अमानुष पुत्र का पिता बनने का साहस एक भी नहीं सँजो पाया। जब माइक की मृत्यु हुई तब उसका शरीर, बेड-सोर के भयानक व्रणों से छलनी हो चुका था। दुर्गन्ध के भभाके से त्रस्त हो, कभी-कभी मुझे वैरोनिका की उपस्थिति में ही नाक पर रूमाल धरना पड़ा। पर वैरोनिका मांस के उस लोथड़े पर भी जान छिड़कती थी। सुबह उठकर उसे 'बेडपैन' देती, स्पंज करती, कपड़े बदलती, दाढ़ी बनाती, फिर उपनी ड्यूटी पर जाती। कभी-कभी उसे लौटने में देर होती तो माइक अपनी विकृत चीख से पूरा मुहल्ला गूँजा देता। मैं झल्ला उठता, पर उसकी सहनशीला जननी के चेहरे पर मैंने कभी झुँझलाहट की एक शिकन भी नहीं देखी। उस दिन मैं ही वैरोनिका को जबरदस्ती शहर में लगी एक प्रसिद्ध पिक्चर दिखाने खींच ले गया, 'ऐसे घोर डिप्रेशन में, तुम एक दिन पागल हो जाओगी, आया तो है, मैंने माइक को खिला-पिला दिया है।' मैंने कहा तो वह बड़ी अनिच्छा से तैयार हुई थी। शायद माँ की सूक्ष्म अन्तर्दृष्टि उसे बार-बार चेतावनी दे रही थी। माइक ने उस दिन पूरी डबलरोटी ख़ा ली थी, तीन प्याला सूप पी, आधा सेर दूध एक ही साँस में गटक, वह बार-बार मेरी ओर अतृप्त दृष्टि से देखता रहा था। उन आँखों की मूक याचना मैंने देख ली थी—"मैं अब भी भूखा हूँ' उन भावशून्य आँखों ने कहा, पर जब मैंने उसका मुँह नैपकिन से पोंछा और तकिए पर लिटा दिया तब उसने मुझे, अपनी भयावह हँसी का नियमित मौन धन्यवाद नहीं दिया। उसकी वह विकृत हँसी, उसकी बीभत्स चीख से भी अधिक भयावह होती थी। मैं समझ गया कि उसका पेट नहीं भरा था, पर मैं बाहर चला आया। जब इंटरवल में मैं बाहर आया तब बदहवास-सी आया मुझे ही ढूँढ़ रही थी।

"साहब-साहब, जल्दी चलो, माइक बाबा न जाने कैसा कर रहा है। हाथ-पैर ऐंठ गए हैं और मुँह से फेन निकाल रहा है साहब..."

"मैं भीतर गया तो पिक्चर आरम्भ हो चुकी थी। मेरे कुछ न कहने पर भी उस अन्धकार में मेरा चेहरा देखे बिना ही वैरोनिका हड़बड़ाकर उठ गई। मैं उसका हाथ पकड़े ही फिर उसे बाहर ले आया। बाहर आते ही मैंने कौशल से भूमिका बाँधी, 'माइक ज़रा परेशान हो रहा है; आया हमें बुलाने आई हैं।'

"नहीं, तुम झूठ बोल रहे हो।" उसका चेहरा पत्थर की मूरत-सा स्थिर हो गया, "माइक चला गया है, वह मुझे कभी माफ नहीं करेगा–कभी नहीं! हे भगवान, मैं यहाँ पिक्चर देखकर ऐश मना रही थी और मेरा बच्चा चला गया–विदाउट सेइंग गुडबाई ओह, माई सन, माई सन!" इधर-उधर खड़े लोग हमें विस्मय से देखने लगे। तब ही मैं तमाशा जुटने से पहले ही उसे बाहर खींच लाया। हम घर पहुँचे तो सचमुच ही माइक जा चुका था। उसका सारा शरीर ऐंठ गया था, अन्त की मर्मान्तक पीड़ा में, दोनों घुटने तब भी उसी मुद्रा में मुड़े-तुड़े ऊपर उठे रह गए थे। बड़ी कोशिश से मैंने उन्हें सीधा किया। वैरोनिका पागल-सी हो गई थी, कभी मुझ पर बरसती, कभी आया पर, "रौबर्ट तुम्हीं मुझे ज़बरदस्ती सिनेमा ले गए थे–पता नहीं, जाने से पहले मेरा बच्चा मुझसे क्या कहना चाहता था।"

"जन्म से ही मूक-वधिर मेरा भानजा उससे अन्त समय कह ही क्या सकता था? पर शायद वह ठीक ही कह रही थी। उसकी निरन्तर घूमती पुतलियों में कभी-कभी सचमुच ही वाणी उभर आती थी। कभी वह उन्हीं आँखों से हमारे गले लिपटता, हँसता, हमसे रूठता और हमें मनाता था। क्या पता जाते-जाते उन्हीं आँखें से अपनी माँ से कुछ कह ही जाता। उसकी मौत के बाद, वैरोनिका एकदम ही टूट गई। उसका बेटा ही उससे नहीं छिना, उसके उस वंचक प्रेमी का स्मृति-चिह्न भी उससे सदा के लिए छिन गया, जिसे वह शायद आज भी उतना ही प्रेम करती है, जितना तीस वर्ष पूर्व करती थी। फिर धीरे-धीरे मेरी उस कर्मठ बहन ने ज़िन्दगी से जूझने के लिए जो गर्दन उठाई, वह आज तक नहीं झुकाई। मैंने कहा ना कि वह जब भी कोई महत्त्वपूर्ण निर्णय लेती है, तब उसकी वही दैवी शक्ति उसकी जीभ पर आकर बैठ जाती है। जब उसने अपना यह विचित्र प्रस्ताव मेरे सम्मुख रखा तब मेरा पहला शब्द यही था–'नहीं वैरोनिका, तुम्हारा दिमाग सचमुच ही सठिया गया है, 'सेनाइल डिके' इसे ही कहते हैं।' "

"नहीं बॉबी", उसका दृढ़ स्वर थप्पड़-सा मेरा मुँह बन्द कर गया था, "ईश्वर की यही इच्छा है और उसकी इच्छा महान है।"

"जानती हो, मैं तीस वर्ष का हूँ और वह लड़की शायद सत्रह की भी नहीं है।"

"जानती हूँ।"

"और यह भी जानती हो वैरोनिका, कि वह किसी की पत्नी है? क्या

यह अन्याय नहीं है? क्या यह उसकी विवश परिस्थितियों का फायदा उठाना नहीं है? तुमसे यदि कोई कहे कि तुम किसी विजातीय से विवाह कर अपना धर्म परित्याग कर दो, तो क्या तुम मान जाओगी? वह भी ऐसे व्यक्ति के लिए, जिसे दो दिन पहले तक तुमने कभी देखा भी नहीं था।''

''सब जानती हूँ बॉबी!'' उसका कंठस्वर उतना ही शान्त था, पर मैं बार-बार क्रोध से उबलता जा रहा था।

''क्या यह मेरे प्रति अन्याय नहीं है कि एक अनजान व्यक्ति की पत्नी को मैं उसकी अनुपस्थिति में बिना उसकी अनुमति के ही अपनी पत्नी बना लूँ और बाद में उसका परिणाम भोगूँ—किसी के पाप का बोझ मुझसे वहन करने को कह रही हो वैरोनिका?''

'' 'नहीं, वह किसी की पत्नी नहीं है। फिर मुझे दृढ़ विश्वास है बॉबी, कि तुम्हारा संस्पर्श भी उस अजन्में शिशु के भविष्य को सँवार देगा।' बाइबल की शपथ खाकर कहता हूँ, लक्ष्मी, तुम्हारा हाथ पकड़ने पर भी किसी प्रकार की कामना-वासना ने मुझे रुद्ध नहीं किया। वैरोनिका चाहती है, तुम्हें पढ़ा-लिखाकर वह तुम्हें आत्मनिर्भर बना दे, तब तक तुम्हारी शिक्षा का, तुम्हारी सन्तान के भरण-पोषण का भार मैंने सहर्ष स्वीकार किया है।''

रौबर्ट को लगा, लक्ष्मी अब रो पड़ेगी। एकदम ही झटके से अपनी गम्भीर विषय की डोर खींच उसने बड़े चातुर्य से विषय-परिवर्तन कर दिया।

''अरे वाह, कैसा मूर्ख हूँ! बातों ही बातों में भूल गया था कि आज हमारा विवाह हुआ है और हम दोनों भूखे हैं। आओ, तुम्हारे कमरे में पहुँचा दूँ, फिर बाज़ार से कुछ ले आऊँ।''

फिर, पल-पल रूप बदल रहे उस आनन्दी बहुरूपिए ने अपनी देवदूत के-से चेहरे को, निष्कपट हँसी से उद्‌भासित कर, टप से लक्ष्मी को ऐसे अपनी सशक्त बाँहों में उठा लिया, जैसे वह सेमल की रुई-भरा हल्का-फुल्का तकिया हो।

''तुम तो जानती ही होगी लक्ष्मी, हमारे देश में नई दुल्हन को दूल्हा गोद में ही उठाकर शयन-कक्ष तक ले जाता है। तुम्हें गोद में उठाकर शयन-कक्ष में पहुँचाने का रिचुअल मेरी शपथ के दायरे में नहीं आता। यह कम से कम आज की रात मेरा पावन कर्तव्य है।''

लक्ष्मी का चेहरा लाज से रँग गया, किन्तु जो उसे उठाकर बिस्तर पर बिठा गया था, उसके चेहरे पर किसी भी प्रकार का संकोच नहीं था। फिर,

बिना उसकी ओर देखे, उसका विचित्र रसिक पति बाजार से खाना लाने चला गया। बड़ी देर तक लक्ष्मी की देह थरथराती रही। पूर्व पति के प्रथम स्पर्श से कितना भिन्न स्पर्श था यह! पहले में कंटकाकीर्ण छड़ी की छुअन थी और यह था फूलगेन्दवा का स्पर्श! उसे उठाकर उसने बिस्तर पर ऐसे धर दिया था जैसे वह किसी काँच के बहुमूल्य पात्र को ऐसे सहेजकर रख रहा हो कि वह टूट न जाए।

उसके जाते ही लक्ष्मी ने द्वार बन्द किया, फिर हृदय में सहसा अंकुर-सा उभरा। न जाने कौन-सा विकार उसे दर्पण के सम्मुख खींच ले गया। दर्पण पर दृष्टि पड़ते ही स्वयं उसका अबोध चित्त कैफियत माँगने लगा तो वह खिसिया गई। हाथ ही से उड़े बिखरे बालों की पाटी बिठा उसने साड़ी ठीक की। वैरोनिका ने ही उसे वह नन्हें सितारों-जड़ी सफेद साड़ी पहना दी थी, "हमारे यहाँ, नववधू श्वेत परिधान ही धारण करती है, लक्ष्मी।" गले में फिर उसने सोने की क्रास-जड़ी अपनी दिवंगता जननी की चेन पहनाकर कहा था "इसे कभी मत खोलना, यह ममी की है, उनकी बड़ी इच्छा थी कि बॉबी की बहू को अपनी हाथ से यह चेन पहनाएँगी।"

रौबर्ट ने द्वार खटखटाया तो लक्ष्मी चौंकी। "कौन?" उसने पूछा।

"मैं हूँ, तुम्हारा पति!" रौबर्ट के उत्तर के साथ ही उसकी दबी हँसी की खनक सुनकर लक्ष्मी ने द्वार खोल दिया।

रौबर्ट की निष्पाप ठिठोली से उसके कपोल ऐसे दग्ध हुए जा रहे थे कि जी में आ रहा था, नोंचकर दूर फेंक दे।

भीतर आ, हाथ के दोनों ठोंगे मेज़ पर धर, वह लक्ष्मी के गम्भीर आरक्त चेहरे को देख, हँसकर कहने लगा, "बुरा मान गई क्या? जानती हो मैंने ऐसा क्यों कहा? एक बार महारानी विक्टोरिया के पति प्रिन्स एलबर्ट अपने कमरे के द्वार बन्द कर किसी काम में लगे थे। महारानी आई और उन्होंने पति का द्वार खटखटाया...

'कौन?' उसने पूछा।

'क्वीन ऑफ इंग्लैंड!' स्वर में राजमहिषी की कड़क थी।

'कौन?'

'विक्टोरिया!' स्वर कुछ नम्र पड़ा।

'कौन?' अब प्रश्न के स्वर में शाही अकड़ थी।

'तुम्हारी पत्नी!'

"उसी क्षण द्वार खुल गया। इसी से, मैंने सोचा, व्यर्थ ही खतरा क्यों मोल लूँ? पहले ही क्यों न कह दूँ—तुम्हारा पति!"

बचकाने स्वाभाविक स्मित ने, लक्ष्मी के चेहरे को अपूर्व बना दिया और फीरोजी आँखों की मुग्ध चावनी में निर्दोष अकपट प्रशंसा उभर आई।

"आओ लक्ष्मी, पहले खाना खा लिया जाए।" रौबर्ट ने कहा। वह न जाने क्या सब ले आया था, गर्म इमरती, समोसे, कचौड़ी, दही और एक बड़े-से पूड़े में पान। "तुम्हें भी निश्चय ही खाने के बाद पान खाने का अभ्यास होगा, क्यों?"

कई प्लेटों में सामान सजाता रौबर्ट बड़ी पुलक से गुनगुना रहा था, और लक्ष्मी चुपचाप हाथ बाँधे मूर्ख-सी खड़ी थी।

"लो समोसे चखो, यहाँ के समोसे बड़े प्रसिद्ध हैं। जब कभी डबलरोटी खा-खाकर ऊब जाता हूँ तब यही सब ले लेता हूँ। वैसे इनमें मिर्च बेहद होती है। वैरोनिका तो कहती है इन्हें खाने के बाद 'यू नीड ए बेड शीट टू वाइप योर नोज़!" फिर अपने जन्मदिन की पार्टी पर उत्साहित किसी नन्हें बच्चे की ही भाँति, उसने टप से एक इमरती उठाकर मुँह में धर ली।

"वैरोनिका ने एक खास चीज़ भी तो मुझे उपहार में दी है, भूल ही गया था—ऐसा भुलक्कड़ हूँ मैं, लक्ष्मी! वैरोनिका याद न दिलाती तो शायद तुम्हें भी लखनऊ ही भूल आता!" बार-बार वह अपनी चुहलबाज़ी से अपनी नववधू को गुदगुदाने की चेष्टा कर रहा था और उतनी ही बार लक्ष्मी लाज से छुईमुई होती जा रही थीं। वैरोनिका की दी गई शैम्पेन निकाल उसे दो गिलासों में उड़ेल दी—लक्ष्मी की ओर गिलास बढ़ाते ही वह सहमकर पीछे हट गई, "नहीं-नहीं, मैं यह सब नहीं पीती।"

"कोई बात नहीं—गिलास थाम तो सकती हो!" भरा गिलास उसे ज़बर्दस्ती थमा, अपना गिलास फिर उससे टकरा, वह उसे ऊँचे उठा हँसकर कहने लगा, "टू द हेल्थ एंड हैप्पीनेस ऑफ माई ब्राइड! कैसी विचित्र बात है लक्ष्मी, हमारे इस विवाह-भोज में, आज एक भी अतिथि नहीं है—

वैसे..." उसका स्वर शायद सद्य घुटकी गई शैम्पेन के प्रभाव से ही सहसा भावुक हो उठा, "आकस्मिक दुर्घटना-सी घट गया हमारा विवाह किसी अतिथि को प्रवेश की अनुमति भी नहीं देता।"

लक्ष्मी अब तक एक शब्द भी नहीं बोली थी।

"लक्ष्मी।" इस बार उसका स्वर किसी रूठे बच्चे को ही जैसे दुलार रहा था, "तुम क्या इस विवाह से बहुत घबरा गई हो?"

उत्तर में लक्ष्मी की दोनों आँखें छलछला गईं।

"घबराओ नहीं लक्ष्मी, तुम इस गृह की स्वामिनी हो। चाहने पर झाड़ू मारकर मुझे भी जब चाहो तब भगा सकती हो!"

लक्ष्मी फिर भी गुमसुम ही खड़ी रही।

"आई एस्यूर यु लक्ष्मी, आई एम एज़ हम्बल एज़ ए वाटर-स्नेक।"

इस उपमा ने, इस बोझिल वातावरण को हल्का बना दिया और हल्की-सी मुस्कान उसके ओठों पर आई देख रौबर्ट प्रसन्न हो गया।

"दैट्स ए गुड गर्ल... अब तुम सो जाओ, आज मुझे लग रहा है लक्ष्मी कि मैं बड़ा भाग्यवान हूँ, जो मेरा कोई मित्र नहीं है। दिन-भर बन्द कमरे में खर्राटे ले, रात-रात-भर अप एंड डाउन रेलगाड़ियों में स्टेशनों की धूल फाँकने वाला यह गार्ड चाहे बीसियों विवाह कर पूरा हरम बना ले, किसी को न कोई कुतूहल होगा, न जिज्ञासा। तुम आराम से कमरा बन्द कर चौबीस घंटे सो सकती हो। तीन दिन मुझे यहाँ रहना है फिर तुम्हें लखनऊ पहुँचा दूँगा—दैट इज़ द एंड ऑफ आवर स्ट्रेंज हनीमून!" अपने दोनों हाथ, छत की ओर उठाकर वह फिर हँसा। कैसी अद्भुत हँसी थी इस व्यक्ति की! हर बार, पूरा कमरा ही उद्भाषित कर जाती थी वह हँसी।

उस विचित्र परिवेश में भी गजानन की कुटिल हँसी की स्मृति लक्ष्मी को रह-रहकर सहमा जाती थी। ओठों से पीक के छींटे छिटकाता वह अपनी मदालस हँसी से ही अपनी गालियाँ सँवारता था, 'कुतिया छिनाल कहीं की, नहाएँगी पोखर-तलैया में, जोबन दिखाएँगी और हम साले घर आएँगे तो सकुचाकर बन जाएँगी... सती सावित्री!"

'मैं जब रात को पूछता हूँ कि गौहरबाई ने, क्या-क्या गुण सिखाए हैं तुझे, तो दुलत्ती झाड़ने लगेगी। अरी मरद, रात को लाड़-दुलार के वक्त एक-आध ऐसी बातें नहीं पूछेगा तो क्या रामायण बाँचना सिखाएगा तुझे?' और फिर वही बीभत्स हँसी, जो उसके कत्थे से सनी बत्तीसी को उसके चेहरे के निकट लाते ही उसे बेहोश कर देती थी। कभी, इसी गजानन ने, उसे 'अल्हैया बिलावल' की एक पंक्ति रटाई थी—दैया कहाँ गए बे लो!' आज वही पंक्ति, उसके जीवन की व्याख्या बन गई थी।

"लक्ष्मी, तुम बेहद थकी लग रही हो—जाओ, सो जाओ!"

उसी दिन की भाँति, फिर कमरे की चिटखनी चढ़ाने उठे लक्ष्मी के हाथ स्वयं ही झुक गए थे। नहीं, अब वह इस व्यक्ति पर अविश्वास नहीं कर सकती थी। दोनों रात-भर वैसे ही खुले रहे, जैसे उन्हें रौबर्ट खोल गया था।

सुबह रौबर्ट के उठने से बहुत पहले ही जगकर उसने पूरे घर को झाड़-बुहार चाय का पानी चढ़ा दिया था। नहाकर निकली तो देखा रौबर्ट सो रहा है। पर उसने तो कहा था, उसे किसी काम से आठ बजे स्टेशन जाना है, सात बज चुके थे, कई बार खाँसने-खखारने पर भी वह नहीं जगा, तो लक्ष्मी ने जान-बूझकर ही खाली ट्रे गिरा दी। वह अचकचाकर बाहर निकला तो उसके हाथ में एक हॉकी-स्टिक थी। लक्ष्मी को देखते ही वह ज़ोर से हँसने लगा, "अच्छा तो तुम हो, मैं फिर भूल गया था कि तुम यहाँ हो। अक्सर, किचन में एक नेवला घुसकर, खाने-पीने की चीजें गिरा जाता है। सोचा, वही आज भी आया है, इसी से यह उठा लिया—अरे, सात बज गए? मुझे तो आठ बजे स्टेशन पहुँचना है।"

"आप नहा लीजिए—चाय तैयार है", लक्ष्मी के निर्विकार स्वर में रात का संकोच नहीं था।

"वाह-वाह, एकदम इनाम देनेवाला काम कर दिया तुमने, नहीं तो यहाँ क्या कभी रौबर्ट म्यूरी को बनी-बनाई चाय नसीब हुई है?"

वह नहाने चला गया तो लक्ष्मी ने, रात की बची सारी चीज़ गरम कर मेज़ पर लगा दीं। वह नहाकर अपने सुनहले भीगे बालों पर ब्रश फेरता, अपने ही गृह में अलमस्त अतिथि-सा बन कुर्सी पर बैठ गया। "यह तो अच्छा-खासा भोज है जी! तुम नहीं नहाओगी?"

"मैं नहा चुकी हूँ।"

"अच्छा लक्ष्मी, मैं अब शायद शाम तक नहीं लौट पाऊँगा, तुम दरवाजा बन्द कर दिन-भर आराम कर सकती हो। स्टोर-रूम में वैरोनिका की कई पत्रिकाएँ पड़ी हैं। वक्त से आ गया तो तुम्हें कहीं घुमाने ले चलूँगा।"

नवीन पतिगृह में लक्ष्मी के तीन दिन फिर पंख लगाकर उड़ गए थे। रौबर्ट का सरल निश्छल व्यवहार, एकान्त निर्जन परिवेश छोड़कर लखनऊ जाने को उसका मन नहीं कर रहा था। इस बीच उसने रौबर्ट के अव्यवस्थित गृह की काया पलट कर दी थी। रौबर्ट के जाते ही वह उसकी एक पुरानी कमीज को बाँस में लपेट, ऊँची दीवारों पर लगे मकड़ी के जालों को साफ करने में जुट गई थी, फिर एक-एक कर उसने पंखे, बिजली के बल्ब, तस्वीरों

के काँच चमकाए, खूँटियों पर से कपड़े हटाकर उन्हें तहाया फिर जब कुछ करने को नहीं रहा तब बगीचे का झाड़-झंखाड़ साफ करने पर जुट गई। रौबर्ट लौटा तो झकाझक चमक रहे कमरों की सुव्यवस्था देख दोनों हाथ कमर पर धर हँसकर कहने लगा, "वाह लक्ष्मी, जी में आ रहा है तुमसे कहूँ, अब तुम लखनऊ मत जाओ।"

फिर अचानक ही उसे लगा, वह कोई गलत बात कह गया है। वैरोनिका कह रही थी तुम इंटर कर चुकी हो, वह जितनी जल्दी हो सके तुम्हारा दाखिला यूनिवर्सिटी में कराना चाहती है। ठीक ही है, एक बार यूनिवर्सिटी ज्वाइन कर लोगी तो तुम्हारी पढ़ाई का सिलसिला लगा रहेगा..."

पर जब लखनऊ जाने के दिन ताला लगाकर लक्ष्मी रौबर्ट के साथ चलने को उद्यत हुई तब स्वयं ही तीन दिन की ममता उसके पैरों में बेड़िया बन लिपट गई। उसे उस क्षण अपने चित की दुर्बलता पर क्षोभ भी हुआ था। जिसके साथ उसने कभी जीवन के अच्छे-बुरे पूरे तीन सौ पैंसठ दिन बिताए थे, जिसके प्रेम में उन्मत्त हो वह पिता के गृह की ममता भूल-बिसरकर निकल आई थी, जिसकी सन्तान उसके गर्भ में प्रतिपल बढ़ रही थी, उसे उसके अकृतज्ञ हृदय ने, एक बार भी याद नहीं किया था और इस तीन-चार दिन के परिचित विदेशी की सरलता-स्नेह का बन्धन उसे पग से पग पर जकड़ रहा था। कल-परसों, यदि इससे भी आकर्षक कोई और अजनबी उसे टकरा गया, तो क्या वह उसे भी भूल ऐसे ही उसके पीछे चल देगी? मार्ग-भर उसका दुर्बल अन्तःकरण उसे चाबुक मारता गया था। रौबर्ट ने भी उसके आकस्मिक परिवर्तन को पकड़ लिया था। किसी विस्मृत क्रन्दन की व्यथा, ट्रेन में बैठते ही उसके चेहरे को म्लान कर गई थी। रौबर्ट को कुछ विस्मय भी हुआ था और वह विचलित भी हो गया था। तीन दिनों में जो परिचय घनिष्ठ होता, बड़ी स्वाभाविक अन्तरंगता से उस अपरिचिता के चेहरे को सहज बना गया था, वह देखते ही देखते न जाने कहाँ उड़ गया और वह एक बार फिर अनजान बन बैठी थी। किन्तु, रौबर्ट को उसके रूखे व्यवहार से ही झुंझलाहट नहीं हुई, प्रगाढ़ समवेदना से ही उसका हृदय पिघल उठा था। उसके जी में आ रहा था, उन क्रन्दन-स्फुरित रक्तिमवर्णी आयत आँखों को, अपने रूमाल से सहलाकर वह उससे पूछे—'इतनी उदास क्यों हो, लक्ष्मी? क्या परिस्थितिवश छोड़े गए धर्म की ग्लानि ही तुम्हारे हृदय को कचोट रही है या तीन दिन का यह अस्वाभाविक हनीमून तुम्हारे हृदय के पके फोड़े को

दुखा गया है?'

किन्तु अन्त तक वह कुछ पूछ नहीं पाया था, पूरी यात्रा ही उसने एक के बाद एक सिगरेट फूँककर काट दी थी।

जब अचल गठरी सी बनी लक्ष्मी उसके साथ रिक्शे में बैठी, तब ही उसने अपने सहज नम्र स्वर में कहा था, "लक्ष्मी, तुम कभी भी, यह बात मत सोचना कि तुम्हारा नवीन ग्रहण किया धर्म तुम्हें किसी बन्धन से बाँधेगा। तुम जब चाहो तब घर लौट सकती हो—और न मैं ही, बार-बार आकर तुम्हें इम्बेस करूँगा। वैसे भी, बहुत कम ही आता हूँ, आज तक आता भी था तो वैरोनिका को देखने, अब तुम रहोगी तो निश्चिन्त रहूँगा।"

घर पहुँचने से पहले, उसने लक्ष्मी को एक लिफाफा थमा दिया। "इसमें कुछ रुपए हैं, तुम रखो। वैरोनिका की माली हालत खस्ता ही रहती है। मैं तुम्हें बराबर खर्चा भेजता रहूँगा।"

"नहीं-नहीं," घबराकर लक्ष्मी लिफाफा उसे ही लौटाने लगी थी, "मैं क्या करूँगी इससे, सब ही कुछ तो उन्होंने ले दिया है।"

लिफाफा रौबर्ट की पसरी चौड़ी हथेली में वैसा ही धरा देख लक्ष्मी ने उठाकर उसकी जेब में डाल दिया, उसके देने और रौबर्ट की न लेने की चेष्टा में, एक संक्षिप्त अवधि के लिए दोनों के हाथ एक-दूसरे से गुँथ गए। अचकचाकर रौबर्ट ने जेब से हाथ हटा लिया और विलग होकर बैठने की चेष्टा करने लगा, किन्तु रिक्शा की संकीर्ण सीट में दोनों चाहने पर भी बिना सटे नहीं बैठ सकते थे। घेर-घुमावदार सड़कों पर बार-बार दोनों के कन्धे एक-दूसरे से सटे जा रहे थे। मार्ग-भर फिर दोनों चुपचाप बैठे रहे थे। जब घर पहुँचे तब वैरोनिका बरामदे में ही अखबार पढ़ रही थी। उन्हें देखते ही उसका चेहरा खिल गया—"वेल्कम, वेल्कम—" कहती वह बड़ी ललक से उनका स्वागत करने आगे बढ़ी और लपककर उसने लक्ष्मी के दोनों गाल चूम लिए।

"चार ही दिन में तुम्हारा चेहरा बदल गया है, लक्ष्मी। क्यों कैसा रहा तुम्हारा हनीमून?"

रौबर्ट का चेहरा पहली बार बहन की उपस्थिति में लाल पड़ गया, फिर वह कठोर स्वर में कहने लगा, "डोंट बी सिल्ली, सब कुछ जानकर भी तुम क्यों बेचारी लड़की को इम्ब्रेस कर रही हो, वैरोनिका! तुम जानती हो कि हमारा विवाह गुड्डे-गुड़ियों का खेल था। विवाह नहीं एक समझौता-मात्र है,

इसे क्यों भूल जाती हो?''

''मैं क्या तुम्हें नहीं जानती रौबर्ट!'' वैरोनिका का रुआँसा खिसियाया स्वर, एकदम ही अवरोध के स्वरों में उतर आया, ''मैं ऐसा नहीं जानती तो क्या शरण में आई गरीब को, इसकी ऐसी अवस्था में तुम्हारे साथ अकेली भेज देती? तुम्हारे जाते ही मैंने फादर से बातें कर ली हैं। यह कल ही से यूनिवर्सिटी जाने लगेगी।''

फिर रौबर्ट, कोई ड्यूटी न रहने पर भी, अकारण ही अपनी ड्यूटी का बहाना बना उसी दिन लौट गया था। वैरोनिका के मित्र, आत्मीय, स्वजन, प्रतिवेशी सबने धीरे-धीरे लक्ष्मी को मिसेज़ म्यूरी के रूप में स्वीकार कर लिया।

इतवार के दिन, वैरोनिका गिरिजाघर जाने लगती तो लक्ष्मी स्वयं ही साथ हो लेती। वैरोनिका ने उसे नवीन ग्रहण किए गए धर्म के किसी भी प्रतिबन्ध से बाँधने की कभी चेष्टा नहीं की थी, किन्तु जिस निर्जन गिरिजाघर में नियति ने उसके जीवन को एक तीखे झटके से मोड़ दिया था, वहाँ की अद्भुत शान्ति में डूबकर वह कुछ क्षणों के लिए अपने अतीत, वर्तमान, भविष्य सब कुछ भूल जाती थी।

रौबर्ट फिर पूरे दो महीने तक उनसे मिलने नहीं आया, एक बार आया तो लक्ष्मी यूनिवर्सिटी गई थी, लाख रोकने पर भी वैरोनिका उसे नहीं रोक पाई थी। बीच-बीच में उसके पत्र आते रहते, कभी किसी बड़े शहर से, कभी किसी छोटे-से स्टेशन से, किन्तु प्रत्येक महीने, लक्ष्मी के नाम का मनीऑर्डर ठीक समय पर ही भेज वह फिर किसी बंजारे-सा महीनों के लिए अलोप हो जाता। एक बार उसका मनीऑर्डर गोवा से आया तो वैरोनिका चौंकी। नीचे संक्षिप्त सन्देश लिखा था—'मैंने रेलवे की नौकरी छोड़ दी है, चिन्ता मत करना, मुझे यहाँ बहुत अच्छी नौकरी मिल गई है।' उस सन्देश ने वैरोनिका का स्वभाव ही बदल दिया। अब वह ज़रा-ज़रा-सी बात पर चिड़चिड़ा उठती थी, कभी उद्भ्रान्त-सी स्वयं ही बड़बड़ाने लगती, ''मैंने ही तो उसे भगा दिया है। क्या यह मेरा सरासर अन्याय नहीं था?'' उसका स्वगत भाषण, लक्ष्मी को ही लक्ष्य कर, कभी उसे क्षुब्ध कर देता और वह सर झुकाए चुपचाप सुनती रहती।

''उस बेचारे का क्या दोष'', बड़बड़ाती वैरोनिका का सुन्दर चेहरा, रूखा, विकृत हो उठता—''दूसरे के पाप का बोझ ढोना क्या सहज है? नौकरी छोड़कर नहीं जाता, तो करता क्या? दिन-रात पड़ोसी मेरी आफत किए हैं।

ठीक भी तो है, जब तक कोई गहरी बात न हो, सुन्दरी नई ब्याही बहू को छोड़कर क्या कोई भाग जाता है? आज तक वैरोनिका म्यूरी पर किसी ने अँगुली भी नहीं उठाई थी। इतने वर्षों से इस मुहल्ले में हूँ।"

ठीक छठे महीने रौबर्ट का संक्षिप्त पत्र आया था कि वह बड़े आराम से है, वैरोनिका उसकी कोई चिन्ता न करे। भारत के बाद गोवा उसे स्वर्ग-सा लग रहा था। पत्र में कहीं भी लक्ष्मी का कोई उल्लेख नहीं था, किन्तु मनीऑर्डर के बदले इस बार सात-आठ महीनों की पूरी सम्मिलित राशि का ड्राफ्ट बनाकर ही उसने भेज दिया था।

धीरे-धीरे, उस अपरिचित गृह में लक्ष्मी के नीरस दिन बीतते चले गए थे। प्रतिवेशियों की मूक सन्दिग्ध दृष्टि अब बड़े दुस्साहस से मुखर हो उठी थी। यह कैसा विवाह किया था रौबर्ट ने? सुन्दरी आसन्नप्रसवा पत्नी को, वह एक बार देखने भी तो नहीं आया था और यह भी पढ़ाई का कैसा शौक कि मेरुपर्वत-सा पेट लेकर नित्य पढ़ने जाती है? किन्तु वैरोनिका के उग्र व्यक्तित्व के सम्मुख, फिर किसी को मुँह खोलकर कुछ पूछने का साहस नहीं होता। वैरोनिका भी लक्ष्मी को एक प्रकार से अपने बँगले में बन्दिनी बनाकर ही मूँदे नहीं रहती, कभी सन्ध्या को उसे साथ ले दूर टहलने निकल जाती और कभी पादरी ओनूर के यहाँ। समाज का कुतूहल ज्वार-भाटे की तरंगों-सा स्वयं ही शान्त होकर बैठ गया था। वैरोनिका का बड़बड़ाना अब लगभग बन्द हो गया था और उस शान्त गम्भीर लड़की के प्रति उसका स्नेह एक बार फिर पूर्ववत् स्वाभाविकता में लौट आया था। रात को जब वह उसकी बगल में लगे पलंग पर आकर चुपचाप लेट जाती तब वैरोनिका के जी में आता, उसे छाती से लगा ले। उस सकपकाए बचकाने निर्दोष चेहरे को देखते ही उसका हृदय ममता से छलक उठता। उसे देखकर कौन कह सकता था कि यह चुपचाप गम्भीर लड़की किसी अकर्मण्य शराबी का हाथ पकड़ घर से निकल पड़ी होगी? उसके भावी प्रसव की चिन्ता भी कभी-कभी वैरोनिका को सहमा देती, उसने एक से एक कठिन प्रसव निबटाए थे, किन्तु जब भी उसकी दृष्टि उस दुर्बल लड़की के उभार पर पड़ती, वह मन ही मन क्रॉस बना, ईसू का स्मरण करती। कहीं इसे कुछ हो गया तब? किन्तु अन्त तक कुछ हुआ नहीं था।

"लक्ष्मी, तुम्हारे ईज़ी लेबर से अधिक समय तो शायद किसी डेंटिस्ट को दाँत उखाड़ने में लगता होगा!" बाद में उसने उससे हँसकर कहा था। अपनी

नवजात नन्ही चुहिया-सी कन्या को देखकर जब लक्ष्मी ने विरक्ति से मुँह फेर लिया तब वैरोनिका ने उसे डाँटकर कहा था, ''क्या कर रही हो लक्ष्मी? लो दूध पिलाओ इसे!''

''नहीं-नहीं, मर जाने दो इसे—मैं दूध नहीं पिलाऊँगी...'' पुत्री को देखते ही उसके पिता का कुटिल चेहरा, उसकी आँखों में तैर गया था।

''पागलपन मत करो लक्ष्मी, देखो भगवान ने तुम्हें कैसी प्यारी बच्ची दी है—एक दिन तुम इसी का मुँह देखकर, जीवन का सब दुख-कष्ट भूल जाओगी। भगवान् की दी गई वस्तु का अपमान करना महापाप है, लक्ष्मी!'' उसे समझा-बुझाकर वैरोनिका घर लौट आई थी, और अपनी मोटी डायरी के पृष्ठ में उसने लिखा था—

रौबर्ट और लक्ष्मी को पुत्री-लाभ
जन्म—क्रिसमस के प्रातःकाल
वजन—पाँच पाउंड
रंग—उज्ज्वल

वही पाँच पाउंड की क्षीणकाया कन्या, जब हृष्ट-पुष्ट हो सात महीने में ही घुटनों चलकर बैठने लगी तब लक्ष्मी सचमुच ही अपने अतीत की व्यथा भूल-बिसर गई।

वैरोनिका ने, न जाने कितनी बार उसके नाम बदल दिए थे, कभी ब्यूटी, कभी बौनी और कभी एम्बर, पर लक्ष्मी ने, तीसरे ही दिन उसका नाम धर दिया था, 'सुरंगमा'।

''छि-छि इतना लम्बा नाम!'' वैरोनिका ने उसका नाम कभी स्वीकार नहीं किया। रौबर्ट को सुरंगमा के जन्म की सूचना देने में वैरोनिका ने विलम्ब नहीं किया था, किन्तु उसके पत्र पाने की अब उसे कोई आशा नहीं रह गई थी। कभी-कभी, वैरोनिका को घोर दुश्चिन्ता घेर लेती। पुत्री के पहले जन्मदिन पर भी वह नहीं आया तो लोग क्या कहेंगे! वह सुरंगमा के माध्यम से कई बार लक्ष्मी को सुना-सुनाकर कह चुकी थी, ''सुन ले, माई लिटिल वन, एक चिट्ठी अब लिख डाल तू अपने डैडी को—मेरी पहली साल-गिरह पर नहीं आए, तो फिर मैं तुमसे कभी नहीं बोलूँगी।'' चतुरा लक्ष्मी, मन ही मन समझ जाती कि वह पत्र लिखने में असमर्थ-अबोध पुत्री से नहीं, उसी से कह रही है। एक-दो बार, शायद जान-बूझकर ही, फिर उसने दूसरे चुग्गे का दाना उसके सम्मुख बिखेर दिया था, ''लक्ष्मी, आज मेरे हाथ में बहुत दर्द है,

दिन-भर इंजेक्शन-रूम में ड्यूटी लग गई, बीसियों इंजेक्शन गोदने पड़े। न हो तो तुम ही रौबर्ट को मनीऑर्डर की पहुँच दे दो।" किन्तु, लक्ष्मी ने अपनी शरणदात्री के एक इसी आदेश का आज तक पालन नहीं किया था।

सुरंगमा की पहली वर्षगाँठ भी वैरोनिका ने फादर ओनूर के गिरजाघर में बिना किसी आडम्बर के ही मना ली थी। रौबर्ट का न कोई पत्र आया, न उपहार, उसकी रुखाई कुछ दिनों तक वैरोनिका को फिर चिड़चिड़ी बना गई थी।

"ठीक भी तो है, क्यों भेजेगा उपहार, पराई सन्तान के भरण-पोषण का खर्चा ही वहन कर रहा है, वह ही क्या कम है? इसके सगे बाप ने तो तुम्हें ढूँढ़ने का कोई प्रयत्न नहीं किया।"

लक्ष्मी, बिना कुछ कहे ही सब्जी काटती जा रही है, देख वैरोनिका फिर अकारण ही उसे कोंचने लगी थी, "क्यों लक्ष्मी, क्या कभी तुम्हारा जी नहीं करता है, उसके पास लौट जाने को?" उसकी उस कुटिल, निर्मम हँसी को देखकर, लक्ष्मी को सहसा विश्वास ही नहीं होता कि यह वही दयालु, स्नेही वैरोनिका है, जो सुरंगमा की छींक या खाँसी से घबराकर, पागलों-सी डॉक्टरों का द्वार खटखटाती है। वह मन-ही-मन, उसके उस अकस्मात् हृदय परिवर्तन का कारण भी जान गई थी। रौबर्ट को पत्र न लिखने के लिए उसने उसे कभी क्षमा नहीं किया था।

सुरंगमा जैसे-जैसे बड़ी हो रही थी वैसे-वैसे वैरोनिका का उसके प्रति आकर्षण बढ़ता ही जा रहा था। उसका रंग वैरोनिका का ऐंग्लों-इंडियन बिरादरी से एकदम मेल खाता था। कभी-कभी वैरोनिका को उसके उज्ज्वल साहबी रंग को देखकर सन्देह भी होता। कहीं लक्ष्मी ने अपने किसी फिरंगी प्रेमी के पीछे तो गृहत्याग नहीं किया था? जो भी हो, उसके रंग ने वैरोनिका को किसी कैफियत देने के कठिन बोझ से मुक्त कर दिया था। अभागा रौबर्ट उसे गोद में लेकर, तस्वीर भी खिंचवा लेता, तब भी कोई यह नहीं कह सकता था कि वह उसकी पुत्री नहीं है। उस गोरे रंग में लड़की के माँ के-से काले चिकने केश, और उसकी ही-सी बड़ी-बड़ी आँखों की घोर कृष्णवर्णी पुतलियाँ, और भी मनमोहक लगती थीं। गदबदी गोलमटोल न होने पर भी सुरंगमा में गजब की फुर्ती थी। एक-से-एक सुन्दर फ्राक, पिनैफोर, रौम्पर में वह किलकारी मारती, इधर-उधर भागती तो वैरोनिका गर्व से अपने पड़ोसियों से कहती, "एकदम अपने बाप पर पड़ी है लड़की, वह भी बचपन में ऐसा

ही शैतान था, इतना ही नटखट!"

सुरंगमा पाँच वर्ष की हुई तो वैरोनिका बड़े आडम्बर से उसे उस कन्वेंट में डाल आई, जहाँ लखनऊ के ऊँचे अफसरों की पुत्रियाँ पढ़ती थीं।

लक्ष्मी ने दबे स्वर में आपत्ति भी की थी, "वहाँ की तो फीस भी ऊँची है—आप कहें तो मैं अपने कॉलेज के नर्सरी स्कूल में डाल दूँ।"

"नहीं, सुरंगमा हिन्दी-स्कूल में नहीं पढ़ेगी। फीस की चिन्ता तुम्हें नहीं करनी होगी, क्या उसका डैडी प्रत्येक माह उसके नाम मनीऑर्डर नहीं भेजता? फिर हम क्रिश्चियन हैं, हमारी ही ऐंग्लों इंडियन कम्युनिटी के मि. ग्रैहम इन स्कूलों के प्रबन्धक हैं। हमें शिक्षा-सम्बन्धी जितनी सुविधाएँ हमारा समाज देता है, उतनी सुविधाएँ और कोई समाज कभी नहीं दे सकता।"

एक नहीं, अनेक अवसरों पर वैरोनिका का अहंदीप्त स्वर लक्ष्मी का हृदय दुखा जाता था। हिन्दू-गृह में जन्म लेने के लिए वह शायद कब्र में जाने तक लक्ष्मी को कभी क्षमा नहीं कर सकती थी। लक्ष्मी के एम. ए. करते ही लड़कियों के जिस विद्यालय में नौकरी मिली थी, दुर्भाग्य ये वह भी एक हिन्दू संस्था थी। वैरोनिका की अनिच्छा होने पर भी लक्ष्मी ने उस नौकरी को स्वेच्छा से ही स्वीकार किया था। अब वह किसी पर भार बनकर नहीं जीना चाहती थी। वैरोनिका की इच्छा थी, वह किसी मिशन स्कूल में ही नौकरी करे, किन्तु किसी भी मिशन स्कूल में वेतन की वैसी उदारता नहीं थी जैसी उस हिन्दू-विद्यालय की बंगाली प्रिंसिपल ने लक्ष्मी के लिए कर दी थी।

एक बार उसने नम्र स्वर में स्वतन्त्र रहने का प्रस्ताव भी वैरोनिका के सम्मुख रखा था, "आपने मुझे अब इस योग्य बना दिया है कि मैं स्वतन्त्र रह सकूँ—मुझे आज्ञा दीजिए तो मैं कॉलेज के पास ही कोई छोटा-सा मकान ढूँढ़ लूँ!"

वैरोनिका ने पहले उसे ऐसे देखा था जैसे वह बहक गई हो। फिर उसके दोनों हाथ पकड़कर रुआँसे स्वर में कहा था, "छिः छिः, लक्ष्मी, तुम क्या मुझे इतनी ही नीच समझती हो कि मैं तुमसे ऊब गई हूँ। तुम तो जानती हो, हाई-ब्लड-प्रेशर की मरीज हूँ, जब कभी प्रेशर बढ़ता है, गुस्से में तुमसे बुरा-भला कह बैठती हूँ—तुम भी मेरे लिए उतनी ही प्रिय हो, जितना रौबर्ट! वैसे आज, तुमसे झूठ नहीं बोलूँगी, जिस दिन मैंने तुम्हारे सम्मुख रौबर्ट से विवाह का प्रस्ताव रखा, उस दिन मेरे मन में पाप था। रौबर्ट के सन्त-स्वभाव

को जानकर भी मैंने जुआ खेला था। सोचा था, शायद तुम्हारे रूप का जादू, उसके बैरागी मन को जीत ले, पर मैं जुआ ही नहीं हारी अपने भाई को भी उस दाँव में हार गई।

उस दिन से फिर लक्ष्मी ने कभी उससे अलग होने का प्रसंग नहीं छेड़ा। वह स्वभाव से ही गम्भीर थी, किन्तु फिर भी मुँह से कुछ न कहने पर भी, गृहस्थी की पूरी सामग्री स्वयं ले आती। यही नहीं, कई बार वह वैरोनिका से नाइट ड्यूटी न लेने का आग्रह कर चुकी थी।

"आपकी तबीयत ठीक नहीं रहती, अब आप इतना काम क्यों लेती हैं? मैं तो हूँ, मेरे रहते अब आपको काम की चिन्ता नहीं करनी होगी।"

नौकरी से उसमें स्वयं ही एक अनोखा आत्म-विश्वास आ गया था, और उसी आत्म-विश्वास ने सलोने चेहरे के जन्मगत आभिजात्य को और प्रखर कर दिया था। वैरोनिका का स्वास्थ्य पाँच वर्षों से निरन्तर गिरता ही चला जा रहा था। एकमात्र भाई का विद्रोह कभी-कभी उसके रक्त-चाप को और बढ़ा देता, चक्कर आने लगते और वह उस दिन छुट्टी लेकर मुँह ढाँपे कमरे में ही पड़ी रहती। उस दिन भी वह सिरदर्द से व्याकुल होकर चुपचाप सो गई थी। सुरंगमा को उसके पार्श्व के पलंग में सुला लक्ष्मी गोल कमरे में परीक्षा की कापियाँ जाँच रही थी। कापियाँ जाँचते-जाँचते उसे समय का ध्यान ही नहीं रहा। सहसा घड़ी देखी, तो बारह बज गए थे। वह उठकर बत्ती बुझाने जा ही रही थी कि उसे लगा, किसी ने द्वार पर मृदु आधात किया है।

"कौन?" चौंककर उसने पूछा। कोई उत्तर न पाकर उसने बत्ती बुझाने स्विच की ओर हाथ बढ़ाया ही था कि फिर द्वार पर दस्तक हुई। दूर कहीं कुत्ता भौंका और साथ ही द्वार की दरार से बाहर हिल रही किसी छाया का आभास पाकर वह उठ गई।

"कौन है, बोलते क्यों नहीं? मार्ग्रेट हो क्या?" प्रतिवेशी पादरी की गूँगी नौकरानी, मार्ग्रेट, प्रायः ही रात-बेरात कभी दूध और कभी जामन माँगने, ऐसे ही द्वार खटखटाकर चुपचाप खड़ी हो जाती थी।

"कौन है?" इस बार लक्ष्मी का झुंझलाया स्वर सुनकर वैरोनिका भी जग गई, "कौन है लक्ष्मी?" उसने पूछा।

"वही मार्ग्रेट होगी, और कौन हो सकता है इतनी रात! रोज़ आधी रात को वही तो ऐसे कुंडी खटखटाकर, गूँगी बनी खड़ी हो जाती है। पता नहीं,

कैसे इसकी बिल्ली रोज़ आधी रात को आकर इसके साहब का दूध पी जाती है। कौन है? जब तू 'हूँ' नहीं करेगी, मैं दरवाजा नहीं खोलूँगी, मार्ग्रेट—कौन है?"

"मैं हूँ तुम्हारा, पति," उस परिहाससिक्त हँसी की मीठी खनक लक्ष्मी के पाँच वर्ष पूर्व के स्मृति-द्वार की अर्गला खटखटा गई। उसे लगा वह सिर से पैर तक काँप रही है। बिना द्वार खोले ही, उसने बन्द कपाटों पर अपना चकराता सर रख दिया।

"अब तो खोलो, कितनी देर बाहर ठंड में खड़ा रखोगी? कह तो दिया—मैं हूँ तुम्हारा पति!"

लक्ष्मी ने द्वार खोल दिया।

दीवार पर पड़ी आगन्तुक की सुदीर्घ छाया क्रमशः निकट आती छोटी होती चली गई। वह हँसता-हँसता उसके सम्मुख खड़ा हो गया। लम्बा ओवरकोट, वही आकर्षक स्निग्ध चेहरा, अधरों पर द्विधास्नात स्मित, और फीरोज़ी पुतलियों में वही अन्तर्भेदी निविड़ता। लक्ष्मी का अवहेलित आँचल कंठ से लिपटा था, उसके कंठ में पड़े माँ के सोने के क्रास को देखते ही वह चेहरा और भी स्निग्ध हो उठा।

"डर गईं क्या?" गमनोद्यता लक्ष्मी को देखकर उसने हँसकर पूछा, "डरो मत लक्ष्मी, कब्र से उठकर नहीं आया हूँ। तुमसे ही डरकर भाग गया था।" स्वर का अद्‌भुत आवेग जैसे हृदय के अन्तर्तम कोने से स्वयं ही उच्चारित हो रहा था, कहनेवाला भी शायद उस उच्छ्‌वास के दमन में, असहाय हो उठा था। एक क्षण को दोनों की आँखें मिलीं और उस नीरव दृष्टिपात में ही न जाने कितने अनकहे मुहूर्त कट गए।

"वैरोनिका तो ठीक है ना?" अचानक ही वह द्रुत चिन्तित स्वर में पूछने लगा, "तुम इतनी चुप क्यों हो लक्ष्मी, सब ठीक तो है ना?"

"हाँ," यन्त्रणामथित स्वर का गहरा निःश्वास उस संक्षिप्त उत्तर के माध्यम से ही रौबर्ट से बहुत कुछ कह गया। 'हाँ' कहने में उसकी विच्छिन्न मुक्तादन्त-पंक्ति को देखकर, रौबर्ट फिर सिहर उठा। क्यों आ गया था वह मूर्ख लौटकर! जिस कठोर साधना से वह निर्लिप्त फकीर बनकर दूसरी ही पगडंडी पकड़ बड़ी दूर निकल गया था, वहाँ से क्यों फिर इस परिचित पथ को ढूँढ़ स्वयं दुर्भाग्य का वरण करने लौट आया।

जिस अविवेकी चित्त को उसने पालतू पशु-सा बनाकर संयम की शृंखला

से बाँधकर रख दिया था, वह लक्ष्मी को देखते ही फिर क्यों विद्रोही बना, बन्धन तोड़ने को छटपटाने लगा था, पाँच वर्षों की अनुच्चारित व्यथा सहसा किस यन्त्रणा के आवेग से उसका हृदय मथने लगी थी। इस अज्ञात भय ने तो उसे अब तक ऐसे नहीं सहमाया था। अपने ही हृदय का निःशब्द आर्त्तनाद उसे झकझोर गया।

"कौन है लक्ष्मी? किससे बातें कर रही हो?" वैरोनिका का अधीर-क्लान्त स्वर इस बार झुंझलाकर तीखा हो गया।

"वैरोनिका, मैं हूँ रौबर्ट!"

और फिर वैरोनिका नाइटी में ही आकर कमरे में खड़ी हो गई थी।

"ओह, तो तुम आ गए रौबर्ट। यह कैसी सूरत बना ली है? बीमार थे क्या?" वैरोनिका का स्वर शान्त होने पर भी चेहरा अनकहे उपालम्भ से तमतमा रहा था।

वह हँसा, "क्यों, तुम्हें मैं बीमार लग रहा हूँ क्या?"

वैरोनिका ने अपने पतले होंठ भींच लिए, क्रोध आने पर उसकी यह भंगिमा रौबर्ट और लक्ष्मी दोनों पहचानते थे।

"इन पाँच वर्षों में, तुमने मेरी उम्र दस वर्ष घटा दी है बॉबी, जानते हो?" और फिर वह अपने को नहीं रोक सकी, वहीं कुर्सी पर बैठ दोनों हाथों में मुँह छिपा बुरी तरह टूट गई, "न जाने कितने महीनों से सो नहीं पाई हूँ। कभी भी कोई द्वार खटखटाता था तो यही सोचती थी कि तुम आ गए और निश्चय ही तुम्हारा एक्सिडेंट हो गया होगा और लोग खून से लथपथ तुम्हारी लाश लाए होंगे।"

"वाह, क्या बढ़िया बात सोचती थी मेरे लिए। पर यह तो तुम्हारी पुरानी आदत थी, वैरानिका! मुझे जब कभी स्कूल से लौटने में देर होती, तब भी तुम्हें यही बकवास सूझती थी।"

"पाँच साल, पूरे पाँच साल, ज़रा सोचो बॉबी!" वैरोनिका रूमाल में नाक सिनकती स्वगत बोलती चली जा रही थी, जैसे उसने रौबर्ट की बात ही न सुनी हो, "जस्ट थिंक ऑफ इट–जिस बहन ने तुम्हें पाँच साल की उम्र से पाला, उसे इससे बढ़िया तोहफा तुम दे ही क्या सकते थे। पास-पड़ोस भी तो है, यह तो है नहीं कि मैं रेगिस्तान में रहती हूँ। समाज को थोड़े ही दिनों तक छला जा सकता बॉबी, हमेशा नहीं। सब पूछते थे–यह कैसा विवाह किया है रौबर्ट ने! गिरजे से लौटकर, फिर बहू का मुँह ही नहीं देखा!"

"अच्छा-अच्छा, अब बहुत हो गया, कुछ खिलाओगे-पिलाओगे नहीं क्या?"

"नौकरी? नौकरी को क्यों लात मार दी तूने?" वैरोनिका के कई वर्षों के उबलते क्रोध का उफान बैठ ही नहीं रहा था, "रेलवे की नौकरी से ग्रेच्युटी ही तो मिलती है, उसे भी गँवा दिया तूने...अब बुढ़ापा कैसे काटेगा? वैरोनिका क्या अमर बूटी खाकर आई है?"

"मुझे गोवा में बहुत अच्छी नौकरी मिल गई है वैरोनिका, तुम्हें मेरी नौकरी की चिन्ता नहीं करनी होगी।"

"तब ठीक है, अब अपने इस कुटुम्ब को भी वहीं ले जा...मैं जैसी अकेली थी वैसी ही रहूँगी," तुनककर वह पैट्री में चली गई।

लक्ष्मी वहीं खड़ी रह गई।

"क्यों? चलोगी गोवा?" रौबर्ट कोट की जेब में दोनों हाथ डाल लक्ष्मी के सामने खड़ा होकर हँसने लगा।

लक्ष्मी के सफेद पड़ गए चेहरे पर कोई भी विकृति नहीं उभरी, स्वप्नाविष्ट मूर्ति-सी वह स्थिर, निर्वाक् खड़ी रह गई।

क्रमशः निकट आ रही पदध्वनि के बीच, दोनों आमने-सामने अपलक खड़े थे, निश्चल-निर्वाक। वैरोनिका चाय बनाकर ले आई, उसका कंठ अभी भी अभिमान के गह्वर से भारी था, "लो चाय पी लो, यह कोई तरीका है घर आने का! न चिट्ठी, न तार, मैं पूछती हूँ क्या गोवा में कोई डाकखाना नहीं था?"

रौबर्ट ने चाय का प्याला थामा और हँसकर कहने लगा, "बैठो भी वैरोनिका, तुम्हारी बातों से लग रहा है, तुम्हें मेरे आने की ज़रा भी ख़ुशी नहीं हुई!"

"खुशी की बात किस मुँह से कह रहा है तू....देख रही हूँ खाली एक झोला लटकाए ही चला आया है। लक्ष्मी, ऊपर के कमरे में एक बिस्तरा पड़ा है, उसे ही उठा लाओ नीचे....।"

"नहीं-नहीं, बिस्तर मत लाना लक्ष्मी, मैं वहीं सो जाऊँगा। पिछली तीन रातों से मैं नहीं सोया हूँ।"

वैरोनिका का चेहरा न जाने कैसा हो गया। "कैसी बातें कर रहा है बॉबी, न जाने कब से उस कमरे की सफाई नहीं हुई।"

"मुझे कौन-सी सफाई चाहिए।" रौबर्ट हाथ का बैग लटकाए अपनी

लम्बी डगें भरता ऊपर चला गया।

वैरोनिका का गला भर्रा गया, "कहता है नई नौकरी मिल गई, पर मुझे इसकी एक भी बात का विश्वास नहीं हो रहा है। न जाने कैसा बदला-बदला लग रहा है...."

लक्ष्मी ही फिर उसे हाथ पकड़कर कमरे में सुलाने ले गई थी, "आप चलकर सोइए, दिन-भर सिर में दर्द था, ऐसे कब तक बैठी रहेंगी?"

दूसरे दिन, लक्ष्मी कॉलेज गई तो रौबर्ट सो रहा था। जब वह लौटी तब रौबर्ट सुरंगमा को गोद में लिए तस्वीरों की किताब दिखा रहा था। उसे देखते ही सुरंगमा भागकर आ गई, "माँ-माँ जानती हो कौन आया है। मेरे डैडी आए हैं, कहते हैं, मुझे आज घुमाने ले चलेंगे..."

लक्ष्मी का चेहरा लाल पड़ गया, "अच्छा-अच्छा, छोड़ मेरी साड़ी, भीतर भी आने दोगी या नहीं?" लक्ष्मी ने द्वार अवरुद्ध किए खड़ी सुरंगमा को हाथ पकड़कर हटा दिया।

"और जानती हो, आंटी क्या कह रही है! कहा है, न आज से मैं तुम्हारे पास सोऊँगी, न आंटी के पास। मैं डैडी के साथ सोऊँगी..." उसका नन्हा भोला चेहरा आनन्द से उल्लसित हो उठा था।

लक्ष्मी का कलेजा धड़कने लगा। तब, क्या अभी भी वैरोनिका उस अबोध बच्ची के माध्यम से उसे रौबर्ट की ओर आकृष्ट करने की चेष्टा कर रही थी।

"आओ लक्ष्मी, मैंने तुम्हारे लिए चाय बना दी है। वैरोनिका अभी नहीं लौटी, पीकर देखो कैसी बनी है! गोवा में रहकर, चाय बनाना खूब सीख गया हूँ।"

"डैडी, अब तो माँ भी आ गई, घूमने कब ले चलोगे?" सुरंगमा ऐसी अन्तरंगता से उसकी गोद में चढ़कर मचलने लगी, जैसे वर्षों से उसे जानती हो।

"मैं तुम्हें जरूर ले चलूँगा डार्लिंग, पर अभी नहीं—आंटी अस्पताल से आ जाएँ तब!"

"जा, अभी बाहर जाकर खेल...देख तेरी दोस्त आई है..." सुरंगमा पहले माँ की झिड़की सुनकर सहमी फिर रौबर्ट को, कुतूहल से देख रही अपनी ही समयवयसिनी एक बालिका को देखते की कूदती भाग गई।

"तू भी चलेगी अगाथा?" उसकी कच्ची दूधिया आवाज़ स्पष्ट होकर

कमरे तक चली आई, "मेरे डैडी आए हैं, मुझे आज सोफ्टी खिलाने गंज ले जाएँगे..."

"लक्ष्मी!" रौबर्ट के गम्भीर स्वर ने लक्ष्मी का हाथ कँपा दिया, थोड़ी-सी चाय उसकी साड़ी पर छलक गई, आँखें नीची ही किए, वह रूमाल से उसे पोंछने लगी।

"जानती हो, मैं क्यों आया हूँ?"

इस बार प्रश्न के दूसरे भाग की कल्पना से लक्ष्मी का धड़कता कलेजा मुँह को आ गया। जितनी ही बार वह चार दिनों का परिचित पाहुना उसे पुकारता, वह तीव्र जलधार में असहाय तिनके-सी ही बहने लगती।

"मैंने तुमसे एक दिन बाइबिल की शपथ खाकर कहा था कि तुम्हें देखकर किसी भी विकार ने मुझे त्रस्त नहीं किया। पर अनजाने में ही, बहुत बड़ी भूल कर गया था मैं। जिस दिन गिरजाघर में तुम्हारा काँपता हाथ पकड़कर मैंने शपथ ली थी, वह शपथ शायद मेरे मुँह से ही नहीं निकली थी, निकली थी हृदय के कोने से। जिस दिन मैं तुम्हें लेकर पहली बार घर गया, मैं पागल हो गया था लक्ष्मी, एकदम पागल! जानती हो, किस मर्मान्तक चेष्टा से मैंने अपने को रोका? मेरे भीतर जैसे कोई शैतान बैठा मुझे उकसा रहा था–प्रत्येक बार, तुम्हारा स्पर्श मेरी समस्त शिराओं को झनझना रहा था। जब मैं तुम्हें लेकर दुबारा लखनऊ लौटा, तब ही मुझे लगा कि मैं अब अपने को अधिक छल नहीं सकता। तुम मुझसे बहुत छोटी थी, फिर परिस्थितियों ने ही तुम्हें मेरी पत्नी बनाया था, तुम पर मेरा कोई अधिकार नहीं हो सकता था, तुम्हें केवल पति की मान्यता देने की ही शपथ मैंने ग्रहण की थी, पर जितनी ही बार मैं तुम्हें देखता मेरा अविवेकी स्वार्थी पाशविक चित्त अपने अधिकारों की माँग से मुझे पागल बना देता–इसी से मैं भाग गया, यह जानकर भी भाग गया लक्ष्मी, कि माँ की तरह मेरा पालन-पोषण करनेवाली मेरी बहन के लिए मेरा पलायन एक ऐसी चोट होगी, जिसे यह शायद सह नहीं पाएगी। सोचता था, इन पाँच सालों में गोवा के उस सन्त पादरी के चरणों में बैठ मैंने अपने चित्त को जीत लिया है, पर नहीं। लौटा, तो देखता हूँ। मेरा मूर्ख हृदय पहले से भी अधिक दुर्बल हो गया है, पहले से भी अधिक मूर्ख। न यहाँ चैन है, न वहाँ शान्ति। वहाँ मुझे बराबर मेरी कायरता धिक्कारती रही, तुम्हारी अजन्मा सन्तान का भार ग्रहण करने का आश्वासन देकर ही मैंने तुम्हारा हाथ थामा था–उसे मैं भूला नहीं हूँ, लक्ष्मी!

मैं एक-दो दिन में ही फिर गोवा लौट जाऊँगा, पर जाने से पहले मैं पूरा प्रबन्ध कर जाऊँगा कि जिस नादान बच्ची ने मुझे डैडी कहकर पहचाना है, वह जीवन-भर मुझे इसी नाम से पहचानती रहे। आज, तुमसे झूठ नहीं बोलूँगा लक्ष्मी, मैंने तुम्हें प्यार किया है। अपनी इस मूर्खतापूर्ण स्वीकृति के लिए मैं आज भी कोई कैफियत नहीं ढूँढ़ पा रहा हूँ। शायद, उसी क्षण मैं तुम्हें प्यार करने लगा था, जब तुम विभ्रान्त दृष्टि से क्रमशः निकट आती इंजन की सर्चलाइट को देखती, निर्भीक खड़ी थी। तुम्हारे उस अद्भुत चेहरे को मैं कब्र में जाने तक नहीं भूल सकता—ओह माई गॉड!''

''डैडी-डैडी, चलोगे न अब तो! आंटी आ गई।'' उल्लसित सुरंगमा अपनी सकुचाई सहेली को द्वार पर ही छोड़ भागकर रौबर्ट से लिपट गई।

''क्यों नहीं चलूँगा स्वीट हार्ट, पर पहले देख तो ले आंटी क्या-क्या लाई हैं—क्या पता, शायद मेरे लिए भी एक फाइवस्टार लाई हो!''

''बड़ों के लिए थोड़ी ना चाकलेट लाई जाती....क्यों ना आंटी।''

वैरोनिका के आते ही लक्ष्मी उसके हाथ से टोकरी लेकर भीतर चली गई।

पाँच वर्षों तक अंडरग्राउंड चले गए भाई को देखते ही वैरोनिका का चेहरा बदल जाता था। बार-बार शायद प्रतिवेशियों को सुनाने, कभी लक्ष्मी को पुकारती, कभी सुरंगमा को।

''लक्ष्मी, रौबर्ट के कपड़े निकाल देना, सुरंगमा, उतरो नीचे, अब अपने डैडी को गोदी में चढ़ने के लिए तुम बहुत बड़ी हो गई हो, उतरो-उतरो—परेशान मत करो डैडी को।''

स्वयं लक्ष्मी के चेहरे में वैरोनिका तीन-चार ही दिनों में अद्भुत परिवर्तन लक्ष्य कर रही थी। रौबर्ट के प्रत्यागमन से वह अप्रसन्न नहीं हुई थी, फिर भी उस गम्भीर चट्टान से चेहरे के एक भी शिलाखंड को तोड़कर वह भीतर नहीं झाँक पा रही थी। रौबर्ट के आने के दूसरे ही दिन लक्ष्मी अपनी मेज, बक्सा, पुस्तकें उठाकर, वैरोनिका के कमरे में ले आई थी, आज तक वही कमरा उसकी 'स्टडी' थी। दीवारों में रौबर्ट की तसवीरों को वह अब भी नित्य आँचल से झाँड़-पोंछ आती, किसी में वह फुटबॉल टीम की ट्राफी के साथ मुस्करा रहा था, किसी में तैराकी-प्रतियोगिता में प्रथम आकर, वह बड़ा-सा कप हाथ में लिए खड़ा था। उसके सहसा बिना वैरोनिका की अनुमति लिए ही सामान अपने कमरे में ले आना, वैरोनिका को अच्छा नहीं लगा था,

पर वह मुँह खोलकर कुछ कह नहीं पाई थी। कहा था उसकी निर्दोष पुत्री ने, "माँ, तुम क्या डैडी के कमरे में नहीं सोओगी!" लक्ष्मी का अपदस्थ चेहरा देख वैरोनिका का चेहरा कौतुकमिश्रित स्मित से रँग गया था—आँख का चश्मा, तीखी नाक पर ही खिसका, उसने बड़े स्नेह से सुरंगमा को देखकर कहा था, "अब उत्तर दो लक्ष्मी!"

"बहुत बकर-बकर करना सीख गई है—चल कपड़े बदल!"

लक्ष्मी ने उसे डाँट दिया और वह रुआँसी हो गई। ऐसी भला क्या बात कह दी थी उसने? अगाथा के मम्मी-पापा भी तो एक ही कमरे में सोते हैं, ऐंड्रिया के, डैनियल के, सब ही तो एक कमरे में सोते हैं, फिर माँ को गुस्सा क्यों आ गया? वैरोनिका ने ही बात सम्भाल ली थी।

"तुम्हारी माँ भी वहाँ सो गई तो आंटी के पास कौन सोएगा स्वीट हार्ट? आंटी को क्या अकेला छोड़ दोगी!"

इस समस्या का तो बेचारी सुरंगमा के पास कोई समाधान नहीं था। कपड़े बदलकर वह फिर अपने डैडी के पास भाग गई थी। यदि दूसरे ही दिन वह भयानक दुर्घटना न हो गई होती, तो शायद सुरंगमा आज भी जोशी न होकर सुरंगमा म्यूरी ही होती। शैशव की स्मरण-शक्ति कितनी प्रखर होती है। आज अठारह वर्ष पूर्व की उस भयानक स्मृति को सुरंगमा चाहने पर भी नहीं भुला सकी है। जननी की नग्न देह, फटी-नुची साड़ी, चेहरे पर फैले माँ के लम्बे-काले केश और पलंग के पास बैठी, बिलखती आंटी—"लक्ष्मी, बोलो लक्ष्मी—तुम ठीक हो ना?"

छत की ओर, फटी-फटी आँखों से देखती लक्ष्मी ऐसे चुपचाप पड़ी थी, जैसे उसके प्राणों का स्पन्दन ही शेष हो गया हो। फिर रौबर्ट ने आगे बढ़कर उसे चादर से ढक दिया था। कुछ ही क्षणों में जैसे भयावह भूकम्प का धक्का किसी सुखी गृह की दीवारें ढहा, उसका अस्तित्व ही समाप्त कर देता है, ऐसा ही वह दुर्भाग्य का भूकम्पी धक्का सुरंगमा के शैशव को एक ही झटके में, चकनाचूर कर गया था। उसी मलवे से निकली, वह सरल निर्दोष पाँच वर्ष की बालिका कुछ ही महीनों में संसारी पुरखिन बन गई थी।

उस दिन सुबह से ही बदली घिर आई थी, नन्हीं-नन्हीं बूँदियाँ पड़ने लगीं तो सुरंगमा मचलने लगी थी, "माँ, मैं स्कूल नहीं जाऊँगी—पेट में दर्द हो रहा है।"

"नहीं", लक्ष्मी ने उसे डाँट दिया था, पुत्री के काल्पनिक पेट का दर्द

उसके डैडी के आगमन के साथ ही प्रायः नित्य ही होने लगा था। असल में, अलमस्त डैडी फिर माँ के कॉलेज और आंटी के अस्पताल जाते ही उसे बाग में ले जा अपने बचपन के तितली पकड़नेवाले छिपे जाल को बक्से के पीछे से निकाल लाते, और दिन-भर उसके साथ तितलियाँ पकड़ते। फिर दोनों बाप-बेटी, रौबर्ट की पुरानी कापी में वर्षों पहले चिपकी दिवंगता तितलियों की रंगीली ऐतिहासिक देह के साथ, नई-नई तितलियों को पिन से चिपकाते। पर माँ न जाने कैसी हो गई थी–जब देखें तब डाँटती रहती थी। उस दिन भी माँ ने उसे डाँट-डपटकर स्कूल के लिए तैयार किया, फिर स्वयं तैयार होने लगी। नित्य माँ ही उसे स्कूल पहुँचाती थी–वह नाश्ता कर रही थी, और रौबर्ट अपने कमरे में सो रहा था। वैरोनिका अपने कलफ किए श्वेत किरीट को बालों पर सजा रही थी, वहीं से वह, सुरंगमा का प्रिय गाना गाकर, उसे मनाने की चेष्टा भी करती जा रही थी :

डेज़ी डेज़ी गिव युअर आंसर डू–
आई एम हाफ क्रेजी ऑल फॉर द लव ऑफ यू

पर रूठी सुरंगमा का चेहरा लटका ही था, आज उसका स्कूल जाने को मन ही नहीं कर रहा था। लक्ष्मी नित्य कॉलेज जाने से पहले अपने कमरे की खिड़कियाँ बन्द करती थी, उस दिन भी तैयार होकर वह खिड़की बन्द करने जा ही रही थी कि चौंककर ऐसे पीछे हट गई, जैसे उसका पैर फन उठाए डँसने को उद्यत किसी विषधर पर पड़ गया हो। रिक्शा से उतर जो व्यक्ति इधर-उधर देख किसी मकान को पहचानने की चेष्टा कर रहा था, उसकी दृष्टि स्वयं उसी चेहरे पर पड़ गई, जिसे वह इतने वर्षों से ढूँढ़ रहा था। बिजली की गति से पलटकर लक्ष्मी ने खिड़की बन्द कर दी। एक पल को ही शायद दोनों की आँखें चार हुई थीं, फिर भी, उस कामान्ध दृष्टि की टपकती लार लक्ष्मी को भिगो गई थी। दोनों हाथों से सर थामे वह किंकर्तव्यविमूढ़ा बनी पलंग पर बैठी यह भी भूल गई कि खिड़की बन्द करने पर भी उसका द्वार खुला है। उसी खुले द्वार से उसका दुर्भाग्य जब तीव्र आँधी के झोंके-सा आकर, उसके सम्मुख खड़ा हो गया–तब भय से उसकी घिग्घी बँध गई। वह चीख भी नहीं पाई थी कि आगन्तुक ने द्वार पर चिटखनी चढ़ा उसे बाँहों में भींच लिया, किन्तु उस बन्धन में प्रेम का उल्लास नहीं था, था केवल प्रतिशोध का औद्धत्य।

"कुलटा, तुझे आज नहीं छोड़ूँगा, चाहे फाँसी पर लटकना पड़े।"

सहसा शेरनी की ही भाँति उछलकर कृशकाया लक्ष्मी ने सिरहाने धरा टेबल-लैम्प खींचकर उसके ललाट पर दे मारा। एक क्षण को उस कामान्ध पशु की आँखों में पीड़ा उभरी, टूटे बल्ब के काँच से ललाट पर रक्त का तिलक-सा अंकित हो गया; फिर झरझराकर वही रक्तधार लक्ष्मी के करुण-आर्त्त चेहरे को रँग गई।

"माँ, माँ—माँ गो!" यन्त्रणा, विवशता के भयानक दुर्वह क्षणों में वह वर्षों पश्चात् स्वर्गगता जननी को पुकार उठी। उसी पुकार को एक भद्दी गाली में पूर्ण कर गजानन ने अपने क्षुधार्त्त विलासी अधर उसके रक्त रंजित कपोलों पर गड़ा दिए।

"बचाओ, हाय मुझे बचाओ...." उसकी आर्त्त हाहाकार-ध्वनि बन्द कपाटों की दरार से रेंगती सीमान्त के कमरे में गुनगुना रही वैरानिका तक शायद नहीं पहुँच पाई पर रौबर्ट हड़बड़ाकर उसके कमरे की ओर भागा, "लक्ष्मी-लक्ष्मी, कौन है? वैरोनिका, कौन आया था यहाँ?"

घबराई बदहवास वैरोनिका, सहमी सुरंगमा और दोनों हाथों से द्वार पीटता बौखलाया रौबर्ट हताश, एक-दूसरे का मुँह देखने लगे। भीतर से आ रही क्षीण कराह दमघुटे स्वर में परिवर्तित होती, अचानक शान्त हो गई।

"खोलो दरवाजा, कौन है यहाँ?" रौबर्ट ने कड़ककर पूछा।

"डैडी, अभी एक आदमी माँ के कमरे में गया था," सुरंगमा ने कहा, तो रौबर्ट ने सन्दिग्ध दृष्टि से बहन की ओर देखा, "वैरोनिका, लगता है कोई गुंडा-उचक्का घुस आया है...."

"रौबर्ट, दरवाजा तोड़ दो—देर मत करो—देखते नहीं अब वह कराह भी नहीं रही है। रुक जाओ, मैं दरवाज़ा बन्द कर आऊँ। इन अभागे पड़ोसियों के मारे और नाक में दम है।" फिर वह भाई के कान के पास आकर फुसफुसाई—"वैसे लम्बा स्टूल लगाकर, तुम रोशनदान से कूद सकते हो।"

रौबर्ट ने वही किया था, किन्तु रोशनदान से कूदने के पूर्व काँच से झाँककर उसने जो बीभत्स दृश्य देखा, उसे देख उसने फिर दोनों हाथों से चेहरा ढाँप लिया था। —ओह माई गॉड!

शायद, उसकी वही स्तब्ध आतंकित मुखमुद्रा उसी क्षण नन्हीं सुरंगमा को प्रौढ़ बना गई थी, फिर उसका शैशव उससे सदा के लिए बिछुड़ गया था।

भीतर कूदते ही रौबर्ट ने चिटखनी खोलने में विलम्ब नहीं किया। कुर्सी

पर पसरे अजनबी के चेहरे पर थी परितृप्त मुस्कराहट, और चैतन्य होने पर भी लक्ष्मी अपने अर्द्धनग्न देह के प्रति अस्वाभाविक रूप से उदासीन बनी पागलों की भाँति छत को घूर रही थी। रौबर्ट को कूदते देख भी वह उसी अचल मुद्रा में पड़ी पलक झपकाती रही। जिस रौबर्ट ने कभी उसकी उल्लंघ टखनी भी नहीं देखी थी, उसी के सम्मुख उसका उघड़ा यौवन दया की भीख माँग रहा था। द्वार खुलते ही वैरोनिका लक्ष्मी की दुरावस्था देख चीख पड़ी: "कौन हो तुम?" रौबर्ट का गोरा चेहरा तमतमाकर लाल हो गया।

मदान्ध गजानन ने मुस्कराकर कुछ कहने की चेष्टा की, किन्तु क्षण भर को उतरा नशा फिर उसकी मुँदी जा रही पलकों पर हावी हो गया।

"सुना नहीं क्या? कौन हो तुम?" इस बार क्रोध से थरथर काँप रहे रौबर्ट ने उसकी गर्दन पकड़कर उठाने की चेष्टा की, किन्तु निर्जीव मांस का लोथड़ा निश्चेष्ट मुद्रा में फिर कुर्सी पर ढल गया, फिर उसने आँखें खोलीं और विचित्र दृष्टि से रौबर्ट को घूरा....

"मैं कहता हूँ, तुम कौन हो साले, मुझसे यह पूछनेवाले? यह मेरी पत्नी है राजलक्ष्मी–आहा हा–क्या नाम है! हमारे ससुर साहब की जानेमन कलकत्ते की गौहरबाई का दिया नाम।" फिर वह नशे में दुलदुलकर हिल रही अपनी देह को हिला-हिलाकर विकृत स्वर में हँसा, "राजा प्रबोधरंजन बहादुर के राज्य की लक्ष्मी को हम अपनी गृहलक्ष्मी बनाकर ले आए, कुछ समझे साहब, अपने इस लंगूरी चेहरे से हमें मत डराओ साहब, गजानन जोशी ने ऐसी बीसियों साहब देखे हैं–तुम गोरे साहब लोग तो प्रेम-वेम खूब समझते हो, अब तुम्हीं बताओ पूरे पाँच साल बाद हमारी मेमसाहब हमको मिली तो प्यार नहीं करते तो क्या चौखट चढ़ाकर टाँग देते?"

लड़खड़ाते अटपटे स्वर में अपने दुराचरण की कैफियत देकर उसने फिर आँखें मूँद लीं, और दोनों टाँगें लम्बी कर कुर्सी पर ऐसे पसर गया जैसे वही गृहस्वामी हो।

रौबर्ट को इस बार उसकी निर्लज्ज चोरी और सीनाज़ोरी विक्षिप्त कर गई। उसने झुककर फिर उसकी गर्दन थाम उसे खड़ा कर दिया और एक घूँसा मारा। फिर तो उसी घूँसे के साथ जैसे रौबर्ट को स्वयं नशा चढ़ गया। उन्मत्त बना वह दाएँ-बाएँ उसे मारता चला गया। उसी अप्रत्याशित प्रहार का आघात गजानन को चैतन्य कर गया। एक झटके से उसने अपने को छुड़ाया और उछलकर लक्ष्मी के सिरहाने खड़ा हो गया।

"खबरदार बे सूअर के बच्चे, खबरदार जो मुझे हाथ लगाया—जानता है मैं कौन हूँ?"

"जानता हूँ" रौबर्ट ने कड़ककर कहा, "चोर, उचक्के, गुंडे! किसी सम्भ्रान्त घर में तू घुसा कैसे? अभी पुलिस को फोन करता हूँ।"

"अच्छा!" इस बार वह भयानक कुटिलता से मुस्कराया, कत्थे से लथपथ बत्तीसी उस मुस्कराहट को और बीभत्स बना गई थी। रेशमी कुर्ते की जेब से रूमाल निकाल, उसने ललाट के घाव पर दाब दिया। आकस्मिक आक्रमण के आघात से अब उसका नशा हिरन हो चुका था।

"सोच ले बेटा, पुलिस पहले मुझे बुलानी होगी, या तुम्हें? पाँच साल से मेरी पत्नी को घर में छिपाकर रंगरेलियाँ किसने मनाई हैं, मैंने या तुमने? गजानन जोशी ने कच्ची गोलियाँ नहीं खेली हैं साहब!"

"डैडी, कौन है यह? भगा दो इसे," सुरंगमा रौबर्ट के पास आकर खड़ी हो गई।

"ओह, तो यह है राज—क्यों साहब? लाख डैडी कह ले, यह बिटिया तो तुम्हारी हो नहीं सकती, चेहरा, एकदम मेरी माँ का न होता तो गला यहीं टीप देता इसका," फिर बड़ी बेहयाई से हँसता, वह लक्ष्मी की ओर झुका, "क्यों राजलक्ष्मी, मेरी ही बिटिया है ना यह?"

पर, लक्ष्मी ऐसी पड़ी रही जैसे उसने कुछ भी नहीं सुना हो।

"और जी हाँ फिरंगी साहब, तुमने मेरी पत्नी को ऐक्टिंग खूब बढ़िया सिखा दी है!" वह नशे के कोहरे में ही मार्ग टटोलता फिर कुर्सी पर बैठ गया, इस बार उसने बड़े ही गँवारू फूहड़ ढंग से दोनों पैर भी उठाकर कुर्सी पर धर लिए। वैरोनिका जान-बूझकर सुरंगमा को बाहर खींच ले गई। उसके जाते ही रौबर्ट ने गजानन का हाथ पकड़कर बाहर कर दिया और लक्ष्मी का द्वार बन्द करने लगा तो गजानन ने अद्भुत फुर्ती से पैंतरा बदल रौबर्ट को लँगड़ी देकर दूर पटक दिया।

"मैं आज इसे लेकर ही जाऊँगा, तुझे जितनी पुलिस बुलानी है बुला ले। कमीना कहीं का!"

उसकी निःश्वास से निर्गत ताड़ी की तीव्र दुर्गन्ध उसकी गालियाँ सुन भागकर कमरे में आ गई वैरोनिका को फिर पीछे ढकेल गई। उसने भाई का कन्धा पकड़कर पीछे खींचा, "डोंट रौबर्ट, देखते नहीं वह होश में नहीं है? क्या पता कहीं छुरा-वुरा छिपाए हो।"

गजानन ने अब हाथ पकड़कर काँपती-थरथराती लक्ष्मी को पलंग से खींचकर खड़ी कर दिया था, ''चल उठ, तुझसे बचा-खुचा हिसाब अब घर जाकर ही वसूल करूँगा। खबरदार जो इन किरिस्तानों का चीथड़ा भी साथ में लिया।''

''लक्ष्मी!'' वैरोनिका उसका नाम पुकार फिर स्वयं ही चुप हो गई। लक्ष्मी ने अपनी शान्त-पीड़ित दृष्टि से उसकी ओर देखा—वह जैसे उससे उस संक्षिप्त अनुनय-भरी पुकार ही में सब कुछ कह गई थी, ''लक्ष्मी, तुम यहाँ से चली जाओ, मेरी प्रतिष्ठा पर आँच मत आने देना—मेरे समाज को मत जानने दो लक्ष्मी, कि मेरे भाई की पत्नी उसकी पत्नी बनने से पहले इस शराबी-शोहदे की पत्नी थी।''

लक्ष्मी उठकर जाने लगी तो गजानन ने उसकी साड़ी पकड़ ली, ''कहाँ जा रही है?''

''मुँह धोने?'' कितना स्थिर, कितना संयत कंठस्वर था लक्ष्मी का। उसके पीले कपोलों पर गजानन के कलुषित रक्त की रेखाएँ सूखकर जमने लगी थीं—गजानन ने उसकी साड़ी का छोर छोड़ दिया और वह धीरे-मन्थर गति से बेसिन की ओर मुँह धोने ऐसे बढ़ गई जैसे नींद से उठी हो।

जब वह मुँह धो रही थी तब ही रौबर्ट चुपचाप उसके पास खड़ा हो गया, ''लक्ष्मी, क्या तुम सचमुच ही इस पशु के साथ जा रही हो?''

लक्ष्मी ने अपना विवर्ण चेहरा रौबर्ट की ओर उठाया, ''हाँ, मैं जानती थी, एक दिन यही होगा। तुम इसे नहीं जानते। संसार का कोई भी कुकृत्य इसके लिए असम्भव नहीं है। मैं नहीं गई, तो यह यहाँ ऐसा नाटक खड़ा कर देगा कि वैरोनिका की वर्षों की प्रतिष्ठा, मान-सम्मान एक पल में धूल में मिल जाएगा। मैं इतनी अकृतज्ञ नहीं हूँ। सोचा था, आज तक जो मेरे जीवन में घटा था वह एक दुःस्वप्न था। पर आज समझ गई हूँ कि मेरे जीवन का वह कलंक जितना ही वास्तविक तब था उतना ही आज भी है और हमेशा रहेगा। छह वर्ष पूर्व जब पिता के घर से इस पशु का हाथ पकड़कर निकली थी, तब भी यही निश्चय किया था कि चिर दिन के लिए ही जा रही हूँ, कभी लौटूँगी नहीं, आज भी यही निश्चय करके जा रही हूँ रौबर्ट कि कभी लौटूँगी नहीं। फिर वह जाते-जाते थमकर रुक गई, ''रौबर्ट, तुमने मुझे कभी जीवन-दान दिया था, आज उस मृत्यु से भी भयंकर मृत्यु का वरण करने स्वयं जा रही हूँ, अब तुम चाहने पर भी मुझे जीवनदान नहीं

दे सकते....मैं नहीं चाहती कि कल पुलिस तुम्हारे बँगले को घेरे और तुम्हें दिखा-दिखाकर लोग यह कहें कि यही है वह जिसने एक ब्राह्मण की ब्याहता को रक्षिता बनाकर अपने घर में छिपाया था। तुम मेरे इस पति को नहीं जानते, कुत्सा-प्रचार में इसे कोई हरा नहीं सकता!"

पुत्री का हाथ पकड़कर जब वह निःशब्द बिना वैरोनिका की ओर देखे फाटक खोलकर बाहर निकल गई, तब वैरोनिका पाषाण मूर्ति-सी चुपचाप खड़ी थी, न उसकी आँखों में आँसू थे, न कठोर चेहरे पर सहानुभूति की एक भी रेखा। जब वह भीतर गई तब देखा दोनों हाथों को पीठ पीछे बाँधे रौबर्ट शून्य में खोई दृष्टि से निर्जन सड़क को देख रहा है।

"माँ, हम कहाँ जा रहे हैं? डैडी और आंटी नहीं चलेंगे क्या? यह कौन है, माँ?"

सुरंगमा के हाथ को जोर से झटककर लक्ष्मी ने मुँह फेर लिया था।

यहीं से सुरंगमा के जीवन-इतिहास का एक ऐसा अध्याय आरम्भ हुआ था, जिसकी अस्पष्ट लिपि की फैली स्याही कई पृष्ठों तक वैसी ही फैलती चली गई थी। गजानन जोशी ने कहाँ से लक्ष्मी का पता लगाया, इतने वर्षों तक वह कहाँ था, यह सब लक्ष्मी ने मृत्यु के दिन तक उससे फिर कभी नहीं पूछा।

एक तंग सँकरी गली में रिक्शा रोककर गजानन उन्हें जिस अँधेरी सुरंग से निकालकर अपने दुमंजिले मकान में ले गया, वहाँ वह शायद काफी दिनों से रहता आया था। एक ओर अँगीठी, स्टोव, बर्तन सजे थे, दूसरी ओर दीवार से एक तानपूरा टिका था, कोने में मुँह बँधे तबलों की जोड़ी थी। पास ही में पानदान था—खूँटी पर दो-तीन रेशमी कुर्ते टँगे थे।

"माँ, हम यहाँ क्यों आए हैं? यह किसका घर है?" सुरंगमा बार-बार माँ को झकझोर रही थी—आज तक उसके सम्पन्न शैशव का ऐसे अँधेरे घरों से कोई पूर्व परिचय नहीं था। गजानन का नशा अब शायद पूरी तरह उतर चुका था, "तुम्हारा घर यही है बिटिया, जानती हो मैं कौन हूँ? आ जाओ मेरी गोदी में...."

"नहीं, मैं अपने घर जाऊँगी, मैं घर जाऊँगी, मेरा घर यह नहीं है—यह गन्दा है, यह गन्दा है...." वह पुक्का फाड़कर रो उठी थी।

"लक्ष्मी...." गजानन प्रस्तर प्रतिमा-सी अचल खड़ी लक्ष्मी के निकट खिसका और बड़े लाड़ से उसके कन्धे पर हाथ रखने लगा, चौंककर लक्ष्मी

ने उसका हाथ दूर झटक दिया।

"मुझे माफ कर दो लक्ष्मी, मैं नशे में था। फिर इतने दिनों बाद तुम्हें पाकर मैं पागल हो गया था। तुम मेरी पत्नी हो, तुम्हारा विवाह किसी गिरजे में हुआ हो या मसजिद में, मुझे परवाह नहीं, तुम जहाँ भी होगी, जिस अवस्था में भी होगी, मैं तुम्हें अपने साथ खींच लाऊँगा, यही सोचकर मैं कल घर से निकला था। जो कुछ हुआ है, उसे अब भूल जाओ। अब के पितृपक्ष में मैंने अपनी माँ को सपने में देखा। मेरे सिरहाने खड़ी होकर कह रही थी–'गजुआ, तूने अज्ञानवश अपनी घर की लक्ष्मी को गँवा दिया है। जब तक तू उसे ढूँढ़कर नहीं लाएगा, तेरा भाग्य नहीं पलटेगा। मैंने उसी की कोख में जन्म लिया है।' यह मेरी माँ है, यह मैं इसे देखते ही पहचान गया, लक्ष्मी! अब तुम्हें कोई चिन्ता नहीं रहेगी। मुझे म्यूजिक-कॉलेज में बड़ी अच्छी नौकरी मिल गई है। दो-तीन बड़े-बड़े घरों में ट्यूशन करता हूँ, रेडियो प्रोग्राम भी मिलते रहते हैं। तुझे अब सचमुच ही रानी बनाकर रखूँगा लक्ष्मी, तेरा कोई भी कलंक अब मेरे लिए कलंक नहीं रहेगा।"

लक्ष्मी के चेहरे में, पति की लम्बी कैफियत सुनकर भी कोई परिवर्तन नहीं हुआ।

सुरंगमा कई महीनों तक उस परिवेश को ग्रहण नहीं कर पाई थी, किन्तु लक्ष्मी ने जिस स्वाभाविकता से अपने बिछुड़े पतिगृह की गृहस्थी सम्भाल ली, उसके लिए गजानन भी प्रस्तुत नहीं था। वह सुबह ही काम पर निकल जाता, लौटता तो नित्य एक पैकेट हाथ में उछालता सुरंगमा को पुकारता–"देख बिटिया, क्या लाया हूँ आज तेरे लिए।" पहले-पहले, सुरंगमा उसके लाख दुलारने पर भी उसके पास नहीं फटकती थी, पर धीरे-धीरे वह उससे हिल गई। वैरोनिका भी उसे दुलारती थी, किन्तु उसके दुलार में हमेशा एक अनुशासन की कड़क रहती। गजानन का अनुशासनहीन दुलार उसे सर पर चढ़ा गया था, जिस भी अलभ्य वांछित वस्तु के लिए वह मचलती, गजानन तत्काल भागकर ले आता। लक्ष्मी बिना उसकी अनुमति लिए ही दूसरे ही दिन से नौकरी पर जाने लगी, पर गजानन ने कोई विरोध नहीं किया। पाँच वर्षों तक वह जिस पति के जीवन से सहसा अलोप होकर अपना अस्तित्व ही मिटा गई थी, उसी के जीवन में वह फिर आकर ऐसी घुल-मिल गई जैसे कभी कहीं गई ही नहीं थी। पति का सहसा बदला सात्विकी चोला लक्ष्मी को आश्वस्त नहीं कर पाया था, वह मन ही मन समझ गई थी कि वह

व्यक्ति उसे किसी चतुर बहरूपिए की छलना से ही छल रहा है। तीन महीने तक प्राणान्तक चेष्टा करने पर भी गजानन पत्नी का प्यार नहीं पा सका। वह समझ गया था कि वह लाख सन्त बने, अपनी रहस्यमयी पत्नी का वह शरीर ही पा सकता था, हृदय नहीं। निष्प्राण मुर्दे-सी वह गृहस्थी का एक-एक काम निबटाती चली जाती, किन्तु भावहीन चेहरे पर न उल्लास की रेखा थी, न शोक की। गजानन रूठी पत्नी को मनाने एक से एक बढ़िया मिठाइयाँ लाता, कभी फल और कभी मेवे, पर वह छूती भी नहीं। कभी वह आग्रह करता तो कह देती—"मेरा व्रत है...।" तीन महीने में वह उसके लिए कई साड़ियाँ ला चुका था, पर लक्ष्मी स्वयं अपने वेतन से अपने लिए सामान्य दो-तीन साड़ियाँ ले आई थी, उन्हें ही पहनकर कॉलेज चली जाती। हिमशिलाखंड-सी, उसी मानिनी पत्नी को दमामे-सा ही पीट दूर फेंक देने को कभी-कभी गजानन व्याकुल हो उठता, किन्तु उठी भृकुटी पीपल के पत्ते-सा कँपा देती थी। उसी के चेहरे को अब पाँच वर्ष का अन्तराल किसी दैवी तेज़ से ऐसा तेजोमय बना गया था कि उसे देखते ही वह स्वयं सहमकर सकपका जाता। एक ही बात, उसकी समझ में आज तक नहीं आई थी कि उस दिन वह भीगी बिल्ली-सी सहमी, उसकी एक ही घुड़की में लड़की का हाथ पकड़कर उसके साथ कैसे चली आई थी? वह तो अब स्वयं अपने पैरों पर खड़ी थी। पर शायद उसकी वह आत्मनिर्भरता गजानन को दब्बू बना गई थी। एक भय उसे और सहमा देता था, कहीं उसने नशा किया और मारपीट आरम्भ की और वह पुत्री का हाथ पकड़कर फिर हाथ से निकल गई, तब? तीन ही महीने में उसे अपनी पुत्री से बेहद लगाव हो गया था, उसकी भोली-तोतली बातें, सुघड़ सलीका, सर्वोपरि, वर्षों पूर्व बिछुड़ी स्वर्गीय जननी का अविकल रूप उसे गहरे पश्चात्ताप में डुबो देता। माँ को कौन-सा दुःख नहीं दिया था उसने। न जाने कितनी बार, उसके गहने बेच जुआ खेला, कई बार गाँव छोड़कर भागा, कई बार पकड़कर लाया गया। जब अन्तिम बार सोई जननी के सिरहाने से चाबी चुरा, उसकी यत्न से संचित गहनों की पोटली लेकर भागा, तब उस सुप्त, निर्दोष, वेदना-विधुर चेहरे पर अधसूखी आँखों से ढुलके अश्रु बिन्दुओं ने उसके पापी चरणों में बेड़ी-सी डाल दी थी। शायद बेचारी अपने उसी कुपुत्र की कुकृतियों पर आँसू बहाती सो गई थी। आज भी पापी-कुटिलकामी गजानन माँ के उन आँसुओं को नहीं भूल पाया था। कितनी सुन्दर थी उसकी माँ। जब रंग्वाली पिछौड़े का कटोरे-सा घूँघट

निकाल, चेहरे से भी बड़ी परिधि की नथ का लोलक हिलाती भैरव थान में पूजा करने जाती तब उसे लगता, उसकी माँ-सी सुन्दरी पूरे गाँव में नहीं है। न चाची, न ताई, न भाभी। उसके स्निग्ध चेहरे के अनुरूप ही उसकी मीठी मृदुल वाणी भी थी। उसके धीमे स्वर को सुनने के लिए कभी-कभी गजानन को अपना चेहरा उसके घूँघट से सटाना पड़ता था। घर में कोई पुरुष न हो, तब भी माँ के चेहरे से घूँघट नहीं हटता। उस चेहरे पर गजानन ने कभी हँसी नहीं देखी थी, हँसती भी तो एक पल को काले मेघों से क्षण भर को निकली पहाड़ी धूप-सी ही, माँ की वह क्षणस्थायी हँसी फिर उसी गम्भीर्य कद बदली में छिप जाती। क्रोध-विलासी पिता का समृद्ध ऊन का व्यापार उसे और भी कठोर और मर्यादाहीन बना गया था। प्रायः ही एक से एक सुन्दरी नैक्याणियों का आतिथ्य उसकी माँ को निःशब्द निभाना पड़ता, उनके घिनौने साजिन्दे पान की पीक से माँ का लिपा-पुता स्वच्छ आँगन गन्दा कर रख देते, पर माँ कभी कुछ नहीं कहती। माँ की सीमाहीन सहनशीलता ने ही किशोर गजानन के उद्दंड हृदय में विद्रोह का प्रथम बीजारोपण किया था। उसने अनजाने ही दुराचारी जनक एवं धरती-सी सहिष्णु जननी को एक साथ दंड देना आरम्भ किया—स्वयं अपने अविवेकी आचरण से पिता को दंडित किया पत्नी के प्रति अन्यायपूर्ण आचरण के लिए, और माँ को दंडित किया उस अन्याय को निःशब्द झेलने के लिए। उसकी उद्धत दृष्टि में अन्याय से भी गुरुतर अपराध था अन्याय को निःशब्द झेलना।

"देख लेना तू, एक दिन मैं इस साली नैक्याण सरुली की गर्दन नन्दा देवी के जतिये (भैंसे) सी झटकाकर रख दूँगा।" वह माँ से कहता और पुत्र का पूँजीभूत क्रोध उसे त्रस्त कर उठता। पुत्र के पैर पकड़कर वह सिसकने लगती, "तुझे मेरे दूध की कसम छोरे, ऐसा मत कर बैठना कभी!"

सरुली नैक्याण उसके पिता की प्रियतमा रक्षिताओं की पटरानी थी। सोलहों शृंगार किए घुंघरू छमकाती वह नन्दा देवी के मेले की क्लान्ति से विश्राम ग्रहण करने उसके गाँव आती, तो उसके पिता जीवानन्द जोशी अपनी भेटिया घोड़ी को लेकर स्वयं उसे लिवाने तड़के ही निकल जाते। वह निर्लज्ज दुराचारिणी फिर देहरी पर पैर रखते ही गजानन की माँ को पुकारकर खिलखिलाती—"दीज्यू, शंख बजाओ, तुम्हारे जोशीज्यू की चरणदासी आ गई है!" फिर वह उन दिनों मेले का सर्वाधिक चर्चित, उसी की रूपछटा से रंजित लोकप्रिय झोड़ा गाने लगती :

"सरुली नैक्याणां तेरो घुँघरू बाजो छम!"

(अरी सरुली नैक्याणा, तेरे पैरों का घुँघरू बज रहा है छम!)

पूरे गाँव में हल्ला मच जाता—सरुली आ गई, सरुली आ गई। कुमाऊँ की सुर-सुन्दरी सरुली, मेले के प्रत्येक गीत का आरोह-अवरोह बन गई, मधुछन्दा सरुली, जिसकी सुराहीदार ग्रीवा, मुष्टिकाप्रमाण की कमर, काजल-अंजी कर्णायत आँखें और तीखे नासाग्र पर झूल रहे बुलाक का कुन्दन-सा जड़ा लोलक घड़ी के पेंडुलम-सा निरन्तर हिलता गाँव-भर के मनचलों के हृदयों को भी तब तक हिलाता रहता जब तक वह जोशी जी के यहाँ रहती। उसकी रेशमी आलपाका की फतुई कलकत्ते से सिलकर आती थी, टेहरी नरेन्द्र नगर के सुनार उसका गहना गढ़ते थे और उसके सोलहगजी नीले लहँगे पर लगी गंगाजमनी कामदार बेल, दिन के उजाले में भी, चमकते सितारों-भरे आकाश की महिला को पृथ्वी पर उतारकर रख देती थी। जोशीजी का ईर्ष्यालु हृदय उसे बाहर जाने की भी अनुमति नहीं देता था, किन्तु दिशा-ज़ंगल जाने से तो जीवानन्द जोशी उसे नहीं रोक सकते थे, "लोटा लेकर, क्या तुम्हारे आँगन में ही बैठ सकती हूँ जोशीज्यू? तुम्हारी बामणी मुझे झाड़ू मारकर भगा देगी...." वह बेहया हँसकर लोटा ले जंगल के औदार्य में फिर मनचाही रस-भरी डुबकियाँ लगाकर घंटा बाद लौटती। वहाँ भी वह व्यापारकुशला नटिनी उन्मुक्त औदार्य से प्रणय का विनिमय करती है, यह जोशी जी मन ही मन खूब समझते थे, पर कर ही क्या सकते थे। बाज़ारू औरत पर क्या उनका सर्वाधिकार सुरक्षित रह सकता था? वह गाँव की बहू-बेटियों के न जाने कितने कंगन, हँसुली, बाजूबन्द लोटे में खनकाकर लौटती है, यह केवल गजानन ही जानता था। घास के स्तूपाकार गट्ठरों के पीछे छिप-छिप यही सब देखता चौदह वर्ष का किशोर पलक झपकते ही अनुभवी युवक बन गया था। और जिस दिन उस प्रलयंकारी लोटे में उसका चुराया माँ का कंगन खन से खनका, उसके किशोर कपोलों पर सरुली के अनुभवी पेशेवर चुम्बन गर्म दहकते अंगारों-से ही उसे दाग गए थे। कभी जिसकी गर्दन को जतिये की गर्दन-सा झटकाने की वह गर्वपूर्ण घोषणा कर माँ को आतंकित कर चुका था, आज उसी के कलुषित भिक्षापात्र में माँ के पावनस्पर्श से अभिसिंचत कंगन, उसने चुराकर डाल दिया था। उसी रात को गजानन जोशी गाँव छोड़कर भागा और फिर कभी नहीं लौटा। पहले

पहुँचा—दिल्ली, फिर कलकत्ता। वहाँ ट्रेन में गा-गाकर भीख माँगनेवाले एक दल ने उसे सहर्ष अपने दल का सदस्य बना लिया। उसके कंठ के माधुर्य और पहाड़ी चेहरे की निर्दोष गढ़न में पहाड़ी सरस फल की-सी ही मौलिक मिठास थी। उसे एक ही भजन आता था :

काया का पिंजरा डोले रे
इक साँस का पंछी बोले

किन्तु वही एक भजन उसकी झोली भर देता। कभी-कभी तो वह एक ही डिब्बे से इतना कमा लेता कि दूसरे डिब्बे में जाने की आवश्यकता ही नहीं रहती। एक दिन वह यही भजन भाव-विभोर होकर गा रहा था, कि संगीत के एक गुणी जौहरी ने उसे चट से परख लिया :

"क्यों बेटे, गाना सीखकर उस्ताद बनेगा?"

"बनूँगा...."

और रेल के डिब्बे में ईश्वर के-से भेजे गए उस देवदूत सहृदय गुरु ने उसे विधिवत् गंडा बाँधकर अपना शागिर्द बना लिया था। संगीत की जिन-जिन दुरूह गलियों से पार करा फिर उन्होंने उसे संगीत की जिस सर्वोच्च सोपान की ऊँचाइयों पर खड़ा कर दिया वहाँ से नीचे झाँकते ही उसका सर चकरा गया। जिस दयालु गुरु ने अपनी कंठ की पूरी विद्या निष्कपट औदार्य से उसके कंठ में उड़ेल उसे जीवन-भर की जमापूँजी सौंप दी थी, उसे ही ठगकर वह प्रवंचक एक दिन भाग आया। उस्ताद वली मुहम्मद के कठोर अनुशासन ने उसके कंठ के खरे सोने को कठिन रियाज़ की आग में तपाकर निखार दिया था, खरज भरन के सुदीर्ध कठिन रज्जुबन्धन में उस्ताद उसे घंटों बाँधकर छोड़ देते। उसी बन्धन ने उसके लचीले सुकुमार कंठ के उस अद्भुत माधुर्य में अभ्यस्त नट के पैरों की-सी अडिग स्थिरता ला दी थी। एक से एक दुरूह अप्रचलित राग-रागनियों को वह हवा में गेंद की भाँति उछाल फिर सधी तत्परता से हथेली पर साध लेता। टप्पा गाने बैठता, तो स्वयं वली मुहम्मद झूमकर उसके दोनों हाथ चूम लेते—"देखो बेटा!" उन्होंने टप्पा-शिक्षा के पूर्व उसे अपने अनुभव की घुट्टी पिलाई थी—"टप्पा-गायन के लिए जितना दुरूह है, श्रोता के लिए उतना ही गरिष्ठ। कहने को तो कहा जाता है यह ऊँट-चालकों के ही लोकगीतों की उत्कृष्ट परिणति है, पर इसकी तीखी तानों की तेज़ धार, पहाड़ी नदी की घातक धार-सी ही ज़रा भी फिसलने पर, गानेवाले की जान ले सकती है, यह कभी मत भूलना। तबलेवाला इसी गायकी

में गायक की टाँग पकड़कर लँगड़ी देता है।" पर वली मुहम्मद का सुयोग्य शिष्य कभी किसी तबलावादक की बन्दरघुड़कियाँ से नहीं सहमा। वह आँखें बन्द कर गहन आत्मविश्वास से टप्पा छेड़ता 'ओ मियाँ जानेवाले...' और फिर उसकी सधी तानें पहाड़ी झरने की स्वाभाविक जलधार-सी ही उछलती श्रोताओं को रससिक्त कर जाती, उन तिर्यक् तानों पे हवा का वेग रहता, तीर की तेज़ी। बूमरैंग की भाँति पतंग-सी लहराती मनोहारी तान को वह जिस दक्षता से कुशल कनकौवेबाज की भाँति सम पर खींच लेता, उसके लिए उसे कोई प्रयास नहीं करना पड़ता, शिक्षा गुणी गुरु की थी, किन्तु प्रतिभा थी देवदत्त की। उस तरुण गायक को जब कलकत्ते के एक प्रसिद्ध संगीत-जलसे में गाने का सुअवसर मिला तब संगीत के गुणी-पारखी उस कंठ से कलावती, चन्द्रकौंस, कौशीकान्हड़ा, नारायणी जैसी कठिनता से पकड़ में आनेवाला कठिन राग-रागिनियों का अद्‍भुत प्रस्तुतीकरण सुनकर झूम उठे। निश्चय ही वह कोई शापभ्रष्ट गन्धर्व था। स्वर-लय उसकी मुट्‍ठी में बन्द थे, खटके, कण और मुरकियाँ जिस स्वाभाविकता से उसके कंठ में फिसल उसकी गायकी का एक सर्वथा मौलिक शृंगार कर जाती थीं, उसकी कलकत्ता लाख-लाख बलैया ले उठा। धीरे-धीरे उसने संगीत-जगत् में अपना विशिष्ट स्थान बना लिया। उसका विश्वासघात उसके उस्ताद के प्राण ले चुका है, यह समाचार उसे मिल गया था। कुछ दिनों तक आत्मग्लानि उसे खिन्न कर गई, किन्तु विधाता ने उस व्यक्ति को अतीत के बड़े से बड़े पाप को भी पलक झपकते ही भुला देने की अद्‍भुत क्षमता प्रदान की थी। उसकी ख्याति, असमय ही मिल गई प्रशंसा उसे बदनाम बस्ती में खींच ले गई। वहाँ उसके सुन्दर चेहरे, आकर्षक पौरुष ने उसे हाथों ही हाथों में लेकर आसमान में उछाल दिया। उन्हीं का आँचल थामता वह अब पहली बार राजा प्रबोधरंजन की महफिल में गाने पहुँचा, तब राजलक्ष्मी को उसने पहली बार देखा। फ्राक पहनकर वह अपने बरामदे में रस्सी कूदती इधर-उधर भाग रही थी। उसके आते ही वह अपनी बड़ी-बड़ी आँखों में अपरिसीम कुतूहल भरे तानपूरा थामे उस गोरे-उजले युवक को एकटक देखती रही थी।

"आओ बेबी!" उसने तब उसे प्यार से बुलाया तो वह लजाकर गौहर मौसी के पीछे छिप गई।

"आज तू मेरे साथ बैठकर इनका गाना सुनेगी, राजलक्ष्मी, देखना कितना बढ़िया गाते हैं। तू भी सुनाएगी ना इन्हें अपना गाना?" गौहर मौसी ने

उसका हाथ पकड़कर सामने खींच लिया था।

"मुझे कौन-सा गाना आता है?"

"अरी वही, जो तुझे तेरे पापा ने सिखाया है :

होलूद गोंदर फूल
रांगा पलाश फूल
ऐनेदे, ऐनेदे, नईले—
बांधवो ना, राखबो ना चूल

(पीले गेंदे के फूल और लाल पलाश फूल ला दे, नहीं तो मैं बाल नहीं बाँधूँगी।)

"बड़ी-मीठा आवाज़ है इसकी गजानन, अच्छा गुरु मिलने पर यह निश्चय ही एक दिन पूरे बंगाल का नाम रोशन करेगी, ठीक मेरी तरह, क्यों, है ना प्रबोध।"

किन्तु, राजा प्रबोधरंजन का चेहरा एकदम ही विवर्ण हो गया था। लक्ष्मी ने मुड़कर देखा, चिक के पीछे उसकी रुग्णा माँ खड़ी थी।

"खुकू, भीतर आय!" (मुन्नी, भीतर आ!) उस दिन उसके क्षीण कंठ में, न जाने कहाँ से वह दर्पपूर्ण तेज़ आ गया था। फिर, उसके लाख सर पटकने पर भी माँ ने उसे पिता की संगीत-गोष्ठी में भाग नहीं लेने दिया था। कभी-कभी, उसकी मृतप्राय जननी का अनुशासन ऐसा ही कठोर बन लक्ष्मी को अपनी जहाज-से पलंग के पाए से बाँधकर रख देता था। उत्कर्ण होकर वह रात-भर उस मीठी आवाज़ को सुनती रही थी। निश्चय ही, यह उस कंठ के सुदर्शन जादूगर की आवाज़ थी। महफिल उस दिन खूब जमी थी। हाथ की घड़ी, सोने का तोड़ा, अचकन का कपड़ा, शाल-दुशाला और नकद पाँच सौ रुपए लेकर जब गजानन उस विराट् प्रासाद से बाहर निकला तब मन ही मन दृढ़ निश्चय कर चुका था कि जैसे भी हो इस प्रासाद के उदार संगीतरसिक स्वामी का संरक्षण उसे पाना ही होगा। इस बार भी स्नेही गौहरजान ने ही उसकी बाँह थामी थी, "मैंने प्रबोध से बात कर ली है, तुम कल ही अपना सामान लेकर आ जाओ, खुकू को गाना तो सिखाओगे ही, बीच-बीच में प्रबोध का भी मनोरंजन करते रहोगे। खाना-पीना, कपड़ा, हाथ-खरज, सब कुछ मिलेगा, उस पर, तुम्हारे स्वयं के रियाज़ की ऐसी सुविधा, ऐसा एकान्त परिवेश, तुम्हें और कहाँ मिल सकता है! फिर, एक बात और है गजानन, मैंने तुम्हें बेटा माना है, कोई भी माँ नहीं चाहती कि उसका बेटा

कीचड़ में फिसल अपने साफ-सुथरे कपड़े मलिन कर उपहास का पात्र बने। नवाबजान से तुम्हारी मैत्री केवल पेशे की मैत्री है, यह मैं स्वीकार करती हूँ। ठुमरी में, पूरब और पश्चिम अंग का, ऐसा अपूर्व मेल कर, श्रोताओं को आँचल की गाँठ में बाँधनेवाली गायिका पूरे देश-भर में दीया लेकर ढूँढ़ने पर भी नहीं मिल सकती। किन्तु करमजली का रूप ही एक दिन उसका सर्वनाश कर देगा। कई बार समझा चुकी हूँ—नवाब नाचना छोड़ दे, नाचेगी तो अल्लाह का दिया यह कंठ का कोहेनूर गँवा बैठेगी। पर मान कहाँ रही है? कौन-से मुजरे का बयाना, आज उसके आँचल की गाँठ से नहीं बँधा है? काश, उसका चेहरा चेचक के दागों से भरा होता गजानन! रूप संगीत का शत्रु है। शरीर पर किए गए अत्याचार से सुरीले से सुरीला गला भी एक दिन बैठकर भौंथरा बन जाता है। तुम, आजकल उसी के कोठे में बैठकर रियाज़ करते हो, यह मैं सुन चुकी हूँ...''

''जी, मैं तो उनकी गायिकी के लिए वहाँ नहीं जाता, तबलची की संगत के लोभ से जाता हूँ। एक लतीफ ही तो मेरे मनपसन्द की संगत कर पाता है।''

''नहीं, तुम जिस दूसरी संगत के लिए वहाँ जाते हो, मुझे सब पता है, गजानन, मुझे मत चराओ...कल, जब तुम भोर होने से पहले गोपिका वसन्त गा रहे थे और सब वाह-वाह कर तुम्हारी प्रशंसा के पुल बाँध रहे थे, मैं खिन्न हो गई थी—जब तुम मध्यम और पंचम से कोमल गान्धार पर उतरे, तुम्हारी आवाज़ के लड़खड़ाते पदक्षेप को मैंने ठीक ही पकड़ा था। तुम ब्राह्मण के बेटे हो, उस बदनाम कोठे में क्या सदा कान पर जनेऊ चढ़ाकर रियाज़ कर पाओगे, बेटा?''

गजानन पसीना-पसीना हो गया था। उस अद्भुत महिला के सम्मुख वह न जाने क्यों थरथर काँपता ही रहता था। गोपिका वसन्त बिना पूर्वाभ्यास के ही गाने की धृष्टता वह कर कैसे गया था?

''देखो गजानन, नवाब को मैं तब से से जानती हूँ, जब उसकी नाक ढलढल बहती थी। नानी थी बलिया की डोमनी और पिता थे नवाब। कहते तो हैं, नवाब वाजिदअली शाह का रक्त है अभागी में। कभी बाराबंकी में नवाब की दी गई जागीर का पट्टा दिखाया था उसने मुझे, पर है तो पूरब की!''

हँसकर, गौहरजान फिर बड़े स्नेह से उसकी पीठ थपथपाकर खड़ी हो

गई थी। दूसरे ही दिन, बोरिया-बिस्तर बाँध राजा साहब की कोठी चले आने का वचन उससे लेकर गौहरजान फिर पटना के किसी रईस की महफिल को धन्य करने चली गई थी। पर गजानन अपने वचन का अन्त तक पालन नहीं कर पाया था। उसकी पूरबिया प्राणेश्वरी ने ही उसे चीरकर धर दिया था।

"शर्म नहीं आई तुम्हें? छिः-छिः, इससे तो हम रंडी-पतुरियों के कुर्रम क्यों नहीं बन जाते? कम से कम अच्छी चीजें तो सुनते रहोगे। इतना रियाज़, गले की यह बुलन्दी क्या जान-बूझकर ही नाले में बहाने जा रहे हो, मियाँ? ज़रा सोचो, जो गला जैजैवन्ती के दो-दो रिषभ और दो-दो गान्धारों को सधे-सीखे घोड़ों की तरह हाँकता, अपने रियाज़ के चाबुक से साध वाहवाही बटोरता है, वही न जाने किस बिगड़े रईस की गँवारू साहबज़ादी को सिखा रहे हैं बिलावल–'तू ही अधार सकल त्रिभुवन को, या फिर भूपाली या यमन! पंडितजी, सारा इल्म सीखकर, अब क्या अलिफ का पहुँचा थामोगे? तुम्हारा यह ट्यूशन तुम्हें एक दिन कव्वाल बनाकर रख देगा। अच्छा पहनना, अच्छा खाना, क्या यही सब लालच तुम्हें खींच रहा है? यह सब तुम्हें यहाँ भी मिल सकता है। हमारी पूरी बस्ती तुम्हें सर-आँखों पर रखेगी, पंडितजी जान-बूझकर अन्धे कुएँ में मत कूदो!"

गजानन विचित्र दुविधा में पड़ गया था, एक ओर जाने से पहले दी गई गौहरजान की चेतावनी उसके कानों में गूँज रही थी–'देखो गजानन, तुम उन कमीनियों को नहीं जानते, तुम जवान हो, गुणी हो, सुन्दर हो, एक बार वहाँ पहुँचे तो एक ही कोठे के बनकर नहीं रह पाओगे। तुम्हारी दशा भूखे कुत्तों के बीच कौवे की गिराई गई हड्डी-सी ही हो जाएगी। सब तुम पर टूट पड़ेंगी, फिर कोई सौतिया डाह से जली-भुनी कमीनी तुम्हें दूर किसी गड्ढे में गाड़ देगी और, कुछ दिनों में खुद ही भूल जाएगी कि तुम्हें कहाँ गाड़कर रखा है।'

ठीक ही कहा था गौहरजान ने, उस सुदर्शन प्रतिभाशाली किशोर गायक की दुरावस्था वह स्वयं देख चुका था, जिसे इसी बदनाम बस्ती की ईर्ष्यालु प्रति-द्वन्द्विनियों ने पान में पारा खिलाकर गलियों में दम तोड़ने पटक दिया था। पर एक बार नवाबजान के यहाँ पहुँचकर वह सब कुछ भूल गया। नवाब मंज़िल का सबसे प्रशस्त कमरा उसके लिए खोल दिया गया था, चारों ओर बेला के गमले धरे थे। दीवारों पर थे बड़े-बड़े आईने, दुग्ध-धवल चाँदनी सेज पर दो-दो गावतकिए लगे थे। एक कोने में तबलों की जोड़ी धरी थी, दूसरी

ओर तानपूरा। सफेद संगमरमरी मेज़ पर नवाबजान की मुँहलगी जवान लौंडी छिमिया बादाम-डला दूध रख जाती। एक ही घूँट में दूध गटक वह रियाज़ करने बैठता। फिर उठकर बरामदे में टहलता रहता। नवाब बड़ी देर से उठती थी, किन्तु कोठे के बरामदे में लटके रेशमी लाल पर्दों से ढके तोता-मैना, ललमुनियाँ के पिंजरे उनकी चहक-फुदक से हिलने लगते। उधर नवाब भी उठकर वहीं से मीठे स्वर में टहूकती, "आदाब बजाती हूँ, पंडितजी!" थोड़ी ही देर में, घुँघरुओं की छनक सुनकर वह जान जाता कि नवाब के नृत्य-गुरु आ गए हैं। पंडित जानकीप्रसाद की जिन्दगी भी उन्हीं रेशमी पर्दों से ढके पिंजरों में बन्द तोता-मैना की नीरस जवानी की ही भाँति कोठे के उस बन्द पिंजरे में दम तोड़ चुकी थी। उनके सूखे-चिपके चेहरे की कुटिल झुर्रियों को पहली बार देखकर गजानन के जी में आया था, वह उसी क्षण वहाँ से डेरा-डंडा उखाड़ बगटूट भाग जाए। एक दिन उसकी भी वही गति होगी। कभी वह चेहरा निश्चय ही सुन्दरी युवतियों की भूख भगाता होगा, किन्तु अब अलस विलासपूर्ण जीवन ने उस प्रतिभादीप्त आँखों की चमक धुँधली कर दी थी। ओठों के कोनों से बह रही पान की पीक से सनी हँसी में सब समय एक क्षमा माँगने का-सा भाव रहता, चलने में, उठने-बैठने में सुदीर्घ नारी-संसर्ग से एक स्त्रियोचित लटका आ गया था। आँखों में सुरमे की रेखा चेहरे को और भी कुटिल बनाकर प्रस्तुत करती थी। प्रतिपल अपने आत्म-सम्मान हीन व्यक्तित्व की पराजय स्वीकारता वह लौंडियों-नौकरानियों से भी दुरदुराया जाता तो गजानन का हृदय सहानुभूति से भर आता। छोटी-छोटी लड़कियाँ भी नवाबजान के उस गुरु को छेड़ती रहतीं, "क्यों पंडितजी, आज आप सालन तो खाएँगे नहीं। मेरे करीम ने बड़ा गोश्त बनाकर धर दिया है...." छिमिया आँचल मुँह पर रखकर मुस्कराती।

"चल हट करमजली, मैं कब खाता हूँ बड़ा गोश्त?" नवीन सगोत्री ब्राह्मण अतिथि की उपस्थिति में उस धर्मभ्रष्ट ब्राह्मण का ब्रह्मतेज एक पल को बुझते दीये की लौ-सा ही दप से सुलग उठता।

"क्यों उस दिन सरकार के हाथ से बोटी छीनकर कौन खा रहा था, पंडित जी!" छिमिया नवाबजान की मुँहलगी लौंडी थी और जब देखो तब जानकीप्रसाद के पीछे हाथ धोकर पड़ी रहती।

"देख रहे हो बेटा गजानन, आज यहाँ बित्ते-भर की छोकरी भी जयपुर घराने के जानकीप्रसाद को बेवजह ऐसे छेड़े जा रही है!" एक लम्बी साँस

खींचकर, फिर उन्होंने गजानन की लम्बी कलात्मक अँगुलियों को अपनी मुट्ठी में बन्द कर कहा था, "तुम यहाँ से चले जाओ गजानन, रियाज़ ही करना है तो किसी मन्दिर में बैठकर करो, नहीं तो एक दिन तुम्हारी भी यही गत होगी। एक दिन तुम्हें भी ये बदजात छोकरियाँ सगी साली-सरहजों की तरह छेड़ने लगेंगी और तुम कुछ नहीं कह पाओगे। इस घर के नमक का यही गुण है बेटा! रीढ़ की हड्डी को धीरे-धीरे गला देता है इस नमक का जहर।"

पर जहाँ नवाबजान के पैरों के घुँघरू छनकते जानकीप्रसाद की पश्चात्ताप से धुँधली आँखें, सूखी सोंठ-सा चेहरा गिरगिट का-सा रंग बदल लेता। झुकी कमर एकदम सतर हो जाती और वह उसे नाच सिखाने खड़े होते, तो लगता वह बूढ़ा जानकीप्रसाद नहीं, स्वर्ग से सद्यःअवतरित कोई नृत्यारता अनुपम सुन्दरी अप्सरा है :

आवत श्याम लचकि चले
मुरली अधर धरे
मुरली ऐसी बजी सब के
मन को हरे
आवत श्याम...

पान से रक्तिम अधरों पर अनोखे स्मित का जाल फैलाता जानकीप्रसाद नवाबजान के पेशेवर कटाक्षों को सँवारता-सुधारता, कभी-कभी उसे बुरी तरह डपट देता—"इस इल्म को सीखने के लिए बहुत बड़ी कुरबानी देनी होती है, बिट्टो! यह नहीं कि पैर घुँघरू छमका रहे हैं और मन कोमल ऋषभ, गान्धार में उलझा है। ऐसी सस्ती मटकन, थिरकन सीखनी है तो किसी और गुरु का गंडा बाँधो। जानकीप्रसाद न ठगना जानता है, न कभी इस विद्या में ठगा गया है। यह नहीं कि नाच और गाने की दोनों नावों में एक साथ पैर रखकर चलो—नाच ऐसा हो नवाबजान, कि हाथ में मुरली न हो फिर भी देखनेवाले को उसकी अनदेखी तान हिरन-सा मोहकर बाँध ले! 'मुरली ऐसी बजी—मुरली ऐसी बजी' कह वह काल्पनिक मुरली थाम, इधर-उधर विभ्रान्त दृष्टि से देखते स्वयं नृत्य-विभोर होकर सुधबुध खो बैठते। पर सन्ध्या होते ही नवाबजान अगरचन्दन का लेप कर कोठे में बैठने जाती तो शराब के नशे में चूर जानकीप्रसाद अपनी कोठरी में औंधे पड़े महाबेसुरी लय में घंटों गाते रहते और चुलबुली लौंडी-बान्दियाँ उनकी दुर्दशा देख खिलखिलाती उन्हें छेड़ती चली जाती, "पंडितजी, हड्डी खाओगे या हड्डा?"

कई बार बोरिया-बिस्तर बाँधने पर भी गजानन उस अभिशप्त कोठे की ममता नहीं त्याग पाया था। गौहरजान से वह जान-बूझकर ही मुँह छिपाता फिरता था। वह जानता था कि उस दयालु हितैषिणी को अब उसने अपनी अक्षम्य हरकतों से सदा के लिए शत्रु बना लिया है। नवाबजान का सौन्दर्य, उसकी यौवनमंडिता देह का आकर्षण उसे चुम्बक की भाँति खींचता चला गया था। पहले, कभी-कभी वह नवाब के आग्रह पर एक-आध पेग ले लिया करता था, किन्तु धीरे-धीरे नियमित सुरापान उसके विलासमय जीवन का अभिन्न अंग बन गया था। नवाबजान, मुजरों पर जाती तो वह हमेशा साथ रहता। वही अब नवाब का प्राइवेट सेक्रेटरी था और सब लौंडी-बान्दियाँ उसे 'सिकत्तर साहब' कहकर ही पुकारने लगी थीं। रुपए-पैसों का हिसाब, बयाने की वसूली, ट्रेन का आरक्षण सब उसी के जिम्मे रहता, फिर भी कभी-कभी रूपसी प्रेयसी का हृदय-हीन-ओछा व्यवहार उसे क्षुब्ध कर देता। कभी-कभी तो वह उससे हजारों का हिसाब नहीं माँगती और कभी दस-बीस रुपए का हिसाब लेने में भी उसे अविश्वास से घूरती कुंजड़िन सी विफरने लगती। फिर भी वह अपनी उस छिछोरी प्रेमिका के बिना एक पल नहीं रह सकता था। जब कभी उसकी यायावर प्रेमिका अपने रूप-यौवन की फेरी पर निकलती और उसको साथ चलने का आमन्त्रण देती, वह न चाहने पर भी तैयार हो जाता।

"देखें पंडितजी," नवाबजान जाने से पहले उसका सारा उत्साह अपनी रूखी चेतावनी से ठंडा कर देती, "वहाँ जाकर बेमतलब ही हमसे मत उलझ बैठना। तुम जानते हो हमारी जवानी ही हमारी रोटी है, वक्त-वेवक्त हमें कहीं जाना पड़े तो लौटने पर जो मुँह में आए सो कहकर नौकरानियों के सामने हमें जलील मत करना। जिस रात को हम ड्यूटी पर गईं, वह रात फिर हमारी नहीं रहती, पर जिस रात को हम घर पर रहेंगी, वह बेशक पूरी तरह से तुम्हारी हैं। कभी-कभी तुम एकदम बचपना कर बैठते हो—यही सब हमें अच्छा नहीं लगता।"

ठीक ही कह रही थी नवाब। उसका बिहार का दौरा हमेशा ही गजानन का सिरदर्द बढ़ा देता था। जब कभी नवाब अपने किसी समृद्ध संगीत-प्रेमी के यहाँ रात की महफिल का निमन्त्रण पाकर जाती, गजानन मुँह फुला लेता। सारी रात वह कमरे में बेचैन करवटें बदलता रहता। जिसके लिए वह एक सम्भ्रान्त हिन्दू-गृह में रहने का प्रस्ताव स्वेच्छा से ठुकरा आया था, जिसके सुन्दर चेहरे को देख वह अपनी जन्मभूमि, माता-पिता सबको भूल गया था,

वह उसे ऐसी निर्ममता से छोड़ न जाने किस अनजान बाहुपाश में बँधने चली जाती। कभी-कभी तो वह तीन-चार दिन बाद घर लौटती, और बिना गजानन से मिले ही कमरा बन्द कर दिन-भर सोती रहती। अलस दुपहरिया ढलती तो छिमिया उसे बुलाने आती, "सरकार ने बुलाया है...."

"कह दो, हमारी तबीयत ठीक नहीं है।" वह बड़ी अकड़ से कहता, पर फिर द्वार का सामान्य-सा खटका भी उसे चौंका देता। क्या पता, शायद घबराकर स्वयं ही उसे देखने चली आए। पर वह कभी आती नहीं थी, हारकर स्वयं गजानन ही मुँह लटकाए द्वार पर भिक्षुक-सा खड़ा हो जाता। वह बड़ी ही नटखट मुस्कान से उसके निर्वीर्य पौरुष को उकसाती, "बेहद थक गई हूँ पंडित जी....।" उसकी पेशेवर धृष्ट अँगड़ाई फिर गजानन का खून खौला देती, "क्यों, क्या-क्या बटोर लाई कलकत्ते की नवाबजान!" तीव्र व्यंग्य का हलाहल उसके तिर्यक् अधरों को खंजर-सा तीखा बना देता।

उसकी निर्लज्ज सुन्दरी प्रेयसी पलंग पर पड़ी-पड़ी वैसी ही बेहयाई से मुस्कराकर उसे टुकुर-टुकुर देखती रहती।

गजानन को उसकी चुप्पी और भी बौखला देती। तीव्र विद्रूप उसके सुदर्शन चेहरे को विकृत कर देता, "हमारे पहाड़ में एक कहावत है, पातर का यार मरे कौन गली में। हम मर भी गए तो किसी का क्या जाएगा!" अपने ही निरीह हृदय पर करुणा से विगलित हो, स्वर को भावुकता से आर्द्र कर देता, "शायद डोम-चांडाल बुलवा हमारी मिट्टी उठवाकर फिंकवा दोगी, क्यों? जैसे अभागे अशरफ की फिंकवाई थी...."

अशरफ, वही किशोर गायक था, जिसे उसी बदनाम बस्ती की हृदयहीन गायिकाओं ने ईर्ष्यावश पान में पारा खिला कूड़े के ड्रम में ठूँस दिया था। उस अद्‌भुत किशोर कंठ को मैगाफोन कम्पनी केवल एक ही रिकार्ड में अमर कर पाई थी। पंडित जानकीप्रसाद के कथनानुसार नवाब ही थी उसे वह घातक बीड़ा खिलानेवाली।

"नहीं पंडित जी," नवाबजान उठकर बैठ गई, तंग चूड़ीदार में उसकी सुडौल गोरी पिंडलियाँ फिर गजानन के दुर्बल हृदय की धड़कन को तीव्र कर गई, "कैसी बात करते हैं, आप!" उसके सुन्दर अल्हड़ चेहरे पर नटखट झुर्रियाँ बिखर गईं, पतली नाक पर हीरे की लौंग प्रखर सूर्य की किरणें छोड़ने लगी, "ऐसी नमकहराम नहीं है नवाब, अल्लाह न करे आपको कुछ हो जाए, पर कभी कुछ हो गया तो इंशाअल्लाह, आपके नाक, कान, मुख में अपनी

पेशवाज का सोना डाल, घड़ों गंगाजल से नहला, संगम के पंडों के कन्धों पर तिरबेनी भेजूँगी, पंडितजी!" गजानन फिर अपनी उस कौतुकप्रिया नटिनी को बाँहों में भींचकर रख देता। उसके इसी उग्र प्रणय-निवेदन की मौलिकता पर नबाबजान सौ-सौ बार निछावर होती थी। कितने ही, रंगीले सजीले पुरुष उसके जीवन में आए थे, किन्तु गजानन जितनी ही बार उसे बाँहों में बाँधता उतनी ही बार उसके उस बन्धन की नवीनता उसे मुग्ध कर देती। प्रेमी रूप में गजानन एक सर्वथा भिन्न उग्रतेजी व्यक्ति था, किन्तु सहचर रूप में उसका दब्बूपन देख कभी नवाबजान मन ही मन झुँझला उठती। कभी-कभी अपनी रंगीन दौरों के अवकाश के बीच, वह गजानन के साथ घूमने का प्रस्ताव लेकर आती तो गजानन, सब मान-अपमान भूल, उसके साथ सिर झुकाए चला जाता। बजरे की उस अनूठी प्रेमिका पर फिर केवल उसी का अधिकार रहता। उसे लगता, उसकी छिछोरी, अर्थलोलुप प्रेमिका गंगातट पर ही छूट गई है। वह स्वरलयनटिनी थी, स्वर्ग से अवतरित कोई किन्नरी! पल-पल अपनी नवीन छटा बिखेरती, वह उसे अपनी वशीकरण मन्त्र से बाँधती; उसके गले में हाथ डालकर उसी की प्रिय पंक्तियाँ गुनगुनाने लगती :

जालिम जोबना हो
कैसे रखियो छिपाय
एक तो बदरा गरजे
दूजै बिजरी चमकै
तीजै बलम सौतन
बिरमाए
जालिम जोबना हो...

उसके मादक कंठ का जादू और उन झील-सी गहरी शरबती आँखों की जानलेवा गहराई में गजानन डूबने-उतराने लगता—तरुण प्रेमी की चौड़ी छाती पर सिर रखकर वह फिर दूसरे पद में स्वयं अपने सौन्दर्य की प्रशस्ति साकार कर देती :

इक तो पतली कमरिया
दूजै तिरछी नजरिया
तीजै नैना रस बरसाए
जालिम जोबना हो
कैसे रखियो छिपाए...

गजानन समय-समय पर अपमान-प्रताड़ना की कठोर ठोकरें खाकर भी नवाबजान के प्रेम में डुबता चला गया था। एक वर्ष में ही उसके विलासपूर्ण जीवन का प्रभाव, उसके कंठ पर ही नहीं, उसके पूरे व्यक्तित्व पर अपनी छाप छोड़ गया था। जमकर रियाज़ कराने की अब न उसे इच्छा ही रह गई थी, न धैर्य। उधर, नवाबजान के पेशे का सितारा बुलन्दी पर था। पुराने ढंग की बनी अपनी कोठी को वह अब तुड़वा-फुड़वाकर नए ढंग का फ्लैट बनवा रही थी। उस नए निर्माण-कार्य का संचालन उसने बड़े विश्वास से अपने नवीन प्रेमी गजानन को ही सौंप दिया था। उसी को लेकर गजानन और जानकीप्रसाद में आए दिन चख-चख होने लगी थी, धीरे-धीरे वह वैमनस्य अब उग्र रूप ले चुका था।

"वाह, मजा आ गया बेटा!" जानकीप्रसाद उसे मजदूर-ठेकेदारों के सामने ही कभी छेड़ देते, "जिसका कंठ, कभी नटबिहाग, सुरमल्हार, हंसकिंकिणी जैसी राग-रागिनियों का लेखा-जोखा रखता था, अब वह सीमेंट, गारे और लोहे-लक्कड़ का हिसाब दुहराता है। खूब तरक्की किए हो, बेटा गजानन! वैसे, तुम्हारा क्या दोष, यह वह कोठी है बेटा, जहाँ के तोता-मैना भी सीताराम नहीं जपते। सुबह उठते ही उठते माँ-बहन की गालियाँ देते हैं।

ठीक ही कह रहे थे जानकीप्रसाद, नवाबजान का सजीला तोता उसके समृद्ध प्रेमियों को पिंजरे से उछल-उछलकर यत्न से रटी मौलिक गालियाँ सुनाता तो वे बिगड़े रईस हँसते-हँसते दुहरे को जाते, "क्या खूब सिखाया है पट्ठे को नवाबजान!" वे रसिक प्रेमी बुद्धिमान शुकश्रेष्ठ पर निछावर कर 100 का नोट छिमिया की ओर फेंक देते।

"पंडित जी, मैं तो अभी नया तोता हूँ" वह जानकीप्रसाद पर जवाबी हमला करने में फिर भी नहीं चूकता, "आपकी तो ईश्वर की कृपा से इस पिंजरे में जिन्दगी ही गुज़र गई—आपने कितनी तरक्की की?"

एक दिन वह जब नवाबजान की कार लेकर कील-कब्जे खरीदने जा रहा था तब आमने-सामने की टक्कर में ही अर्से से बिछुड़ी गौहरजान मिल गई। उन्होंने उसे देखते ही अपनी शाही फिटन रोक दी। उन दिनों पूरे कलकत्ते में उसी फिटन की चर्चा थी। कुछ ही महीने पूर्व, गौहरजान अपनी इसी शाही फिटन में नित्य नियमानुसार सान्ध्यकालीन भ्रमण के लिए निकली थी। फिटन क्या थी, पूरे सूर्य का जगमगाता सात घोड़ोंजुता रथ थी। चमचमाते काँच की खिड़कियों पर गुलबदन बन के हरे पर्दों की झुरमुट-सी कोने में केन्द्रित

कर पत्र-सम्पुट-सा बनाकर ही निकलती थी व्यापारकुशला गौहरजान, जिससे हल्के नीले शीशे, और हरे पर्दों की श्याम-हरित द्युति, फिटन में बैठी रहस्यमयी रोबदार स्वामिनी को और आकर्षक बना राह चलनेवाले को भी मोह ले। ब्राह्मसमाजी फिलदार कुहनी तक बाँहोंवाला ब्लाउज़, पारसी ढंग से पहनी गई जापानी ज्यौर्जेट की सफेद साड़ी, हाथ में जापानी पंखा और विराट् जूड़े में लगा पीला गुलाब। खुशबू का क्या ठिकाना! जिधर से फिटन गुजरती उधर ही शमातुलम्बर और हिना महक उठती। उस दिन इधर से गौहरजान की फिटन निकली और उधर से स्वयं अंग्रेज़ लाट साहब हवाखोरी के लिए निकले। एक पल को लाट साहब के घोड़े भी खड़े होकर हिनहिनाने लगे। पता नहीं, यह उस खूशबू का जादू था या स्वयं गौहरजान का! पर लाट साहब ने तत्काल उस अद्भुत व्यक्तित्व का सम्मान किया, अपना हैट उतारकर। जब गौहरजान की फिटन गुज़र गई, तब उन्होंने अपने ए. डी. सी. से पूछा, "यह रोबदार महिला कहाँ की रानी है?"

निश्चय ही उस दिन उनका ए. डी. सी. मूँछों से मुस्कराया होगा! पूरे कलकत्ता-भर की साम्राज्ञी का परिचय पाकर लाट साहब बौखला गए थे, शाही फरमान ने उसी दिन उनका सान्ध्यकालीन भ्रमण बन्द कर दिया। इसी से अब वह दोपहर में घूमने निकलती थी। बेचारा गजानन पंडित घबराकर ठिठक गया।

"वाह, क्या सूरत बना ली है, गजानन? मैं तो तुम्हें न पहचानती तब भी बता देती कि तुम आजकल किस बस्ती में रहते हो!"

"यह मत समझना कि गौहर कुछ जानती ही नहीं। गौहर की पीठ में भी आँखें हैं, बेटा! क्यों अपना सर्वनाश कर रहे हो! अभी भी कुछ नहीं बिगड़ा। प्रबोध की पत्नी जाती रही, उसकी बेटी अपनी बेटी-सी ही प्रिय है। उस कोठी में आने पर तुम्हारा कभी अनिष्ट नहीं होगा, गजानन।"

ठीक ही कहा था गौहरजान ने! अनिष्ट, उसका नहीं हुआ—हुआ था स्वयं कोठी का। इसी बीच, उसकी नवाबजान से एक दिन झड़प हो गई। सीमेन्ट के कुछ बोरों का हिसाब नहीं मिल रहा था, एक तो उन दिनों नवाब को माईग्रेन के भयानक दौरे पड़ रहे थे। नए फ्लैट बनाने के चक्कर में उसने अन्धाधुन्ध रुपया बहा दिया था, उधर जिस वंशगत बीभत्स व्याधि को वह जर्मनी से मँगवाई गई बहुमूल्य औषधियों से दबा चुकी थी, वह अनियम के अनाचार से फिर उभर आई थी। गजानन को लेकर ही जब वह उस जर्मन

डॉक्टर के पास गई तब उसने करुण दृष्टि से उसे देखकर कहा था, "मुझे दुःख है मैडम, यह बीमारी हमेशा दुबारा या मारने आती है, या पंगु बनाने।" उस दंड का उर्दू तर्जुमा किए बिना ही वह फिर नवाब को लौटा लाया था।

"क्या कह रहा था मुआ लंगूर?" उसने पूछा, तो गजानन ने हँसकर कहा था, "कह रहा था अब जर्मनी से दवा नहीं आती, वह इलाज नहीं कर सकता।"

अब वह स्वयं भी नवाब के पास जाने में कतराने लगा था, नवाब की वही कुंठा अब उसे बेहद चिड़चिड़ी बना गई थी। जब सीमेन्ट का हिसाब नहीं मिला तो वह एक दिन उस पर बुरी तरह बरस गई, "लानत है पंडित जी, बीमार औरत को लूट रहे हो...जिस पत्तल में खाया उसी में एक दिन ऐसे छेद करोगे, यह मैं नहीं जानती थी....तुमसे तो पंडित जानकीप्रसाद अच्छे हैं– मजाल है जो आज तक मेरा एक भी पैसा बरबाद किया हो!"

उसकी यही तुलनात्मक विवेचना गजानन को बौखला गई। उसी के सामने उसके दिए उपहारों से भरा बक्सा पटक वह भरभराकर निकल गया तो नवाब ने उसे एक बार भी नहीं पुकारा। वह जानती थी कि वह अन्त तक उसके बिना रह नहीं पाएगा। यही कभी-कभी नारी के जीवन की सांघातिक भूल होती है, अपने ऊँचे मूल्यांकन से वह अपने लिए जिस काल्पनिक परिवेश की सृष्टि कर बैठती है, वहीं से वास्तविकता कभी उसे बड़ी निर्ममता से नीचे पटक देती है।

गजानन फिर कभी लौटकर नहीं आया। यहीं से उसके बहुरंगी जीवन का एक और अध्याय आरम्भ हुआ था। अल्हड़ राजलक्ष्मी का कंठ सचमुच ही मधुर था, फिर स्वभाव से ही भीरु-शान्त वह गम्भीर किशोरी गजानन को बहुत अच्छी लगी थी। कई दिनों तक, होटल के गरिष्ठ अस्वाभाविक खाने के आडम्बर से भी ऊबकर जैसे मनुष्य एक दिन घर की दाल-रोटी के लिए तरस उठता है, ऐसी ही गजानन की ऊबी तृष्णा बड़े चाव से ही लक्ष्मी की ओर स्वयं आकर्षित हो गई थी। छिमिया के सस्ते कटाक्ष, नवाबजान की बाज़ारू अँगड़ाई, रंगीन प्रतिवेशिनियों के टके के दो बिक रहे भ्रूभंग के पश्चात उसे राजलक्ष्मी की भोली-शान्त मुस्कान और पहाड़ी झील-सी बड़ी-बड़ी प्रशान्त आँखों की गहराई खींचती चली गई। राजा प्रबोधरंजन, स्वयं संगीत-रसिक थे, उन्होंने गजानन को प्रत्येक सुविधा ही नहीं दी, अच्छी-खासी तनख्वाह भी बाँध दी। उसके स्वयं के रियाज़ के लिए उन्होंने सबसे ऊपर की मंज़िल का

एक एकान्त कमरा खुलवा दिया। कभी उन्होंने यह कमरा लखनऊ के फिरंगी महल का नक्शा उतारकर बनवाया था। खिड़कियों पर ऐसी ही पत्थर की महीन कटावदार झालरें थीं, जो काँच स्थापत्य-कला का अनुपम आभूषण रही हैं—पत्तियों और लता-गुल्मों के प्राकृतिक पर्दे स्वयं ही लटकते नीचे तक लहरा गए थे। पहले-पहले राजलक्ष्मी नित्य मदाम के साथ आती और गाना सीखकर चली जाती, फिर वह अकेली ही आने लगी। अपने गम्भीर-संयमित आचरण से गजानन मदाम का विश्वास जीत चुका था। 'इमेज' बनाने में उस कुटिल प्रेमी ने अपनी पूर्व प्रेमिका से अद्भुत पाठ पढ़े थे। राजलक्ष्मी की संगीत-शिक्षा के बीच कभी-कभी स्वयं राजा प्रबोधरंजन भी आकर बैठ जाते, "हमारी बात मानो बेटा, हमारी इस बिटिया का गला खयाल गायकी का गला नहीं है। मीठे भजन-कीर्तन, यही सब चल सकता है इसके कंठ में। देखते नहीं, चौथे काले से ऊपर गाने को तैयार ही नहीं होती यह लड़की!" परिश्रमी संगीत-गुरु कितने यत्न से उनकी पुत्री को गाना सिखा रहे हैं, यह देख राजा साहब ने तीसरे ही महीने गजानन की वेतन-वृद्धि कर दी। यही नहीं, अब वह कभी-कभी उसे गजानन के साथ इधर-उधर जमींदारी महलों में हो रहे संगीत-जलसों में भी भेज देते। उनका स्नेहपूर्ण औदार्य से दिया गया यही प्रश्रय धीरे-धीरे राजलक्ष्मी को पतन के गर्त की ओर ढकेलता चला गया। मदाम इस बीच चौकन्नी हो गई थीं। उन्होंने अपने अनुशासन की लगाम खींच ली, किन्तु वहाँ आने से पूर्व प्रेमनगरी की भूलभूलैया का गहन अध्ययन गजानन की कुटिल बुद्धि को माँजकर चमका गया था। कब और कैसे कठोर अनुशासन को भी घिस्सा दिया जा सकता है, वह सीख-पढ़कर ही आया था। नवाबजान की दृष्टि बचा, वह उसकी अनेक किशोरी परिचारिकाओं को ऐसी ही भूलभुलैया से बड़ी कुशलता से सेंध लगा, चाँदनी रात्रि के डूबते द्विप्रहर में, गंगाघाट में नौका-विहार करा लाया था। उनके अक्षत कौमार्य का चिह्न, सुभग नासिका पर हिलती उनकी नथनी का लोलक, समय से चल रही किसी घड़ी के ईमानदार पेंडुलम की भाँति हिलता रहता और दुनिया को ठगनेवाली ठगिनी नवाबजान भी उन्हें नहीं पकड़ पाती। राजलक्ष्मी के अर्द्ध विकसित अबोध हृदय को जीतने में उस प्रेमकला में पटु प्रेमी को विशेष प्रयत्न नहीं करना पड़ा। मदाम इस बीच चैतन्य हो गई थीं और उन्होंने एक-दो बार राजा प्रबोधरंजन को सावधान करने की चेष्टा भी की, पर राजा साहब ने हँसकर बात उड़ा दी थी, "क्या बात कर रही हो क्रिस्टीन, लक्ष्मी एकदम

बच्ची है और गजानन कैसा शरीफ लड़का है; देखतीं नहीं? आज तक मैंने उसे आँख उठाकर बातें करते भी नहीं देखा है। हमेशा नजर झुकी रहती है लड़के की!"

मदाम को मन ही मन हँसी आई थी, वह उस मन्दबुद्धि व्यक्ति को कैसे समझा सकती थी कि नजर झुकाकर बात करनेवाला व्यक्ति ही कभी तड़पकर पीठ पीछे छुरा भोंकता है। जानबूझकर ही उसने फिर लगाम ढीली कर दी थी। लेकर भाग जाए छोकरी को, तो बला टले। वही तो अब उसके मार्ग का एकमात्र कंटक थी।

आज इतने वर्षों के पश्चात् गजानन जब दर्पण के सम्मुख खड़ा होता तब उसे लगता, वह उसका प्रतिबिम्ब नहीं है—नवाबजान के कोठे में दर्पण के सम्मुख खड़े पंडित जानकीप्रसाद का ही प्रतिबिम्ब है। ओठों से बहती, वैसी ही पान की पीक, पिचके कपोल, धँसा ललाट और समय से पूर्व ही बुढ़ा गया चेहरा। आँखों के नीचे लटके अर्द्ध चन्द्राकार पपोटे, हाथों से बिठाता वह कनखियों से कॉलेज के लिए तैयार हो रही राजलक्ष्मी को देखता। उसका लावण्य जैसे समय के साथ-साथ पुराने कार्तिकी शहद-सा ही और मीठा होता चला गया था। एक दिन तो उसके मकान मालिक तिवारी जी ने उससे पूछ भी दिया था—"का हो पंडित जी, पंडिताइन तो तुमसे बहुत छोटी लगती हैं, दूसर बियाह किए हो का?" लक्ष्मी के आने के साथ ही गजानन ने पीना एकदम छोड़ दिया था, चार-पाँच महीनों तक उसने अपने को साधकर रख दिया। इस बीच, मानिनी पत्नी को मनाने में उसने अपना आत्मसम्मान भी ताक पर धर दिया था, किन्तु रात को जब वह पार्श्वशायिता पत्नी की हिमखंड-सी शीतल देह को बड़े लाड़-दुलार से बाँहों में बाँधता, तब उसे लगता वह राजलक्ष्मी नहीं, अर्थी में बँधी उसकी निष्प्राण देह है। यह ठीक था कि उसने एक दिन भी पति के प्रणय-निवेदन को व्यर्थ नहीं किया था किन्तु उस तनी देह के आत्मसमर्पण में न प्रेम की ललक रहती, न साहचर्य का सुख! शायद वही कुंठा, नैराश्य गजानन को एक बार फिर उसकी भूली-बिसरी मधुशाला की ओर खींच ले गया, अब उसने प्रतिशोध की भावना से पीना आरम्भ कर दिया। कभी कोई दयालु रिक्शावाला उसकी अवश देह लादकर दरवाजे पर पटक जाता, कभी लक्ष्मी के प्रतिवेशी उसे नाली में से उठाकर घर ले आते। शराब के नशे में चूर गजानन लक्ष्मी के अतीत के गड़े मुर्दों को बीभत्स ढंग से उखाड़ने लगता तो वह उसे घसीटकर गृह के एक अँधेरे

निर्जन कमरे में डाल ताला डाल देती। वहीं से चीख-चीखकर वह उसे गाली देता रहता और जब गला थक जाता, तब वहीं सो जाता। कभी-कभी उसे कमरे में परोसी थाली पर ही वमन कर वह उसी पर औंधा पड़ा मिलता, पर कभी नशा उतरने पर अपने ही हैंगओवर से दग्ध वह कोने में सिमटा-सिकुड़ा टुकुर-टुकुर देखता रहता। एक ही शहर में रहकर भी, वैरोनिका ने शायद जान-बूझकर ही कभी लक्ष्मी को खोजने की चेष्टा नहीं की थी।

एक बार हजरतगंज में लक्ष्मी नतमस्तक खड़ी प्रसाद चढ़ा रही थीं, तब ही सहसा वैरोनिका उसका स्कन्ध स्पर्श करती वहीं से निकल गई थी। दोनों ने एक-दूसरे को देखा, पर किसी ने भी चेहरे पर हृदय के एक भाव को भी नहीं फटकने दिया। घर लौटने पर उस दिन लक्ष्मी का मन किसी भी काम में नहीं लगा था। बार-बार उसे वैरोनिका की वह कठोर उदासीन मुद्रा व्याकुल करती रही थी। उसी दिन आधी रात को गजानन शराब के नशे में चूर होकर लौटा तो वह नित्य की भाँति उठकर उसे खाना देने भी नहीं गई। सुरंगमा ने ही लड़खड़ाते पिता को पलंग पर लिटा दिया था। लक्ष्मी को अब सारी चिन्ता सुरंगमा की थी। किन्तु उसके रहस्यमय अतीत की सन्दिग्धता प्रतिपल उसके कुतूहल को उकसाती जा रही थी। शैशव की स्मृति बड़ी प्रखर होती है। वैरोनिका का स्नेहपगा वात्सल्य, लालबाग के उस बँगले की ब्यूगन बोलिया की बेल, फीरोजी आँखोंवाले डैडी की स्मृति कभी-कभी किसी बहुत पुराने ऐल्बम में लगे धुँधले रंग उड़े चित्रों की ही भाँति उसे व्याकुल कर देते। एक दिन, अतीत के गहन अन्धकार में परिचय की पगडंडियाँ टटोलती सुरंगमा का पथ स्वयं उसके मदालस जनक के प्रलाप ने ही आलोकित कर स्पष्ट कर दिया।

"बड़ी सती-सावित्री बनती है ससुरी, जैसा बाप वैसी बेटी। नाम के बनते थे राजा, उनकी क्या एक गौहरजान थी? उस ससूरी मेम के साथ मिलकर अपनी पत्नी की हत्या की, जब बाप ही ऐसा था तब बेटी क्यों रंग नहीं लाती? पहले हमारी लुटिया डुबोई, फिर भागी उस फिरंगी गार्ड के साथ—अभी भी लखनऊ की हर गली में न जाने कितने यार हैं इसके..."

सुरंगमा का हाथ पकड़कर लक्ष्मी फिर बरामदे की जाफरी में खींच ले गई थी। उसके जीवन का यह विकृत का प्रस्तुत किया गया आधा इतिहास जब पुत्री सुन चुकी थी अब उसे सब कुछ बता देने में ही श्रेय था। धीरे-धीरे अन्धकार उस एकान्त जाफरी में मूर्तिवत् बैठी माँ-बेटी की उदास छाया को

ग्रस गया था। बन्द कमरे में चीखता-चिल्लाता गजानन शायद शान्त होकर नशे के गहन घोर में डूब गया था। लक्ष्मी ने जान-बूझकर ही बत्ती नहीं जलाई—पुत्री का चेहरा देखने पर शायद उसका साहस स्वयं ही हथियार डाल दे। सुरंगमा स्तब्ध होकर जननी के जीवन का विचित्र इतिहास सुन रही थी, फिर उसने तीखे स्वर में ही उससे पूछा था, "माँ इतने वर्षों में तुमने क्या एक बार भी उन लोगों की खबर नहीं ली?"

"नहीं," लक्ष्मी का दृढ़ स्वर सुरंगमा को चौंका गया था, "मैं क्या इतनी अकृतज्ञ हूँ बेटी? न जाने कितनी बार उस ओर जा-जाकर आधे रास्ते से ही लौट आई हूँ। मैं जानती हूँ वैरोनिका तुझे कितना चाहती थी। एक बार तुझे देखने को वह भी उतनी ही व्याकुल हुई होगी, पर मैं यह भी जानती हूँ कि एक बार वहाँ से चली आने पर वह अब दुबारा कभी मुझे वहाँ नहीं देखना चाहेगी। यह बस मेरे भाग्य का दोष है, बेटी! कभी मेरे पिता ने काशी के एक महापंडित को मेरी कुंडली दिखाई थी, कुंडली की गणना कर पंडित जी ने मुझे जिस स्नेह-विगलित दृष्टि से देखा था, उसे मैं आज भी नहीं भूली हूँ, 'आश्चर्य होता है राजा साहब', उन्होंने कहा था, 'इस वैभव में लालिता आपकी इस राजकन्या की कुंडली में ऐसे ग्रह देखकर महा आश्चर्य होता है। यदि कुंडली सही बनी है तो...' कहकर वह सहसा मेरी ओर देखकर हँसकर बोले, 'जाओ बेटी, खेलो जाकर....' पिता से ही एकान्त में कुछ कहना चाहते हैं, यह मैं छोटी होने पर भी खूब समझ गई, वहाँ से उठ तो गई, पर तुलसी के गमले के पीछे छिपकर चुपचाप सब सुनती रही।

'कहिए-कहिए पंडित जी संकोच क्यों करते हैं।'

'राजा साहब,' वह धीमे स्वर में फुसफुसाए, 'सब ग्रह नीच राशि में, शत्रु के नवांश में हैं, समझे आप? दसम से भिन्न स्थान में हैं।'

'अर्थात्?' पापा का चेहरा न जाने कैसा हो गया था—शायद वह मन ही मन समझ गए थे कि मेरी कुंडली के ग्रह बहुत सुविधा के नहीं हैं....

'यह लड़की दुखी, मानसिक चिन्ताओं से ग्रस्त रहकर, आजीवन दरिद्रता का दुःख भोगेगी।'

'कैसी बात कर रहे हैं पंडित जी, मयूरभंज के राजपरिवार में इसका रिश्ता पक्का कर चुका हूँ, उस रियासत के वैभव को बंगाल में कौन नहीं जानता?'

"किन्तु, ठीक दो ही वर्षों में, काशी के उस महापंडित की भविष्यवाणी

मेरे जीवन में साकार होकर उतर आई थी। मैंने आज तुझसे कुछ भी नहीं छिपाया, सुरंगमा, जो ठोकर मैंने खाई है, उससे तुझे बचा सकूँ, यही मैंने आज तक आँचल फैलाकर माँगा है। कई बार जी में आया लखनऊ छोड़कर कहीं चली जाऊँ पर जाती भी कहाँ? पितागृह लौट जाने का प्रश्न ही नहीं उठ सकता था। जो गृह मेरी आँखों के सामने ही विध्वंस हो चुका था, उसका अस्तित्व भी शायद अब मिट चुका होगा। तेरे पिता की जन्मभूमि, मुझे कभी भी नहीं स्वीकारेगी, यह तेरे पिता मुझसे कई बार कह चुके थे। मैं तेरे ही कारण, तेरे पिता को छोड़कर, कहीं नहीं गई। सोचती थी, तूने ब्राह्मण की पुत्री होकर जन्म लिया है, जो तेरा पिता है उससे तुझे कभी बिलग नहीं करूँगी। जितनी ही बार मदान्ध पति का अन्याय मेरे चित्त को विद्रोही बनाता, उतनी ही बार मेरे जन्मगत संस्कार उस विद्रोह को दबा देते। मैंने अपनी माँ की असीम सहनशीलता देखी है। पिता के बड़े अन्याय को भी, उन्होंने मृत्युपर्यन्त बिना किसी उपालम्भ को झेला था। कहती थीं, 'मुन्नी, तेरे ही लिए मैं यहाँ से नहीं जाती। पिता के जीवित रहने पर भी यदि सन्तान किसी और के घर पले, तो इससे बड़ा उसका दुर्भाग्य और क्या हो सकता है?''

"मुझे भूखा मार रही है तू—अरी ओ राजा साहब की राजकन्या—हाय, मुझे इन माँ-बेटी ने भूखा मार दिया है रे!'' गजानन होश में आकर चीखने लगा तो सुरंगमा हड़बड़ाकर उठ गई। पिता के अविवेकी आचरण के बावजूद, उसे गजानन से अनोखा लगाव था, उधर उसके लिए गजानन के प्यार का भी अन्त नहीं था। नशे में चूर रहता, तब भी सुरंगमा ही उसे हाथ पकड़कर पलंग पर लिटा देती और जब वह नशे के गहन घोर से चैतन्यावस्था से अस्पष्ट आलोक में मिचमिचाई आँखें खोलता सुरंगमा ही उसके बिखरे बालों में अँगुलियाँ फेरकर पूछती—"कैसी तबीयत है बाबा, चाय पिएँगे?''

पुत्री के सुकुमार चेहरे में, वर्षों पूर्व की विस्मृत जननी का वात्सल्य उसे पश्चात्ताप की दहन से झुलसाकर रख देता। शराब के हैंगओवर में डूबा गजानन फिर कभी-कभी अबोध शिशु-सा सुबकने लगता, 'मुझे माफ कर दे बेटी, मैं तेरा निकम्मा बाप हूँ—अधम, पशु, शराबी—एकदम निकम्मा!''

"छिः-छिः बाबा, कौन कहता है आप निकम्मे हैं। इस बार नेशनल प्रोग्राम में, 'आकाशवाणी' के नए अंक में आपकी तस्वीर छपी है, देखी है आपने? कितनी प्रशंसा लिखी गई है आपकी, पढ़कर सुनाऊँ?''

एक क्षण को घायल पशु की-सी पीड़ित आँखों की पुतलियों में चमक

आती और फिर बुझ जाती, "नहीं, मेरी गायकी मर गई है, सुरंगमा मर गई है! और जानती है किसने मारा है उसे? तेरी माँ ने...."

वह उत्तेजित होकर बैठ जाता, और इससे पूर्व कि वह जननी का अतीत दुहराता, सुरंगमा एक न एक बहाना बनाकर उठ जाती।

माँ और पिता का यही वैमनस्य धीरे-धीरे सुरंगमा को अस्वाभाविक रूप से उदासीन बना गया था। हँसना तो वह जैसे जानती ही नहीं थी, नुकीले चिबुक से लेकर चित्रांकित, भ्रूभंग-विलास में कहीं भी आनन्द की रेखा ढूँढ़े नहीं मिल सकती थी, उसकी यही उदासीनता उसके चेहरे को एक तटस्थ अहंकार से रँग गई थी। शायद यही उस गम्भीर चेहरे का सबसे बड़ा आकर्षण भी बन उठा था। जिस उम्र में लड़कियाँ ओढ़ने-पहनने के पीछे दीवानी बन उठती हैं, उस वयस की तृष्णा भी उसे बौद्ध भिक्षुणी-सा वीतरागी बना गई थी। माँ ही उसे बीच-बीच में टोकती रहती, "यूनिवर्सिटी जा रही है सुरंगमा, और साड़ी देख ज़रा अपनी!"

"क्यों, क्या हो गया माँ, अच्छी तो है..."

"हल्दी का दाग लगा है आँचल में, कई बार कह चुकी हूँ, आँचल से हाथ मत पोंछा कर, झाड़न तो टँगा रहता है—जा मेरी नीली कोटी इस्त्री कर रख आई हूँ, पहन जा।"

लम्बे बालों को उसने अपनी माँ से विरासत में पाया था, किन्तु जहाँ दुःख-शोक के बीच भी लक्ष्मी आज तक बड़े यत्न से अपनी अपूर्व केशराशि के मूलधन को सेंतती चली आई थी, वहीं सुरंगमा कभी बिना सुलझाए ही हाथ से जुड़ा लपेट-लुपुट के यूनिवर्सिटी चली जाती। गजानन मन ही मन अपनी इस रूपवती पुत्री से डरता भी था। इधर, अपनी ही लापरवाही से वह अच्छी-खासी नौकरी गँवा बैठा था, संगीत-समारोहों में अब तक उसे बड़े सम्मानपूर्व आग्रह से आमन्त्रित किया जाता था, किन्तु धीरे-धीरे आयोजक उसके आत्मसम्मानहीन-निर्लज्ज आचरण से क्षुब्ध हो उठे थे। जिन एक-दो समृद्ध गृहों में वह ट्यूशन करता था, वहाँ से भी न ज़ाने कितनी बार अग्रिम वेतन लेकर वह उनकी नज़रों में अपने को यथेष्ट गिरा चुका था, उधर राजलक्ष्मी का स्वास्थ्य निरन्तर गिरता चला जा रहा था। महत्त्वाकांक्षिणी राजलक्ष्मी जान गई थी कि उसके स्वयं का जीवन अब बुझते दीये की लौ की ही भाँति टिमटिमा रहा है, इसी से उसका प्रत्येक क्षण अब पुत्री के भविष्य का जाल बुनने में ही व्यतीत होता था, "सुरंगमा, मेरी बड़ी इच्छा है

कि तू कम्पीटीशन में बैठे।''

''पर मेरी इच्छा तो नहीं है, माँ,'' वह हँसकर तत्क्षण माँ का प्रस्ताव खोटे सिक्के-सा फेर देती। लक्ष्मी का हृदय धड़कने लगता, कहीं उसी की-सी कोई मूर्खता तो नहीं कर बैठी अभागी।

''तब? क्या करेगी? दिन-रात शराबी बाप को दरवाज़े से उठाकर पलंग पर लिटाती रहेगी क्या? या मेरी तरह मास्टरनी बन जीवन-भर खूँखार सिरफिरी इंस्पेक्टरनियों की धौंस सहेगी? सुन ले लड़की, सरकारी कॉलेज की मास्टरनी बनी तों वे विभागीय शेरनियाँ तेरा खून पीती रहेंगी और किसी प्राइवेट कॉलेज की नौकरी की तो नरभक्षी मैनेजर तेरा जीना दूभर कर देंगे—नीरा चतुर्वेदी, श्यामला मुकर्जी, मीता धर सब तो तेरी यूनिवर्सिटी की लड़कियाँ थीं—आज कोई एस.डी.एम. है और कोई डिप्टी सेक्रेटरी।''

''पर मैं न नीरा हूँ, न श्यामला, न मीता, मैं तो सुरंगमा हूँ, माँ!'' पुत्री की निर्दोष, निश्छल हँसी में भी उसका दृढ़ निश्चय स्पष्ट हो जाता। वह समझ जाती कि वह उसकी पुत्री नहीं उसके जन्म का सिंहलग्न बोल रहा है। रोग की व्यथा से भी अधिक व्यथा थी उसे अपनी सांसारिक बुद्धिहीना पुत्री के भविष्य की। अस्वस्थ रुग्ण शरीर को एक प्रकार से घसीटती ही वह कॉलेज जाती, लौटती तो लगता गिर पड़ेगी। प्रायः ही वह बिना खाए ही सो जाती, यह सुरंगमा ने देख लिया था।

''माँ, इधर तुम बराबर लंघन कर रही हो,'' एक दिन उसने सकपकाई माँ को पकड़ लिया, ''आईने में अपना चेहरा देखती हो कभी?''

''क्यों, क्या हो गया है री मेरे चेहरे को'' लक्ष्मी ने हँसकर बात उड़ाने की चेष्टा की, किन्तु उसकी आँखें, छलछला आईं।

''मैंने तुम्हारे लिए मीरा से कहकर कल एप्वाइंटमेंट ले लिया है; तुम कल कॉलेज नहीं जाओगी, आठ बजे मेडिकल कॉलेज पहुँचना है।''

''पता नहीं तू क्यों मेरे पीछे पड़ी है, ठीक त्तो हूँ!'' लक्ष्मी का बुझा स्वर सुनकर ही सुरंगमा समझ गई थी कि लाख छिपाने पर भी, लक्ष्मी अपनी अस्वस्थता को, निःसंशय चित्त से ग्रहण नहीं कर पा रही है। उसका संशयछिन्न मन स्वयं ही किसी अपरिमाणदर्शी संकट की दुश्चिन्ता में निष्प्राण होता जा रहा है, यह सुरंगमा खूब समझ रही थी। बड़ी भागदौड़ के पश्चात् एक दिन वह माँ के असाध्य रोग के चिह्न पहचानकर लौटी, उस दिन उसके लिए एक नई ही विपत्ति मुँह बाए खड़ी थी। माँ को पहले ही दिन वेतन मिला

था। मानसिक उद्वेगों में उलझी सुरंगमा ने उसे अपने खुले सूटकेस की जेब में डाल दिया था। माँ के नित्य चुकते जा रहे रक्तकोश की पूर्ति करने डॉक्टर ने उसे अविलम्ब उसके ब्लडग्रुप का रक्त जुटाने का आदेश दिया था। जब, वह लिफाफा निकालने लगी, तब वहाँ कुछ भी नहीं था। वर्षों पूर्व जिस गजानन ने जननी के संचित कोश पर डाका डाला था, वही गजानन आज पत्नी के दुर्दिन में उसी को लूटपाटकर निर्मम लुटेरे-सा फिर अदृश्य हो गया।

माँ को बिना कुछ बताए ही सुरंगमा उद्भ्रान्त-सी भटकती, अपनी मित्र मीरा के घर पहुँची। मीरा समृद्ध पिता की पुत्री थी। पाँच-पाँच सौ रुपए की तो वह आए दिन साड़ियाँ ही खरीदती रहती थी। पिता के कालेधन का इससे अच्छा उपयोग और हो भी क्या सकता था। तीनों भाई-बहनों के पास अपनी-अपनी निजी गाड़ियाँ थीं, पिता की तीन नवनिर्मित कोठियाँ, बड़े-बड़े सरकारी प्रतिष्ठानों का दफ्तर बनी एक-एक आई.सी.एस. अफसर की तनख्वाह उगलती थीं। कुत्सित पत्नी के दहेज में मिली अटूट धनराशि का मूलधन, ज्यों-का-त्यों धरा था, ब्याज आता तो सर्पिणी के अंडों की भाँति मूलधन उसे स्वयं निगल अजगर-सा मोटा हो-होकर फूलता जा रहा था। तराई में एक फार्म भी खरीद उन्होंने वहाँ एक शैंटी बना ली थी। वरिष्ट सरकारी अफसर, आए दिन उस शैंटी के अतिथि बनते और मीरा के पिता की उदार मेज़बानी उनके नारीलोलुप चित्त को परमतृप्ति का तिलक लगा विदा करती। पत्नी के नाम मोटा जीवन-बीमा था जो उसकी रहस्यमय आकस्मिक मृत्यु के पश्चात्, किसी विदेशी बैंक में जमा कर दिया गया था। स्वयं लब्धप्रतिष्ठ चिकित्सक थे, इसी से पत्नी की फाइल, दाखिल दफ्तर करने में उन्हें विशेष परिश्रम नहीं करना पड़ा। चीफ सेक्रेटरी से लेकर शासन के अनेक महत्त्वपूर्ण छोटे-मोटे पदाधिकारी उनकी मुट्ठी में बन्द रहते। उत्कोच देने और लेने की उनकी अपनी मौलिक प्रणाली थी। दोनों होनहार बेटे विभिन्न विश्वविद्यालयों से अपने काले चेहरे पर कालिख पुतवा अब घर ही में गाँजे-चरस का दम खींच रहे थे। पिता की उपस्थिति में ही सिगरेट का सुट्टा खींचती, अन्धाधुन्ध हवा के वेग से कार भगाती मीरा सिन्हा, पूरे शहर में बदनाम थी। इसी से जब उस जैसी लड़की से सुरंगमा की मैत्री हुई तब राजलक्ष्मी मन ही मन शंकित भी हुई थी, "सुरंगमा, तेरे साथ जो लड़की उस दिन आई थी, मुझे कुछ जँची नहीं बेटी", उसने एक दिन कह दिया।

"देखने में जैसी लगती है वैसी नहीं है वह माँ, मीरा को तुम नहीं

जानतीं–एकदम ही भोली लड़की है।''

''भोली?'' माँ के स्वर में विस्मय की झलक कुछ तीखी हो गई थी। एक दिन वह सुरंगमा को छोड़ने आई तो खिड़की के पर्दे की ओट से लक्ष्मी उसे देर तक देखती रही थी। बैंजनी शैटसिल्क की शोख साड़ी, पट्टी से ब्लाउज़ का निर्लज्ज खुला गला जो कल्पना के लिए कुछ भी बाकी नहीं रख गया था, गाढ़ी लिपस्टिक और नाक पर हिल रही सोने की नन्ही-सी बाली। शायद उसी बाली का अस्तित्व उस चेहरे के स्तर को एकदम ही सस्ता बना गया था। बहुत पहले वह एक बार गौहरमासी के साथ उनकी मौसेरी बहन के लड़के के अन्नप्राशन पर सोनागाछी गई थी। गौहरमासी ने उसे खूब सिखा-पढ़ाकर कहा–''तुई जे आमार संगे सोनागाछी गिए छिल्ली, माँ-बाबा के किछू बलीश ना, बूझली!'' (तू मेरे साथ सोनागाछी गई है यह माँ-बाप को मत बतलाना, समझी!) ऐसी ही साँवले चेहरों पर नन्हीं नथुनियाँ हिलाती न जाने कितनी किशोरियाँ उसे घेरकर बैठ गई थीं। एकदम वैसा ही चेहरा लगता था उसे सुरंगमा की इस तेज-तर्रार सहेली का! एक हाथ में गिलट का कड़ा था, और दूसरा हाथ स्टियरिंग ह्वील पर। अँगुली पर टप-टप दमकती हीरे की अँगूठी के साथ-साथ सिगरेट के ज्वलन्त स्फुलिंग को देखकर लक्ष्मी और सहम गई थी। उसके सम्मुख खड़ी उसकी शालीन पुत्री उसका जीवन्त विरोधाभास लग रही थी। ताँत की चौड़े लाल पाड़ की साड़ी, लापरवाही से बँधा शिथिल जूड़ा–पतली ग्रीवा पर ढुलक गया था। अस्तगामी सूर्य की मन्द रश्मियाँ उसके मन्द स्मित को, और भी आकर्षक बना गई थी। साँस रोककर उसे देख रही लक्ष्मी, जैसे, अपनी ही पुत्री को नहीं पहचान पा रही थी। क्या सचमुच ही सुरंगमा इतनी सुन्दर थी, या कार में बैठी उसकी उस कुत्सित सखी की काली छाया में उसकी सौन्दर्य-किरणें इतनी प्रखर लग रही थीं?

मीरा का चेहरा, आचरण, रहन-सहन सब कुछ ही सुरंगमा से एकदम विपरीत था, किन्तु सुरंगमा उसकी मैत्री के आमन्त्रण को अस्वीकार नहीं कर पाई थी। उस मुँहफट, अहंकारी लड़की के निष्कपट औदार्य ने ही उसे सबसे पहले आकर्षित किया था। एक दिन एक बुढ़िया उसकी तेज़ कार से टकराकर गिर पड़ी थी, दुर्भाग्य से वह उस दिन सुरंगमा को ही घर छोड़ने आ रही थी। मार्ग एकदम निर्जन था, चाहती तो वह मूर्च्छिता बुढ़िया को वहीं छोड़ बड़ी सुगमता से भागकर निकल सकती थी, पर मीरा उसे उठाकर स्वयं अस्पताल ले गई। यह जानने पर कि उसका कोई आत्मीय नहीं है और वह

खोमचा लगाकर ही पेट पालती है, मीरा ने उसकी सेवा-सुश्रूषा का ही भार ग्रहण नहीं किया, अस्पताल से मुक्त होने पर उसे अपने घर ले आई, तब से बुढ़िया उसी के साथ थी। मीरा के आदर-यत्न ने अब उसके चेहरे की झुर्रियों को भी मिटा दिया है, यह देख एक दिन सुरंगमा ने उसे हँसी-हँसी में छेड़ दिया था, "वाह बुढ़िया, तुम तो अब पहचान ही में नहीं आतीं। लगता है खूब खिला-पिला रही है मीरा, क्यों?"

बुढ़िया एकदम गद्गद हो गई थी। "भगवान करे, अइसन मोटर की टक्कर हमको बार-बार लगै!"

मीरा के बाह्य औद्धत्य और अन्तर ही शालीनता में धरती-आकाश का अन्तर था। फिर भी, विपत्ति आने पर सुरंगमा ने कभी अपनी उस उदार सखी के वैभव का लाभ नहीं उठाया था। कई बार ऐसे अवसर आए थे, जब सुरंगमा का रूखा व्यवहार मीरा को क्षुब्ध कर गया था। जब कभी वह पिता के साथ इधर-उधर घूमने जाती, सुरंगमा के लिए एक न एक दामी उपहार लाना नहीं भूलती, किन्तु प्रत्येक बार सुरंगमा ने उसके उपहार को लौटा उसे महीनों के लिए अप्रसन्न कर दिया था। वह स्वयं कभी मीरा के घर नहीं जाती थी। एक ही दिन उसके आग्रह पर उसके जन्मदिन की पार्टी में गई तो मीरा के जुड़वाँ भाइयों की शुम्भ-निशुम्भ की-सी जोड़ी उसे निरन्तर आँखों ही आँखों में निगलती जा रही थी। किन्तु, उस दिन जब गजानन लक्ष्मी का पूरा वेतन ही लेकर अदृश्य हो गया तब वह हारकर मीरा ही के पास गई थी। मीरा पलंग पर औंधी पड़ी सो रही थी। सुरंगमा की पदचाप सुनकर ही शायद वह जग गई।

"अरे तू, इतनी सुबह-सुबह...." वह हँसकर उठ बैठी और सुरंगमा का हाथ खींचकर उसे पलंग पर बिठा लिया।

"आज निश्चय ही मेरा दिन अच्छा कटेगा सुरंगमा—चंडीदास का पद सुना है तूने

प्रभात उठिया जे मुख हेरीनू
दिन जावे आजी भालो।"

"सुबह? इसे तू सुबह कहती है, नौ बजे तो घर ही से चली थी, उस पर रिक्शा नहीं मिला, पैदल आई हूँ, पौन घंटा तो लगा ही होगा और तू कहती है सुबह! क्या रोज़ इतनी ही सुबह तक सोती है तू?"

"अरे क्या बताऊँ, रात को बड़ी देर हो गई थी सोने में, पापा ने अपने

कुछ विदेशी मित्रों को बुलाया था, पहले सोचा, तुझे बुला लूँ—पर बुलाने पर भी तू क्या कभी आती है? फिर भला, मैं खुद जाकर तुझे पकड़ ही लाती, पर तेरे पापा ने बताया कि तेरी माँ की तबीयत बहुत खराब है।''

''मेरे पापा?'' सुरंगमा का चेहरा फक पड़ गया, ''मेरे पापा कहाँ मिले, तुझे?''

''क्यों? कल तूने ही तो उन्हें यहाँ भेजा था ना?''

''मैंने?'' सुरंगमा आश्चर्य से उसे देखती, फिर स्वयं बड़बड़ाने लगी थी, ''मेरी ही भूल थी मीरा, आई शुड हैव टोल्ड यू—पर एक बात बता, तुझसे कुछ रुपए माँगकर तो नहीं ले गए?'' सुरंगमा का स्वर रुआँसा हो गया।

''उन्होंने कहा, तेरी माँ के लिए, खून की कुछ बोतलें खरीदनी हैं। शनिवार के कारण बैंक बारह ही बजे बन्द हो गया था और इतवार को भी वह रुपए नहीं निकाल पाएँगे—इसी से तूने तीन सौ रुपए मँगवाए हैं। भाग्य से मेरे बटुए में ही तीन सौ रुपए पड़े थे, मैंने उठाकर दे दिए—पर क्या बात है सुरंगमा, तू इतनी घबराई क्यों लग रही है? क्या कुछ हो गया है तेरे पापा को?''

''हो जाता तो बहुत अच्छा होता मीरा, शर्म आ रही है अपने पिता के लिए ऐसी बात कह रही हूँ। पर तुझे कैसे बताऊँ पिता होकर भी वह हमारा कितना बड़ा अनिष्ट कर गए हैं। अभी तो तेरा ही पता लगा और न जाने किस-किस से रुपया ले गए हैं...'' सुरंगमा की आँखों से आँसू बहते जा रहे थे। उसने उन्हें पोंछने का भी कोई प्रयत्न नहीं किया। आवेश में उसका पीला चेहरा रह-रहकर तमतमा उठता, लगता था कि इस बीच यदि वह पिता को देख लेती तो धक्का देकर बाहर निकाल देती।

''तब क्या तेरी माँ के लिए खून लेने की बात भी झूठी थी? थैंक गॉड, मैं तो अभी तेरे यहाँ आने की सोच ही रही थी—चलो तेरी माँ तो ठीक है!''

''नहीं मीरा, माँ ठीक नहीं हैं, उनके लिए खून की बोतलें भी खरीदनी हैं, पर मैंने उसके लिए बाबा को तेरे यहाँ नहीं भेजा था, मैं आज उसी के लिए तेरे पास आई थी पर मैं क्या जानती थी कि मेरे आने से पहले ही बाबा माँ के साथ-साथ मेरा भी खून पीकर चले गए हैं!'' उसका गला रुँध गया।

मीरा ने उसके दोनों हाथ पकड़ लिए, ''ऐसे मत रो सुरंगमा, मैं चाय मँगवाती हूँ, चल उठकर हाथ-मुँह धो ले—चाय पीकर, हम दोनों तेरे घर

चलेंगे—तू रुपए की चिन्ता मत कर, पर आज तक तूने मुझे क्यों नहीं बताया, मैं क्या इतनी पराई हूँ?''

थोड़ी ही देर में नौकर चाय की ट्रे धर गया, मीरा तैयार होकर आई तो देखा खिड़की पर खड़ी सुरंगमा शून्य-भरी दृष्टि से ऐसे देख रही थी, जैसे उसका सबकुछ लुट गया हो।

आज तक मीरा कभी उसके घर के भीतर नहीं गई थी। उस सँकरी गली के बाहर ही कार खड़ी कर सुरंगमा घंटों मीरा से बतियाती रहती किन्तु आज तक कभी उसने उससे भीतर चलने का आग्रह नहीं किया था। खिड़की के फड़फड़ाते जीर्ण पर्दे के पीछे खड़ी उन दोनों को देखती सुरंगमा की माँ को उसने कई बार देखा था।

''यह तेरी माँ है क्या, सुरंगमा?—'' एक दिन उसने पूछ भी दिया था।

''हाँ,'' सुरंगमा के संक्षिप्त उत्तर में फिर भी माँ से मिला देने का आह्वान नहीं उभरा था।

''एकदम तेरी बड़ी बहन लगती है यह! मुझे मिलवाएगी नहीं, माँ से?''

सुरंगमा का चेहरा न जाने कैसा हो गया था। ''मिलकर क्या करोगी'', उसने खिसियाए सकपकाए स्वर में कहा था, ''आज मंगल है ना, माँ का दिन-भर का मौन-व्रत रहता है, फिर कभी ले चलूँगी।''

स्पष्ट था कि वह, मीरा को अपने गृह के विचित्र परिवेश से परिचित नहीं कराना चाहती थी। उसी दिन मीरा उसके साथ गई तो बाहर से एकदम ही सँकरे उस दोमंज़िले मकान की बनावट के विपरीत, अन्तरंग कक्षों की स्वच्छता देख अवाक् रह गई थी। बाहर का कमरा शायद उसके पिता का था, एक कोने में तबलों की जोड़ी धरी थी, दूसरी ओर तानपूरा टिका था।

''कौन?'' राजलक्ष्मी का क्षीण स्वर आया। ''मैं हूँ माँ,'' सुरंगमा का मृदु स्वर और भी नम्र हो उठा, ''मीरा तुमसे मिलने आई है...'' कह वह उसे हाथ पकड़कर माँ के पास खींच ले गई। पास-पास धरे दो पलंगों की परिधि ने पूरे कमरे को घेर लिया था, फिर भी किनारे धरे बक्सों को यत्न से ढाँप-ढूँप बैठने का तख्त बना दिया गया था, मीरा उसी पर बैठ गई। कुछ ही देर पूर्व अवसन्न अगरबत्ती का सन्दली धुआँ अभी भी कमरे में मँडरा रहा था। ''माँ, यह मीरा है!'' माँ की चुप्पी से अप्रस्तुत खड़ी सुरंगमा सहम गई। उसे लौटने में देर हो गई थी इसी से क्या माँ अप्रसन्न हो गई थी या मीरा की उपस्थिति उसे विरक्त कर गई थी?

"माँ", उसने बड़े लाड़ से पुकारकर लक्ष्मी के बालों को सहलाया।

"मरने दे मुझे, मरने दे!" लक्ष्मी का सारा आक्रोश अकारण ही रुलाई में फूट पड़ा, "तुम सब मुझसे ऊब गए हो, मैं जानती हूँ। मैं तुम सबका बोझ बन गई हूँ। ज़हर देकर मार डालो मुझे..." बार-बार सिसकियों से हिलती माँ की दुर्बल देह को थामती सुरंगमा स्वयं टूटती जा रही थी। फिर भी उसने हृदय के आवेग से कंठस्वर को ज़रा भी विचलित नहीं होने दिया।

"क्या बचपना कर रही हो माँ, कौन ऊब गया है तुमसे! मैं तो काम से ही बाहर गई थी, माँ!"

आवेग से फूट गई रुलाई लक्ष्मी के रोगकातर दुर्बल चित्त को स्वयं ही हल्का कर गई। आँचल से आँखें पोंछ वह फिर चुपचाप लेटी रही। "कहीं दर्द है क्या?" सुरंगमा ने यन्त्रणा-व्यथित चेहरे को फिर ऐसे दुलारने लगी, जैसे वह स्वयं माँ हो।

"नहीं", लक्ष्मी ने सिर हिला दिया।

"मीरा, तू माँ के पास बैठ, मैं माँ की कैप्सूल ले आऊँ," पर मीरा बैठी नहीं, उठकर उसके पीछे-पीछे ही चली गई। गैस जलाकर सुरंगमा ने पानी चढ़ा दिया और आँचल से आँखें पोंछने लगी। मीरा ने अपने दोनों हाथ, उसके काँपते कन्धों पर धर दिए :

"सुरंगमा, इनकी हालत तो ठीक नहीं दिखती, तू इन्हें अस्पताल कब ले जा रही है?"

"सोच रही हूँ, कानपुर ही ले जाऊँ। डॉ. मिश्रा ने मुझे सब कुछ बता दिया है। कब तक ऐसे खून चढ़ाया जा सकेगा? मुझे तो लगता है, रोग से अधिक माँ स्वयं अपने को घुला रही है। उन्हें अब जीने की कोई इच्छा शेष नहीं रही, यह मैं खूब समझती हूँ..." सुरंगमा, आँसुओं के वेग को रोक नहीं पा रही थी।

"सुरंगमा, देख, कानपुर ही ले जा या बम्बई, इस रोग को अन्त तक डॉक्टर कभी पराजित नहीं कर पाए हैं। दो साल पहले लगभग यही अवस्था मेरी मामी की भी थी। कलकत्ते के एक प्रसिद्ध होमियोपैथ ने उनके जीवन की अवधि दो वर्ष तो बढ़ा ही दी थी। तू कहे तो मैं सब प्रबन्ध कर दूँ। मेरी ननिहाल उत्तरपाड़ा में है, वहीं वह होमियापैथ भी रहते हैं।"

हारकर माँ को लेकर सुरंगमा वहीं गई थी। पहले, मीरा की ननिहाल के अपरिचित परिवेश में रुग्ण माँ को लेकर जाने में सुरंगमा को संकोच हुआ

था, पर फिर मीरा ने ही उसे एक प्रकार से ढकेलकर कलकत्ता भेज दिया था। वह स्वयं उसे कार में स्टेशन पहुँचा गई, सौ-सौ की मोटी गड्डी भी उसने सुरंगमा के पर्स में डाल दी थी। उस दिन माँ की तबीयत शायद सुदीर्घ अन्तराल के पश्चात् जन्मभूमि से मिलने के उत्साह में स्वयं ही सुधर गई।

बहुत दिनों बाद राजलक्ष्मी ने स्वयं जूड़ा बनाया, कपड़े बदले, विदा देने आई अपने कॉलेज की प्रिंसिपल, अध्यापिकाओं से हँस-हँसकर बातें कीं, किन्तु जब ट्रेन चली तब वह कटे पेड़-सी निढाल होकर बर्थ पर लेट गई। सुरंगमा ने माँ का हाथ पकड़कर धीरे से दबा दिया। लक्ष्मी की आँखें भर गईं। उस दबे स्पर्श की भाषा वह समझ गई थी। कभी कुछ न बोलनेवाली उसकी पुत्री जैसे उससे उसी स्पर्श के माध्यम से कह रही थी, 'माँ, घबराना नहीं, मैं तुम्हारे साथ हूँ।' स्टेशन में मीरा के मामा की कार आई थी।

मीरा की ननिहाल में अब उसके विधुर मामा और नानी ही रहते थे। मामा के इकलौते पुत्र ने जर्मनी में ही विवाह कर वहीं गृहस्थी जमा ली थी। आने से पहले मीरा ने उसे मामा का पूरा हुलिया ही नहीं बताया, उनका चित्र भी सुरंगमा के पर्स में रख दिया—"वैसे तो तू, उन्हें बिना इसके भी पहचान लेगी, पूरे कलकत्ते में मेरे मामा-सा बदसूरत व्यक्ति तुझे ढूँढ़ने से भी नहीं मिल सकता, लाखों की भीड़ में भी मामा खड़े रहें, तब भी कोई उनकी गन्धमादन-सी भीमाकार देह को पहचान सकता है।"

ठीक ही कहा था उसने। चुनी शान्तिपुरी धोती और अद्धी की चुन्नटदार बाँहोंवाले कुर्ते में सोने के बटन चमकाते मीरा के मामा को माँ-बेटी ने एक साथ पहचान लिया था।

सुरंगमा ही माँ को सामान के साथ छोड़कर कुछ हिचकती आगे बढ़ी थी, "क्षमा कीजिएगा, आप ही क्या गौरप्रसन्न सिन्हा हैं?"

"अरे हाँ-हाँ, यह भी भला कोई पूछने की बात है? मेरी भानजी ने क्या बताया नहीं तुम्हें? विधाता का सारा रौ मैटीरियल, बस एक यही अभागी काया गढ़कर शेष हो गया...." नकली दाँतों की स्निग्ध हँसी पहली ही झलक में सुरंगमा का सारा संकोच बहा गई थी। लक्ष्मी को इनवैलिड चेयर में बैठा, वह उनके साथ-साथ चलते अनर्गल बोलते चले जा रहे थे, "अरे देखिए, कलकत्ते में पैर रखते ही आपके रोग के बन्धन स्वयं कट जाएँगे। जिस धरती में उगा पेड़ है, उसकी जड़ें उसी धरती में पनपेंगी। अब ज़ोर-ज़बरदस्ती कर आम का पेड़ आप भले ही विलायत में लगा दें, कभी फल सकता है? राम

भजो! अब मैंने ही अपने बगीचे में सैकड़ों रुपए फूँककर विदेशी बल्व लगाए, न जाने कहाँ-कहाँ से डैफोडिल मँगाए, पर सब खाक हो गए। आप लोग तो बंगाली हैं, क्यों जगतजननी? ऐसा ही तो लिखा था मीरा ने..."

"जी हाँ," सुरंगमा ने अवसर देख उसी क्षण अपना दोरंगी परिचय भी साथ-साथ दे दिया था—"मेरे पिता पहाड़ी हैं, माँ बंगाली।"

"ओह, इसी से ऐसा खिला रंग है तुम्हारा। मैंने तो तुम्हें दूर से देखकर ऐंग्लों-इंडियन समझा था—वैसे मीरा लिख चुकी थी—'देखें मामा, मेरी सखी बहुत सुन्दर है, ज़रा बचकर रहना।' असल में जानती है ना कि उसका विधुर मामा कैसा कड़ियल जवान है। देखते ही तो लड़कियाँ चकरघिन्नी खाकर गिर पड़ती हैं!" फिर अपनी पृथुल तोंद, हिला-हिलाकर मीरा के मामा बड़ी देर तक हँसते रहे थे।

पुराने ढंग की बनी उनकी वह कोठी, किसी समय अत्यन्त दर्शनीय रही होगी। अभी भी उसका सौन्दर्य किसी रूपवती गतयौवना की-सी सौन्दर्य-महिमा से आँखें बाँध लेता था। लोहे की घुमावदार सीढ़ियों से लेकर, नक्काशीदार कंगूरो में फ्रेंच स्थापत्य कला की सुस्पष्ट छाप थी। विस्तृत उद्यान का फौवारा सूखी पत्तियों के ढेर से भरा था, दीवारों पर लगे अंग्रेज़ साहब, मेमसाहबों के चित्रों पर मकड़ी के जालों में चिड़ियों के पर अटके थे।

"अकेला रहता हूँ, माँ, इसी से अब ठीक से देखभाल भी नहीं कर पाता हूँ इस कोठी की! माँ एकदम बूढ़ी हो गई हैं, निचली मंज़िल खाली पड़ी रहती है, कई किरायेदार आ-आकर लौट गए। कल ही एक गर्ल्स कॉलेज की प्रिंसिपल आई थी, कह रही थी, उनके कॉलेज में बड़ी भीड़ हो गई है, दो क्लास यहाँ लाना चाहती है, मैंने कहा—"बाबा, दोहाई है तुम्हारी, लड़कियों का मजमा जुटाकर क्या अब चौथेपन में अपना सर्वनाश करेगा गौरप्रसन्न?' मैंने यही निचली मंजिल तुम्हारे लिए साफ करवा दी है, जिससे सीढ़ियाँ चढ़ने में तुम्हारी माँ को कष्ट न हो।"

उस प्रशस्त कमरे की सफाई बड़े यत्न से ही की गई लग रही थी। पूरे कमरे का क्षेत्रफल नापता मोटा कालीन बिछा था। आसपास दो पलंग लगे थे।

"अपना बिस्तर खोलने की कोई ज़रूरत नहीं है, बिस्तर लगा है, माँ को लिटाकर तुम हाथ-मुँह धो लो बेटी, मैं चाय भिजवाता हूँ।"

किन्तु गौरप्रसन्न के जाने के साथ ही राजलक्ष्मी खुली खिड़की के जंगले

पकड़कर खड़ी हो गई। इतने वर्षों पश्चात् कैशोर्य में बिछुड़ गए कलकत्ते को वह भुज-भर कंठ लगा रही थी। उस परिचित परिवेश की माटी-गन्ध उसके क्षुधार्त्त नथुनों को फड़काती, उसे रह-रहकर कलकत्ते की उन भूली-बिसरी गलियों में भटकाने लगी थी, जहाँ यह कभी गौहर मासी की फिटन में बैठकर कितनी बार घूमी थी। गौहर मासी की कोठी भी कुछ-कुछ ऐसी ही थी। उस खिड़की पर भी वह ऐसे ही जंगले थामकर खड़ी हो जाती थी और घंटों देखती रहती—कितनी ट्रामें, कितनी बसें, तरह-तरह के लोग और मज़ेदार हाँक लगाते फेरीवाले। हर फेरीवाले को ऊपर बुला वह कुछ खरीदने के लिए मचलती और उतनी ही बार गौहर मासी उसे लाड़ से झिड़कतीं—"गांइए मेये, कत आर बाजे जिनिश किनबीं बोलतो!' (गँवार लड़की, क्या-क्या फालतू चीजें खरीदती रहेगी, बोल तो!)

"माँ, तुम बहुत थक गई हो, अब लेट जाओ", सुरंगमा ने उसे हाथ पकड़कर ज़बरदस्ती पलंग पर लिटा दिया तो वह हँसी। माँ की उज्ज्वल हँसी की मरीचिका में सुरंगमा फिर भटक गई। कैसी मूर्ख थी वह, दिन-रात उसकी व्यर्थ कल्पना, माँ को लेकर न जाने कैसी-कैसी अशुभ बातें आँकने लगी थी। माँ को अब कुछ नहीं होगा, कुछ नहीं। कलकत्ते का वह प्रसिद्ध मृत्युंजय होमियोपैथ निश्चय ही माँ को व्याधिमुक्त कर देगा।

"सुरंगमा, एक बार जी में आ रहा है, चुपचाप जाकर बाबा को देख आऊँ, तुझे देखकर बाबा मेरे सब अपराध क्षमा कर देंगे।"

महा उत्साह से सुरंगमा की आँखें चमकने लगी थीं, "मैंने तो तुमसे कितनी बार कहा था, क्यों नहीं चलतीं एक बार..."

"नहीं," राजलक्ष्मी का उल्लसित स्वर एकदम ही बुझ गया, "जानबूझकर ही अपने सपनों का संसार नष्ट नहीं करूँगी, क्या पता पहुँचकर देखूँगी, पापा हैं ही नहीं, कोई कहेगा—'अरे राजा प्रबोधरंजन? उन्हें मरे तो अर्सा बीत गया।' मेरे लिए तो मेरे पापा अन्त तक जीवित ही रहेंगे—वहाँ पहुँचकर कहीं देखूँगी कि कोठी में किसी कॉलेज की तख्ती लटकी है, या किसी दफ्तर के बाबू लोग खटखट टाइप कर रहे हैं—नहीं, मैं नहीं जा सकती वहाँ!"

नौकर के साथ चाय की ट्रे में नाना खाद्यान्न लेकर, हाँफते प्रसन्नमुख गौरबाबू हँसते-हँसते आ गए, "वाह, मेरी यह उजड़ी नीची मंज़िल बहुत दिनों बाद आबाद हुई जगतजननी। लो चाय पी लो..."

"आपने इतनी तकलीफ क्यों की, मामा बाबू।" सुरंगमा ने कहा, "माँ

तो कुछ खाती नहीं—अकेली मैं क्या इतना सब खा पाऊँगी?''

''अजी क्यों नहीं खाएगी माँ? एक-एक चीज़ सवा-सवा लाख की छाँटकर लाया हूँ, वही सब चीज़ें हैं, जिनके लिए प्रवासी बंगाली प्राण परदेश की धरणी में तरसते रहते हैं। आज इतने वर्षों में तुम्हारी माँ स्वदेश लौटी हैं। 'मौआर सन्देश', 'लेडी कैनिंग', 'सिंघाड़ा', 'नारिकेल नाडू' यह सब देवदुर्लभ वस्तुएँ क्या कभी मिल सकती हैं तुम्हारे लखनऊ में? उधर माँ ने जब से सुना है, तुम लोग आई हो, मार आफत किए हैं—अब कल ले चलूँगा ऊपर।''

उस दिन पहली बार लक्ष्मी को बिना नींद की गोली खाए ही नींद आ गई थी। सुबह सुरंगमा की आँखें खुलीं तो धूप निकल आई थी। लक्ष्मी बच्ची-सी बेखबर सो रही थी, एक हाथ गाल के नीचे दबा था। शिथिल जूड़े का काँटा, कहीं माँ को चुभ न जाए, सोच सुरंगमा उसे धीरे से खिसकाकर निकालने लगी, तो लक्ष्मी चौंककर जग गई।

''नींद आई, माँ? मैं तुम्हें दवा देने दो-तीन बार उठी, पर तुम्हें ऐसी गहरी नींद आई थी कि जगाने को मन ही नहीं हुआ।''

''मीरा के मामा ने शायद ठीक ही कहा था सुरंगमा, ऐसी नींद तो मुझे बीमारी से पहले भी कभी नहीं आई लगता है, जन्मभूमि की गन्ध ही मेरे लिए संजीवनी बन गई है। न कहीं दर्द है, न थकान। लखनऊ में होती तो शायद अब तक वहाँ के डॉक्टर मुझे आलूदम के आलू-सा ही गोदकर रख देते।''

उसी दिन, मीरा के मामा होमियोपैथ को बुला लाए थे। दवा खाकर राजलक्ष्मी सो गई, तो सुरंगमा नानी से मिलने ऊपर चली गई। रात्रि के अन्धकार में मीरा की ननिहाल की कोठी उसे जीर्ण लगी थी किन्तु दिन के उजाले में उसका वैभव उसे चिर नवीन लगा। क्रोटन के बड़े-बड़े गमले एक कतार में पूरे बरामदे को घेरे खड़े थे, बरामदे के बीचों-बीच दीवार पर ओवल शेप का एक दर्शनीय दर्पण लगा था, दर्पण के बीच पड़ी दरार को, बड़ी दक्षता से टेप से जोड़ दिया गया था। चारों ओर रंगीन स्फटिक के चौकोर टुकड़ों के कंगूरे थे और उन्हीं को बड़े कलात्मक ढंग से जोड़कर गृहस्वामी का नाम लिखा था, 'महामहिम कुमार प्रसन्न सिन्हा'। एक विदेशी इंजीनियर से इस कोठी का नक्शा बनवाया था, उसी ने पिता जी को यह दर्पण भेंट किया था। उनकी मृत्यु के चार माह पहले ही एक अद्भुत घटना घटी थी। उन दिनों पिता की ज़मींदारी बंगाल की अच्छी-खासी ज़मींदारियों में गिनी

जाती थी। आए दिन हमारी इस कोठी में लाट-कमिश्नरों की गार्डन पार्टी होती। उस दिन भी बड़े दिन की दावत थी। बाहर ही पार्टी का आयोजन किया गया था, कि सहसा बिना किसी घन-घटा के ही आकाश आच्छादित हो गया, बादल का कहीं एक टुकड़ा भी नहीं, पर अँधेरा घिर आया और बूँदें पड़ने लगीं। चटपट मेज़ें भीतर सरकाई गईं, और सबने कहा—आज खड़े-खड़े ही खाना-पीना होगा। बैंड बाजेवाले भी बरामदे के एक कोने में सिमट गए, उन दिनों की लोकप्रिय धुन बैंड पर बज रही थी—'ओह सान्ता डार्लिंग, कम डाउन माई चिमनी टुनाइट...''

''तब ही अचानक बिजली चमकी और इससे पहले कि लोग सम्भलते, आग का एक ज्वलन्त गोला बम गोले के-से ही विस्फोट से कटहल के पेड़ को चीरता-झुलसाता जमीन में धँस गया। ठीक वहीं, जहाँ कुछ ही मिनट पहले खाने की मेज़ लगी थी, एक बड़ा-सा छेद हो गया था। कंई मेमसाहब बेहोश हो गई, स्मेलिंग सॉल्ट की ढूँढ़ मच गई। मेरे पिता ने उस समय तो किसी से कुछ नहीं कहा, पर अतिथि विदा हुए तो माँ से बोले, 'गौर की माँ, लगता है वह बिजली मेरे भीतर भी कुछ तोड़ गई है, छाती में तब से न जाने कैसी चिलक उठ रही थी।' और फिर जब माँ का ही हाथ पकड़ इन सीढ़ियों से ऊपर चढ़ रहे थे, तब ही उनकी नज़र इस दर्पण पर पड़ी, बिजली का वही धमाका इसे बीच से दरका गया था। माँ कहती है कि उसे देखते ही तेरे बाबा का चेहरा एकदम फक पड़ गया, कहने लगे—'गौर की माँ, अब मैं नहीं बचूँगा, निश्चय ही यह दिल के घातक दौरे की भूमिका है। देख रही हो, दर्पण टूट गया है—दर्पण का टूटना मृत्यु का निश्चित संकेत होता है।' माँ ने उन्हें खूब डाँटा और बिस्तर पर सुला छाती पर मालिश करने लगी थी। डॉक्टर के आने से पहले ही, जब दावत के झूठे बर्तन भी मेज़ से नहीं हटाए गए थे, गृह के मेज़बान ने पुतलियाँ पलट दीं। उनकी मृत्यु को आज इतने वर्ष बीत गए पर दर्पण आज भी उस मनहूस दावत का स्मृतिचिह्न बना यहाँ लटका है। उनका नाम इसके साथ जुड़ा न लटका होता तो मैं इसे कभी का उखाड़कर फेंक देता। मेरा बेटा वरुण जब कभी घर आता है, मैं इसे हटा देता हूँ। वह इस टूटे दर्पण से बेहद चिढ़ता है, पर अब वह आता ही कहाँ है। कई वर्षों से उसने हमसे रिश्ता तोड़ लिया है। अब रह गए हैं मैं और माँ। माँ की भी वयस हो गई है, इस अगहन में नब्बे की हो जाएगी। कभी-कभी एकदम ही बहक जाती है, कुछ याद नहीं

रहता, पर जब मूड में रहती है तो कोई कह नहीं सकता कि नब्बे साल की है। तुम्हें सावधान किए दे रहा हूँ, तुमसे कुछ भी पूछ सकती हैं।" फिर किसी शैतान बालक की भाँति खुक-खुककर हँसने लगे थे गौर बाबू।

कलकत्ते के पुरानी ज़मींदारी गृहों में जैसी द्वारनुमा लम्बी-चौड़ी खिड़कियाँ बनी रहती हैं, वैसे ही एक बड़ी खिड़की के पास, सफेद पोटली-सी बनी मीरा की नानी सिमटी-सिकुड़ी बैठी थी। सिर के केश पुरुषों की भाँति छँटे थे, सफेद गरद की साड़ी, झुर्री पड़ी बाँहें, ललाट पर चन्दन और पोपले मुँह की दन्तहीन स्निग्ध हँसी।

"माँ, लो, ले आया मीरा की सहेली को—सुरंगमा नाम है इसका—खासा नाम छाँटा है इसकी माँ ने, क्यों?"

सुरंगमा ने झुककर नानी के पैर छुए और उन्होंने उसका चिम्बुक स्पर्श कर ओठों से लगाया, "आहा, चोख जुड़िए गैलो माँ, बोसो-बोसो...."

(आहा, आँखें जुड़ा गई माँ, बैठो-बैठो!)

गौरप्रसन्न मोढ़े पर बैठकर चुरुट जलाने लगे। सुरंगमा को एकटक निहारती बुढ़िया स्वागत भाषण में निरन्तर बड़बड़ाती जा रही थीं, 'अब दिन काटे नहीं कटते माँ, कोई आ गया तो दिन कट गया, नहीं तो परलोक के अतिथि आ-आकर पागल बना जाते हैं—आठ दिन से गौर के बाबा नहीं आए, वही चिन्ता लगी है कहीं फिर छाती में चिलक न उठी हो। कल बउमा आकर खूब लड़ गईं—कहने लगीं—'माँ, आमी अधबा मानूष माछ छाड़ा की खेते पारी? माछ कोई था?' (माँ, मैं सधवा हूँ, बिना मछली के कैसे खा सकती हूँ—मछली कहाँ है?)

"अब तू ही बता बेटी, इस मरे कलकत्ते में क्या अब मछली भी मिल रही है? आज तीन दिन से गौर को ही मछली नहीं दे पा रही हूँ!"

"होयेछे, होयेछे माँ—की सब बाजे बोकछो?"

(हो गया, हो गया माँ, क्या सब अंडबंड बक रही है।)

एक पल को बुढ़िया सहमकर खिसिया गई फिर मस्तिष्क में बिखरी सूखी पत्तियों को झाड़-झूड़, उसने दूसरा प्रसंग छेड़ा, "अब अपने बरुन की शादी कर देता मेरा गौरो, मैं भी सोने की सीढ़ी पर चढ़कर स्वर्ग जाती बेटी...."

इस बार गौरप्रसन्न ने हँसकर माँ के दोनों कन्धे थाम लिए, "की जे बलछो माँ—क्या कह रही हो माँ, अभी पिछले साल तो बरुन, तुम्हारी छह फुटी जर्मन नातबहु को लाया था, भूल गई क्या—तुम्हारे पैर छुए थे उसने?"

"अरे हाँ-हाँ...." बुढ़िया खिसियाकर हँसने लगी "पता नहीं दिमाग की कौन-सी लखौरी ईंट खिसक जाती है रे, सब भूल जाती हूँ। याद क्यों नहीं है, खूब याद है—बऊँ माँ की लाल बनारस निकालकर मैं उसे पहनाने लगी तो ओ माँ, देखी मेम साहब—हेंसे गड़ागड़ी। (देखती हूँ—मेमसाहब हँसकर लोट-पोट हो गई।)

"साड़ी का अर्ज था छोटा और मेमसाहब थी डबल अर्ज की, घुटनों से ऊपर जाती ही नहीं थी साड़ी। फिर क्या करती, ढाका के मुसल्मानों की-सी लुंगी लपेट दी मैंने।"

"देखा नहीं माँ, उस दिन अपने बबलू की बंगाली बहू भी तो वैसी ही लुंगी पहनकर आई थी। आजकल वैसा ही फैशन है....।" गौरप्रसन्न बाबू माँ को छेड़ने लगे।

"अरे भाड़ में जाए ऐसा फैशन। हमें क्या करना है अब, कोई कुछ करे, यहाँ तो कभी-कभी नाम ही भूल जाती हूँ। कभी-कभी तो दिन-भर उलझन में फँसी रहती हूँ। अब उस दिन, उमा की बड़ी लड़की का नाम ही भूल गई। बार-बार सोचती, नाम जबान पर भी आता, पर फिर छिटक जाता। जब शाम को गौर आया, उससे पूछा तब कहीं चैन पड़ा।

"उमा मेरी छोटी बहन है, रानीगंज में उसके पति, कोयला खान में मैनेजर हैं—उसी की लड़की की बात कर रही है माँ...."गौर बाबू बार-बार विस्मृति के ताने-बाने में उलझी माँ को निकाल रहे थे।

"अपनी माँ को, क्यों नहीं लाई, माँ?" बुढ़िया ने अपने दुबले हाथ बढ़ाकर सुरंगमा की अँगुलियाँ सहलाई।

"इसकी माँ बीमार है, सीढ़ियाँ नहीं चढ़ सकतीं, मैंने बताया तो था तुम्हें। तुम्हें ही गोदी में नीचे ले चलेंगे।"

सुरंगमा उठने लगी, तो गौरप्रसन्न की माँ बच्ची-सी मचलने लगी "नहीं, मैं भी चलूँगी तुम्हारे साथ, मैं क्या अकेली बैठी रहूँगी यहाँ? गौर, पकड़ तो मेरा हाथ, एक बार उठाकर खड़ी-भर कर दे मुझे, फिर देख, कैसी खटाखट सीढ़ियाँ उतरती हूँ!"

"और क्या! एक बार खटाखट सीढ़ियाँ उतरकर पूरे चार महीने प्लास्टर में पड़ी रही थीं। कहीं फिर अपनी स्केटिंग का करिश्मा दिखा गई तो गौरप्रसन्न की छुट्टी। आओ..." कह उन्होंने माँ को ऐसे गोद में उठा लिया जैसे वह कोई नन्हीं पैरों के बल खिसकती बच्ची हो। पोपला चेहरा एक बार फिर

परमहँसी सन्तुष्ट मुस्कान में खिल गया। सुरंगमा आश्चर्य से उन माँ-बेटे को देख रही थी, बुढ़ापा मनुष्य को कितना असहाय बना देता है, कितना दयनीय। कभी जिस जननी ने इसी पुत्र को स्वयं ऐसे ही गोद में उठाया होगा, आज वह उसी पुत्र की गोद में स्वयं बच्ची-सी किलक रही थी। उस दिन से नित्य गौरप्रसन्न माँ को नहला-धुला, चन्दन-चर्चित कर लक्ष्मी के पास बिठा जाते।

"तुम लोगों के आने से, मैं एकदम निश्चिन्त हो गया हूँ, जगतजननी, पहले बार-बार दुकान से घर भागकर आना पड़ता था। माँ का कोई ठिकाना है, कब क्या कर बैठें। वैसे तो चारु, बहुत पुरानी नौकरानी है, पर वह भी तो बूढ़ी हो गई है।"

गौर बाबू की मोटर के कल-पुर्ज़ों की बहुत बड़ी दुकान थी, एक होटल भी चलाते थे, और भी कई व्यवसायों में उनके शेयर थे, इसी से उन्हें दिन-भर बाहर रहना पड़ता था। सुरंगमा और लक्ष्मी को उन्होंने अपने व्यस्त जीवन के बावजूद कोई असुविधा नहीं होने दी। डॉ. बनर्जी घर ही पर आकर दवा दे जाते, दवा से लाभ भी हो रहा था। लक्ष्मी, अब स्वयं ही बगीचे में टहल भी आती। शरीर की सुधरती अवस्था ने ही उसे फिर घर लौटने के लिए अधीर बना दिया था। "होमियोपैथी की दवा तो साथ ले चलने से भी काम चल सकता है, सुरंगमा!" वह दिन-रात सुरंगमा को तिकतिकाने लगी, "मेरी तबीयत एकदम ठीक है, कमजोरी है, वह धीरे-धीरे स्वयं दूर हो जाएगी। एकदम ही अनजान आदमी का इतना एहसान लेना मुझे अच्छा नहीं लग रहा है।" गौर प्रसन्न बाबू ने उन्हें रोकने की बहुत चेष्टा की, पर लक्ष्मी नहीं मानी, हारकर सुरंगमा ने घर लौटने की तैयारी कर ली। जाने के ठीक एक दिन पूर्व सहसा राजलक्ष्मी गुमसुम हो गई थी। उसका चेहरा देखकर सुरंगमा मन ही मन आशंकित भी हुई थी, पर उसने कुछ पूछा नहीं। शायद, इतनी दूर आकर भी पिता से न मिल पाने का दुख ही माँ को साल रहा था। दिन-भर लक्ष्मी ने कुछ खाया भी नहीं था। फिर आधी रात को उसका कराहना सुन वह हड़बड़ाकर उठ बैठी। स्विच टटोलकर उसने बिजली जलाई और माँ का चेहरा देखते ही उसके हाथ-पैर ठंडे पड़ गए। सारे चेहरे पर जैसे स्याही पुत गई थी। 'हे भगवान! हे भगवान!' कहती वह जल से निकली मछली-सी तड़प रही थी—"हे ठाकुर, किस पाप का दंड दे रहे हो मुझे!" वह इधर-उधर हाथ-पैर पटकती पलंग से गिरी जा रही थी। लपककर, सुरंगमा ने उसे सम्भाल लिया, "माँ, कहाँ दर्द है, क्या हो गया, माँ?"

पर माँ जैसे उसकी एक बात भी नहीं सुन पा रही थी—माँ को तड़पती छोड़ वह भागकर गौर बाबू को बुला लाई। उन्होंने तड़पती लक्ष्मी को सुरंगमा के साथ मिल-जुलकर कार में रखा, और अस्पताल भागे। सारी रात लक्ष्मी वैसे ही तड़पती रही। पैथेडीन दे-देकर, उसे बड़ी कठिनता से सुलाया गया तो गौर बाबू ने सुरंगमा के कन्धे पर हाथ रखकर कहा, "माँ, चलो, थोड़ी देर घर चलकर सुस्ता लो। मैं डॉक्टर से पूछ आया हूँ। तत्काल कोई ऐसा खतरा नहीं है, तड़के ही तुम्हें ले आऊँगा...."

"नहीं मामा बाबू, आप जाइए, मैं यहीं रहूँगी!"

"पर यहाँ कहाँ रहोगी, इस अस्पताल में रोगी के साथ आए आत्मीयों के लिए रात में रखने की कोई व्यवस्था नहीं है!"

"मैं इसी कुर्सी पर बैठी रहूँगी।"

"इस कुर्सी पर सो नहीं पाओगी माँ।"

पहली बार उस साहसी लड़की की छलछलाई आँखें देख गौर बाबू का मन न जाने कैसा हो गया, कभी-कभी ठीक ऐसी ही छलछलाई जिद्दी दृष्टि में वरुण की माँ भी उनके आदेश की अवहेलना कर देती थी। सारी रात उसने उसी कुर्सी पर बैठकर काट दी थी। दूसरे दिन एक प्रकार से खींचकर ही उसे गौर बाबू घर ले गए थे, "यह क्या बचपना है, घर चलकर नहा-धोकर तब चली आना—कहीं तुम भी बीमार पड़ गई, तब कौन देखेगा माँ को?" दूसरे दिन लक्ष्मी का उदर-शूल तो धीमा पड़ा, किन्तु पूरा शरीर पीपल के पत्ते-सा काँपने लगा था, सुरंगमा असहाय खड़ी माँ की दुबली-पतली देह को ठकठक काँपते देखकर भी कुछ नहीं कर पा रही थी। दो-तीन डॉक्टर खड़े आपस में न जाने क्या फुसफुसा रहे थे। नर्स आकर एक सुई लगा गई तो माँ चिहुँकी, एक डॉक्टर ने दूसरे से फुसफुसाकर कहा—"होश में है, कोमा में नहीं है।" फिर आश्वस्त होकर सब चले गए, कुर्सी पास खिसकाकर सुरंगमा ने, निश्चेष्ट पड़ी माँ के चेहरे के पास अपना चेहरा सटाकर उसकी शिथिल ठंडी हथेली थाम ली।

"माँ!" उसका गला रुँध गया, वह और कुछ भी नहीं कह पाई।

लक्ष्मी के डूबते प्राणों को शायद उसी अश्रुसिक्त पुकार की खनक ऊपर खींच लाई, उसने आँखें खोलीं, सुरंगमा को देखा और फिर पलकें मूँद लीं।

"माँ कैसा है दर्द? कुछ कम है, माँ?"

उत्तर में उसके सूखे अधर काँपे, आँखों की कोर से ढलककर आँसू की

दो बूँदें सब कुछ कह गईं।

दिन-भर फिर मृत्यु उसे बिल्ली के क्रूर पंजे में दबी चुहिया की ही भाँति खिलाती रही थी। कभी क्रूर खिलवाड़ में दबोचती और कभी जीवन का क्षणिक प्रलोभन देकर मुक्त कर देती। सन्ध्या होते ही, उसकी अवस्था निरन्तर गिरती चली गई थी। एक बार उसने अपने बड़ी-बड़ी आँखें खोलकर चारों ओर देखा था, जैसे किसी को ढूँढ़ रही हो।

"माँ, मैं यहाँ हूँ तुम्हारे पास", सुरंगमा बार-बार उसके कानों के पास आकर कह रही थी, पर लक्ष्मी न जाने क्या बड़बड़ाती जा रही थी। सुरंगमा ने, अब अपने कान उसके ओठों से सटा लिए, "क्या कह रही हो, माँ?"

"मैं हूँ तुम्हारा पति..." लक्ष्मी के अधर फिर उसी करुण स्मित में खिंचे रह गए थे। जिस अमानवीय साहस से फिर उस लड़की ने माँ के कठोर आघात को झेला था, उसे देखकर गौर प्रसन्न दंग रह गए थे। उनके मना करने पर भी वह माँ की शव-यात्रा के साथ-साथ घाट गई। अपने हाथों से उसने माँ को सजाया, पैरों में आल्ता, माथे में सिन्दूर, बड़ी-सी बिन्दी, सब कुछ लगाकर उसने कागज पर माँ के आल्ता लगे पैरों की छाप भी उतार लीं, "पूजाघर में टाँग देना माँ!" बुढ़िया नौकरानी उसे सिखा गई थी, "तुम्हारी माँ सुहागन होकर चिता चढ़ी है।"

केवल एक बार गौर बाबू ने आकर उससे धीरे से पूछा था "सुरंगमा, अपने पिता को खबर दोगी क्या? कहो तो वहाँ ट्रंककाल कर दूँ।"

"नहीं," सुरंगमा ने आँखें फेर ली थीं, "उनका मुझे कोई पता नहीं है, मामा बाबू। होता, तब भी उन्हें खबर देना व्यर्थ था।"

रात-भर नानी ने उसे अपने साथ सुलाया था-"अब तू यहीं रहेगी, माँ तुझे कभी नहीं जाने दूँगी मैं...."

पर तीसरे ही दिन उस स्नेही परिवार से विदा लेकर वह एक बार फिर लखनऊ पहुँच गई थी।

प्रतिवेशियों की संवेदना ने उसे सगे आत्मीयों के-से स्नेह से ही गले लगा लिया था, पर वह उनके लाख आग्रह करने पर भी, उस पितृ-मातृ-हीन गृह में अकेली ही सोई थी। उसके आने की खबर पाते ही फिर दूसरे दिन मीरा उसे लेने आई थी, "दिमाग खराब हो गया है क्या? इस घर में अब तू अकेली कैसे रहेगी? अपना सामान ऐसे ही उठाकर रख ले, मैं तुझे लेने ही आई हूँ।"

पर सुरंगमा ने उसकी एक नहीं सुनी, "नहीं मीरा, तूने मेरे लिए बहुत किया है, मैं कहीं नहीं जाऊँगी, मैंने सब सोच लिया है। मैं यही रहूँगी, बैंक की नौकरी नहीं भी मिली तो मिस घोष, मुझे माँ वाली नौकरी दे ही देंगी।

पर तीसरे ही दिन उसे बैंक की नौकरी मिल गई थी और ठीक तीसरे ही महीने उसे मीरा के पिता के प्रयास से, मन्त्रीगृह में उनकी पुत्री का ट्यूशन भी मिल गया था। वहाँ जाने पर, अपनी भावी शिष्या के अहंकारपूर्ण व्यवहार से क्षुब्ध होकर वह लगभग निश्चय कर चुकी थी कि उसके भविष्य के पक्ष में वह ट्यूशन कितना ही हितकर क्यों न हो, वह उसे स्वीकार नहीं करेगी। पर तीसरे दिन, मन्त्री जी के पी. ए. स्वयं उसे ढूँढ़ते उसकी सँकरी गली में पहुँच गए थे। सुरंगमा बैंक से लौटकर चाय पी रही थी।

"बाप रे बाप, कब से भटक रहा हूँ आपको ढूँढ़ने! दो चक्कर तो बैंक के ही लगाए। क्या बात हुई जो आप आईं ही नहीं!" पी. ए. के स्वर में उसे एकदम ही तुच्छ समझनेवाली अकड़ थी।

"क्यों?" सुरंगमा ने उस दम्भी व्यक्ति से, फिर बैठने को भी नहीं कहा।

"मैं कैसे आती? मुझसे तो आने को नहीं कहा गया था!"

"वाह, यह क्या कोई सरकारी नौकरी है जो आपके पास एप्वाइन्टमेन्ट लेटर आता! बात तो पक्की हो ही गई थी—आपने पता दिया होता, तो स्टॉफ-कार भी भेज दी जाती—मन्त्री जी ने कहलवाया है, आपको जिस समय भी सुविधा हो, आपके लिए कार भेज दी जाएगी, दो सौ रुपए वेतन तो होगा ही, उसके अलावा यदि आप अन्य किसी भी सुविधा के लिए कहेंगी, तो उसका भी प्रबन्ध हो जाएगा।"

"मुझे क्षमा करें, मैं अभी कोई उत्तर नहीं दे पाऊँगी। मुझे दो दिन का समय दें—जैसा भी होगा मैं परसों स्वयं आकर बता जाऊँगी।" फिर चाय का खाली प्याला धरने वह उठ गई थी। उसके उठने की भंगिमा में ही पी. ए. को भी उसने उठकर जाने का स्पष्ट संकेत दे दिया था। वह बेचारा स्वयं ही कुर्सी खींचकर बैठ गया था, मन्त्री जी की पुत्री की उस सुन्दरी भावी ट्यूटर को छोड़कर इतनी जल्दी जाने की उसकी इच्छा नहीं थी। वह हँसकर शायद कोई और उदार चुग्गा फेंकने के मूड में था, कि सुरंगमा ने बड़ी रुखाई से उसके सारे उत्साह को झाड़ू लाकर बुहार दिया, "मुझे अभी बाहर जाना है—आप जाएँ—परसों मैं निश्चित रूप से अपना उत्तर दे जाऊँगी।"

तीसरे दिन, अपनी अस्वीकृति देने ही सुरंगमा मन्त्री जी के बँगले में गई

थी। उस दिन भी लॉन में वैसी ही भीड़ थी। बाहर से आए कुछ विदेशी डेलिगेट्स कुर्सियों का घेरा लगाए बैठे थे; एक ओर दर्शनार्थियों की भीड़ के बीच प्रसन्नमुद्रा में घूम-घूमकर बातें कर रहे मन्त्री जी की पीठ उसे दीख गई, तब ही न जाने किस रसिकता ने उन्हें गुदगुदाया, और वह ठहाका लगाकर मुड़े ही थे कि उनकी दृष्टि सहमी खड़ी सुरंगमा पर पड़ी, "आइए, आइए मिस जोशी, कहिए बेबी से बातें हो गई? कौन-सा टाइम सूट करेगा आपको? आज तो विनीता जी भी आई हुई हैं। बड़े मौके से आई हैं आप, चलिए, उनसे मिला दूँ।"

"जी मैं...."

सुरंगमा को उन्होंने बीच में ही टोक दिया, शायद उस चतुर कौटिल्य ने मन ही मन भाँप लिया था कि उसे ट्यूशन ग्रहण करने में कोई आपत्ति है, "और कहिए, कहाँ रहती हैं आप? यहीं क्यों नहीं चली आती? आपको भी सुविधा होगी और बेबी की ओर से भी हम दोनों निश्चिन्त हो जाएँगे। विनीता जी को प्रायः ही दौरे में बाहर रहना पड़ता है और मुझे तो देख ही रही हैं आप, दिन-रात बंजारे-सा भटकता रहता हूँ...."

कैसी उज्ज्वल हँसी थी उस साँवले आकर्षक मन्त्री की। आज तक सुरंगमा को खद्दर की टोपी को देखते ही आग लग जाती थी। उसकी दृष्टि में यह टोपी जिसके सिर पर भी सधती, वह उसकी श्रद्धा का पात्र हो ही नहीं सकता था, किन्तु इसी बंकिम टोपी से निकला या पूर्वाभ्यास की यत्नपूर्ण चेष्टा से निकाला गया वह केशों का मोहक गुच्छा, उस बुद्धिदीप्त चेहरे का आकर्षण द्विगुणित कर देता था।

"जब से आपको देखा है," मन्त्री का मधुर कंठस्वर गुनगुनाहट की मर्मर ध्वनि से कभी भी ऊपर नहीं उठता था, "बेबी की पढ़ाई की सारी चिन्ता दूर हो गई है...

सुरंगमा का ट्यूशन अस्वीकार करने का दृढ़ निश्चय तीव्र हवा के झोंके में किसी रुई के असहाय फाए-सा उड़ता दूर चला गया।

"विनीता जी!" मन्त्री जी ने उसे नम्र स्वर में पुकारा जैसे कोई साहब का अर्दली अपनी मेमसाहब को बुला रहा हो।

"मिस जोशी आई हैं, बेबी की नई ट्यूटर....बैठिए मिस जोशी, मैं उन्हें बुला लाऊँ..." वह उसे बिठा, स्वयं भारी पर्दे उठा पत्नी को बुलाने भीतर चला गया। कमरे में विनीता जी की आकस्मिक उपस्थिति को पहले सुरंगमा

देख नहीं पाई, न जाने किस गोपन द्वार से कमरे से प्रविष्ट हो वह उसके सामने की कुर्सी पर बैठ उसे अनुसन्धानी दृष्टि में चीरने-फाड़ने लगी थीं। उस गौरवर्णी तेजस्वी महिला का गोल-मटोल चेहरा, मांस की अनावश्यक परतें चढ़ने से पूर्व भी आकर्षक रहा होगा या नहीं, यह समझना कठिन था। आँखों के भारी चश्मे को देखकर लग रहा था, वह मायोपिक हैं, ताम्बूलरंजित अधरों पर कुटिल रहस्यपूर्ण बंकिम स्मित को और भी कुटिल बनाकर उन्होंने पूछा, "अरे, तुम तो अपनी बेबी की उम्र की लग रही हो, अभी पढ़ रही हो क्या?"

"अजी नहीं विनीता जी, एम. एस-सी. कर स्टेट बैंक की ऊँची कुर्सी पर बैठी नौकरी कर रही हैं, मिस जोशी। अपने डॉ. सिन्हा ने ही मुझे इनका नाम सुझाया था। ब्रिलिएंट लड़की है। पिछले साल एम. एस-सी. में टॉप किया है।"

एक ही साँस में, सुरंगमा की प्रतिभा की सुदीर्ध ख्याति का प्रशस्ति-पत्र उगल मन्त्री जी पत्नी के साथ ही सोफे में धँस गए।

सुरंगमा का चेहरा लाल पड़ गया। रुखे बालों की ढीली वेणी, ईषत् बंकिम होकर, उसके रक्तिम कपोल स्पर्श करती अधखुली-सी सामने लटक रही थी। मीरा की नानी ने उसे चलते-चलते अपनी सधवावस्था की एक ढाकाई काली साड़ी जबर्दस्ती थमा दी थी—"तेरे गोरे रंग पर यह खूब फबेगी, अब यह ढाकाई क्या कहीं मिलती है? पड़ी-पड़ी बक्से में सड़ रही है, तू पहनकर फाड़ डाल। एक मैंने मीरा को दे रही है, इसे तू रख।"

उस दिन सुरंगमा ने वही साड़ी पहनी थी, हाथ में माँ का सोने का बाला था, अराल अँगुली में गोमेघ की अँगूठी थी, न जाने किस ज्योतिषी से उसकी कुंडली की गणना करा लक्ष्मी ने उसे जबर्दस्ती वह अँगूठी पहना दी थी और गले में था वैरोनिका की माँ का क्रासजड़ित चेन। मन्त्री जी की खिड़की पर लगे भारी हरे पर्दे से छनकर आ रही प्रथम सूर्य की मन्दिर रश्मियाँ उस आनत चेहरे को अपूर्व छटा से रँग गई थीं।

एक पल को उसकी आँखें उठीं और सम्मुख बैठी विनीता जी की प्रखर कठोर दृष्टि से टकराकर काँप गईं, "पिता, क्या करते हैं तुम्हारे?" विनीता जी के प्रश्न का प्रत्येक अक्षर जैसे सनसी से तोड़-मरोड़ टेढ़ा-मेढ़ा कर ही उनके अधरों से निकल रहा था।

"मेरे पिता, यहाँ म्यूज़िक-कॉलेज के स्टाफ में हैं। आजकल घर गए हैं।"

इस बार उसका आवेगहीन स्वर, धैर्यच्युत था, उत्तर देते ही वह उठ गई, "मैं यही कहने आई थी श्रीमान..." इस बार, वह मन्त्री जी की ओर अभिमुख होकर दृढ़ स्वर में कहने लगी, "यह ट्यूशन कर पाना सम्भव नहीं होगा, कभी-कभी बैंक में ओवरटाइम पर काम करना पड़ता है और प्रायः ही हमें इन्स्पेक्शन के लिए बाहर भी भेज दिया जाता है।"

"ओह..." उसका उत्तर सुनते ही, जैसे विनीता जी की छाती से कोई भारी शिलाखंड हट गया, "उठ क्यों गई?" वह हँसकर कहने लगीं, "चाय आ रही है, पीकर जाना।"

"धन्यवाद, पर मैं तो चाय पीकर ही आई हूँ।"

सुरंगमा जाने को उद्यत हुई थी कि मन्त्री जी अधीर स्वर में बोले, "नहीं-नहीं, आपको जैसे भी हो, समय निकालकर बेबी को पढ़ाना ही होगा, मिस जोशी। देखिए, साफ ही कह दूँ आपसे, इकलौती पुत्री होने के कारण और कुछ हम दोनों के ही अधिकतर बाहर रहने से लड़की एकदम ही हाथ से निकली जा रही है। मेल-ट्यूटर मैं रखना नहीं चाहता, इसी से आपसे बार-बार अनुरोध करूँगा कि आप ही अब उसका भार ग्रहण कर हमें उबारें।"

सुरंगमा की मनःस्थिति विचित्र हो गई, एक ओर वह महिमामय मन्त्री हाथ जोड़कर नम्रतापूर्ण आग्रह में दोहरा हुआ जा रहा था, दूसरी ओर कठिनता से ओंठ भींचे पति के पार्श्व में बैठी पत्नी का चेहरा पति के अनुनय-विनय के साथ-साथ तमतमाता चला जा रहा था।

"क्यों परेशान कर रहे हैं बेचारी को!" विनीता जी अब अपने को रोक नहीं पाई थीं, "हो सकता है, इन्हें कोई कठिनाई ही हो और फिर जैसा कि यह कह रही हैं, यदि दौरे पर जाना इनकी विवशता हो तो बेबी को नियमित रूप से कैसे पढ़ा पाएँगी? इससे तो दीक्षित जी अपने जिस साले की बात कल कर रहे थे..."

"नहीं?" मन्त्री जी ने कठोर स्वर में कहा, "मिस जोशी ही बेबी को पढ़ाएँगी। आप समझ गई ना, मिस जोशी? प्लीज़..." फिर वह अपने चेहरे की कठोर रेखाओं को एकसाथ ही अपनी उज्ज्वल हँसी की स्निग्ध धार से बहाकर मधुर स्वर में कहने लगा, "यह प्रदेश के एक वरिष्ठ मन्त्री का आदेश है, मिस जोशी!"

दूसरे दिन फिर नियत समय पर सुरंगमा को लेने मन्त्री जी की स्टॉफ कार आकर खड़ी हो गई थी।

सुरंगमा एकदम ही अनिच्छा से कार का द्वार खोल उतरी तो विनीता जी पुत्री के साथ स्वयं बरामदे में खड़ी थीं।

"तो अन्त तक तुम प्रदेश के वरिष्ठ मन्त्री के आदेश की अवहेलना नहीं कर सकीं, सुरंगमा!"

वह हँसीं और सुरंगमा उन्हें आश्चर्य से देखती रही। क्या यही वह कल की गोमड़ामुखी विनीता जी थीं? एक ही रात में, क्या उस नीतिकुशल राजनीतिज्ञ ने अपनी रूठी पत्नी को मना लिया था? नीली सिल्क की साड़ी, फूलदार आँचल फहराती, इम्पोर्टेड सुगन्ध का भभका छोड़ती विनीता जी फिर स्नेह से उसका हाथ थामकर भीतर ले चलीं, "मेरी बेबी वैसे है तो बड़ी प्रतिभाशालिनी, पर ज़रा पढ़ने में मन कम लगता है, तुम्हें थोड़ी सख्ती से ही काम लेना होगा, क्यों है ना डार्लिंग?"

"ओह, स्टॉप इट मम्मी", बेटी ने उन्हें झिड़क दिया, पर वह अब दूसरी बाँह से उसे घेरकर बोलती चली जा रही थीं, "मैंने कल, सारा दिन इसी की स्टडी को ठीक करने में बिता दिया। बाहर के तो सारे कमरे मन्त्री जी के मिलनेवालों से घिरे रहते हैं, यही इस कोठी का एकमात्र एकान्त निर्जन कमरा है। पसन्द आया सुरंगमा?" फिर, वह अपनी एकदम ही नकली हँसी के कल्चर मोती चमकाती बोलीं, "भई तुम्हारा नाम हमें बेहद पसन्द आया, सुरंगमा! क्या बढ़िया नाम है! और चेहरा भी तुम्हारे नाम-सा ही ताजा है!" विनीता जी, प्रशंसा के नहले पर दहला मारती चली जा रही थीं, पर सुरंगमा के गम्भीर चेहरे पर, एक भी हास्योज्ज्वल रेखा नहीं उभरी। कल के अपमान की व्यथा गुमचोट की पीड़ा-सी ही रह-रहकर उसके चित को व्यथित कर रही है, यह चतुरा विनीता जी जान गईं।

"अच्छा, तो भई, मैं चली। आज सात बजे रवीन्द्रालय में एक नाटक है, हमें ही मुख्य अतिथि बना दिया है।" स्वर का अहंकार चेहरे पर फूहड़ता से लगी लाली-सा फैल गया, "मन्त्री जी हैं दौरे पर, मन्त्री नहीं, तो मन्त्री-पत्नी ही सही। शचीपति नहीं, तो शची!" उन्होंने जाते-जाते अहंकार दीप्त हँसी के साथ कनखियों से सुरंगमा की ओर देखा, फिर बेबी की ओर मुड़ गई, "देखो बेबी, मन लगाकर पढ़ना और देखिए, मिस जोशी ढेर सारा काम देकर जाइएगा इसे! बड़ी कामचोर है, आप पढ़ा लें तो स्टॉफ-कार आपको छोड़ आएगी।"

अपनी सहमी-डरी-सी शिष्या और उसके विस्मृत विषयों का परिचय ही

में सुरंगमा का पहला दिन निकल गया था। धीरे-धीरे, वह अपने इस नए ट्यूशन की अभ्यस्त हो गई। लड़की वास्तव में बुद्धिमती थी, किन्तु उस बुद्धि को यथोचित संरक्षण नहीं मिला था। जैसे बहुत दिनों से काम में न लाई गई, उत्कृष्ट विदेशी मशीन के कल-पुर्जों में भी उसके स्वामी की अवहेलना से लग गया जंग उन्हें जाम कर देता है, ऐसे ही लड़की के दिमागी जंग लगे कल-पुर्जों की ओर भी शायद अब तक किसी ने ध्यान नहीं दिया था। दो-तीन महीनों में ही सुरंगमा की सूक्ष्म दृष्टि ने परिवार का पूरा इतिहास जान लिया था। पहले-पहले इसकी शिष्या 'यस मिस' 'नो मिस' कहकर ही उत्तर दिया करती थी, पर फिर धीरे-धीरे दोनों के बीच खड़ी अपरिचय की दीवार स्वयं ही ढह गई। एक दिन भी सुरंगमा न जाती तो बेबी स्वयं उसे लेने पहुँच जाती।

विनीता जी अधिकतर बाहर ही रहती थीं। कभी हैदराबाद, कभी दिल्ली और कभी वर्घा। उनकी समाज-सेवा का क्षेत्र अत्यन्त व्यापक था। उनकी अनुपस्थिति में परिवार की पुरानी नौकरानी दुलारी ही मिनी के पास रहती थी। सुरंगमा को अब ट्यूशन करते तीन महीने बीत चुके थे और इस बीच केवल दो बार विनीता जी वहाँ आकर पुत्री की प्रगति से सन्तुष्ट होकर अपने कमरे में चली गई थी। वैसे उन्होंने एक-आध सामान्य औपचारिक प्रश्न पूछ एक बार फिर अपने अहंकारी स्वभाव का परिचय दे ही दिया, "लिटरेचर तुम छोड़ देना, सुरंगमा, वह सब मैं दौरें से लौटकर देख लूँगी। अब तो इस भाग-दौड़ में यह भी भूल जाती हूँ कि इसी इंग्लिश लिटरेचर में कभी कलकत्ता विश्वविद्यालय का गोल्ड-मेडल जीता था।" फिर विनीता जी ने कनखियों से उस अद्भुत लड़की के भावहीन चेहरे की लिपि पढ़ने का भी प्रयत्न किया था। न जाने कैसा विचित्र मुखौटा ताने रहती थी छोकरी!

उसी दिन स्वयं उन्हीं की पुत्री ने फिर डाँट दिया था, "माँ, तुम मिस जोशी से क्या सब कह जाती हो, मुझे अच्छा नहीं लगता। पता नहीं बेचारी क्या सोचती होगी कि तुम यह देखने आती हो, वह ठीक से पढ़ा रही है या नहीं।"

"अरी, मैं तो ऐसे ही आकर देख जाती हूँ, उसमें बुरा लगने की कौन-सी बात है, फिर दो सौ रुपए कुछ कम नहीं होते, इतने में तो हमें यूनिवर्सिटी का ही कोई रिसर्च-स्कॉलर मिल जाता। अपनी ही बिरादरी के दो-तीन ब्रिलियेंट लड़के यहाँ रिसर्च कर रहे हैं, पर तेरे पापा की तो जिद है ना कि मेल-ट्यूटर

नहीं रखेंगे।''

''ठीक भी तो है, क्या पता मैं किसी के साथ भाग जाऊँ।''

मिनी का रुष्ट स्वर सुन विनीता जी ने उसे खींचकर छाती से लगा लिया, पर मिनी तनकर फिर अलग हो गई। दोष उसका नहीं था, जन्म से ही आधुनिक भ्रमणप्रिया जननी ने उसे अपने से विलग कर दिया था।

विनीता अपने पिता की मुँहलगी इकलौती पुत्री थी। उद्योगपति पिता के वैभव का अन्त नहीं था। पुत्री को उन्होंने शिमला के तारा हॉल में पढ़ाया था, फिर वह अपनी स्कूली शिक्षा पूरी कर, पिता के पास कलकत्ता चली आई थी। घर का रहन-सहन ठेठ मारवाड़ी होने पर भी विनीता की गतिविधि में किसी प्रकार का अंकुश नहीं था। फटाफट अंग्रेजी फूँकनेवाली मातृहीना पुत्री से सामान्य शिक्षित गाड़ोदियाजी जितना ही डरते थे, उतना ही उन्हें उस पर गर्व भी था। विनीता उनके बंगाली मित्रों को अपनी त्रुटिहीन बंगला से और सरल मारवाड़ी आत्मीयों को अपनी अद्‌भुत अंग्रेजी से ऐसा प्रभावित कर देती कि उनका मुँह ही नहीं खुलता। वह सत्रह वर्ष की भी नहीं हुई थी कि उसके लिए बड़े-बड़े उद्योगपतियों के प्रसादों से रिश्ते आने लगे। किन्तु उसने पिता से साफ-साफ कह दिया था, वह बिना शिक्षा पूरी किए विवाह करने की मूर्खता नहीं करेगी।

''आप क्या सोचते हैं पापा, कि विवाह ही लड़कियों की अन्तिम नियति है? मैं आपका बेटा होती, तो आप मुझे पढ़ाने विदेश नहीं भेजते? मैंने सोच लिया है, मैं विवाह नहीं करूँगी।''

''तब क्या करेगी तू?'' पिता ने भयमिश्रित आश्चर्य से अपनी उस एकदम अनजान बन गई विद्रोहिणी पुत्री से सहमकर पूछा था।

''मैंने सोच लिया है'', वह रहस्यमय कुटिलता से मुस्काई थी, ''मैं राजनीति से विवाह करूँगी। एक दिन आप देखेंगे, भारत के प्रत्येक समाचारपत्र में आपकी विनीता का चित्र छपा है। मेरी गर्दन फूलों के हारों से झुकी है, मैं हाथ जोड़े मंच पर खड़ी हूँ, सामने है मेरे लाख-लाख प्रशंसकों की भीड़। आप, मेरे पास आना चाह रहे हैं, पर भीड़ आपको रास्ता नहीं दे रही है, तब ही आप हँसकर कहेंगे, 'यह मेरी ही बेटी है भाइयों, मैं इसका पिता हूँ...' ज़रा सोचिए पापा, आपका वह क्षण कितने आनन्द का होगा, कितने सन्तोष का!''

गाड़ोदिया जी आत्मविश्वास से दमकते अपनी पुत्री के ही उस चेहरे को

जैसे पहचान नहीं पा रहे थे। विनीता को फिर उन्होंने उसी की ज़िद पर पढ़ने विदेश भेज दिया, किन्तु उस चंचल किशोरी का मन वहाँ भी नहीं टिका, वह फिर कलकत्ता लौट आई और फिर यूनिवर्सिटी में ही उसने अपने पति को स्वयं ढूँढ़ लिया था।

पहले-पहल वह अपनी चुलबुली बंगाली सहपाठिनियों की भाँति दिनकर पांडे का पानी पांडे कहकर ही मज़ाक उड़ाया करती थी। पर धीरे-धीरे उस आकर्षक गम्भीर तरुण की उदासीनता ही उसे बाँधने लगी।

दिनकर पहाड़ के किसी पिछड़े इलाके से अपने एक उच्चपदस्थ आत्मीय के यहाँ पढ़ने कलकत्ता आया तो गृहस्वामिनी ने मुँह बिचकाया था। कई बार परोक्ष में छोड़े गए चचेरी बहन की उस ननद के व्यंग्यबाण उसे बुरी तरह बिद्ध कर गए थे–"जिसे देखें वही रिश्तेदार बना, बुकचा लटकाए द्वार पर आकर खड़ा है। आप ही बताइए, इन दो कमरों के फ्लैट में किससे कहूँ आए और किसे कहूँ जाए, फिर रिश्ता भी कोई ऐसा खास नहीं है। कम-से-कम चिट्ठी लिखकर पूछ तो लिया होता।" एक दिन वह उसी को सुना-सुनाकर किसी से कह रही थी, उसी दिन दिनकर वहाँ से अपना बोरिया-बिस्तर समेट मारवाड़ी धर्मशाला में रहने चला आया था। पहले-पहले वहाँ की मिर्च-भरी दाल और अटपटा भोजन खाने से उसे बड़ा कष्ट हुआ था, पर फिर उसे आदत पड़ गई। एक ही वर्ष तो पढ़ाई का और था, फिर वह कहीं न कहीं कोई नौकरी ढूँढ़ लेगा। अपनी असाधारण प्रतिभा, सौम्य आचरण और स्वयं अपने सुदर्शन व्यक्तित्व के कारण पूरे कैम्पस में दिनकर का अनोखा रौब था। कोई भी वाद-विवाद प्रतियोगिता होती तो वह मंच पर खड़ा शेर-सा दहाड़ने लगता। सीधा ढीलमढाल कुर्त्ता और धोतीधारी वह अद्भुत आत्मविश्वासी युवक हाथ बाँध, तेजस्वी नरसिंह-सी ग्रीवा उन्नत किए मंच पर खड़ा होता तो उसके मुँह खोलने से पूर्व ही प्रशंसकों की तालियों से हॉल गूँज उठता। सरस्वती उसके जिह्वाग्र पर बैठी रहती, कोई भी विषय क्यों न हो, वह बड़े अधिकार से घंटों धाराप्रवाह बोल सकता था। जब भी विनीता लाइब्रेरी जाती, वह उसे किसी मोटी पुस्तक में डूबा मिलता। उसने आज तक विनीता की ओर आँख उठाकर भी नहीं देखा था, पर विनीता इस बीच उसका ठौर-ठिकाना ढूँढ़ चुकी थी, वह कहाँ रहता है, किस मेस में खाता है आदि-आदि। सौभाग्य से जिस मारवाड़ी धर्मशाला में वह रहता था और जहाँ के बासे में खाता था, उसका निर्माण विनीता के नाना ने किया था। धर्मशाला

के प्रांगण में एक जालीदार पिंजरे में उसके पगड़ीधारी व्यक्तित्वसम्पन्न नाना की मूर्ति के नीचे खुदा उनका परिचय विनीता बचपन में कई बार पढ़ चुकी थी। बड़े छलबल से विनीता एक दिन उसी मूर्ति की सफाई के बहाने उस गम्भीर एकान्तप्रिय सहपाठी की उदासीनता को चीरती-फाड़ती वहाँ उपस्थित हो गई थी। नंगे बदन धोती पहने दिनकर बरामदे में बैठा हाथ में यज्ञोपवीत का फन्दा फसाए सन्ध्या कर रहा था। उसकी दोनों आँखें मुँदी थीं, नग्न वक्षस्थल की श्यामल कान्ति देखकर विनीता मुग्ध हो गई थी। क्या खड्ग की धार सी तीखी नाक थी, और कैसे घने केश! आँखें खुलते ही विश्वामित्र ने सम्मुख खड़ी साक्षात् मेनका को देखा, कुछ-कुछ पहचाने चेहरे को, वह यह जानने की चेष्टा कर ही रहा था कि विनीता ने अपना अद्भुत अभिनय आरम्भ कर दिया। नौकरों को डाँटती-फटकारती वह कभी अटाले में जाती, कभी मुनीम जी से कैफियत माँगती, "क्या, कभी सफाई नहीं होती यहाँ की? नाली देखिए ज़रा। और यहाँ ये कपड़े किसके सूख रहे हैं—मैंने कहा था ना, कि आँगन में कोई भी कपड़े सुखाने नहीं डालेगा? पिछली बार आई तो किसी का अँगोछा नाना जी की मूर्ति पर सूख रहा था। हराम की तनख्वाह खाते हैं क्या आप लोग!"

सकपकाकर दिनकर ने मूँज की रस्सी पर सूख रहे अपने बनियान-धोती-कुर्त्ते को उतार लिया था। फिर बिना स्वामिनी की ओर देखे, वह कमरे में चला गया। विनीता चली गई, तो मुनीम बड़ी देर तक अपनी भड़ास निकालते रहे, "अंग्रेजी क्या पढ़ गई, दिमाग चढ़ गए हैं। इसके बाप ने हमें आज तक कुछ नहीं कहा—अरे, यह क्या कोई होटल है, यहाँ तो धरम का खाता खुला रहता है—लो, आज उस खाते का भी ऑडिट होने लगा।"

दूसरे दिन, विनीता और दुःसाहसी बन सीधे उसके कमरे में चली गई थी। किसी मीठी अगरबत्ती का धुआँ पूरे कमरे में फैला था और वह एक रजिस्टर खोले नोट्स बना रहा था। अचानक कमरे में विनीता को देख वह हड़बड़ाकर उठने लगा तो रजिस्टर नीचे गिर गया।

"क्षमा कीजिएगा", विनीता ने हँसकर कहा, "आपके नोट्स की इतनी प्रशंसा सुनी है, क्या दो-चार दिन के लिए अपनी कॉपी दे पाएँगे, पांडे जी?"

पांडे जी की कुँआरी आँखें पहली बार नारी की कमनीयता को देखकर चौंधियाँ गईं। विनीता को किसी भी मापदंड से नापे जाने पर सुन्दरी नहीं कहा जा सकता था। उसका ललाट प्रशस्त था, आँखें न बड़ी थीं न छोटी,

नाक भी कोई खास बुरी नहीं थी, स्वस्थ दाँतों की उज्ज्वल हँसी से लेकर चिम्बुक की गोलमटोल सुठाम गढ़न में, कहीं कोई दोष नहीं था, सुदीर्घ देह को वह कुछ अधिक ही सतर रख गर्दन उठाकर ऐसे चलती थी, जैसे किसी फौजी टुकड़ी का दराबी, आइजराइट कर, मुख्य अतिथि की वन्दना कर रहा हो। उसका अवयव आकर्षक होने पर भी लाइफ़ साइज़ से कुछ बड़ा-बड़ा लगने के कारण अनाकर्षक हो उठता था। उसका आकर्षण सौन्दर्यप्रदत्त नहीं था, केवल भयप्रदत्त था, उसकी उपस्थिति देखनेवाले को सहमाती अधिक थी, मोहती कम थी, फिर भी कपड़े पहनने में, उसके चयन में उसकी रुचि बेजोड़ थी। अपनी लम्बाई को ध्यान में रखकर ही वह हमेशा चौड़े-चौड़े पाड़ की मनभावनी ताँत की साड़ियाँ पहनती थी, जिनकें रंग और किनारी का चयन वह स्वयं जाकर जुलाहों के लूम में बाँध आती। उन्हें उसका कठोर आदेश रहता कि जो किनारी और रंग उसकी साड़ी का हो, वह फिर दूसरी साड़ी में न दोहराया जाए। बंगाल का जन्म और बंगाल का ही सुदीर्घ प्रवास उसकी घनकृष्ण केशराशि को कटि तक लहरा गया था। जूड़ा बनाने में उसकी जादू-भरी अँगुलियों का कमाल उसकी बंगाली सहपाठिनियों को भी मुग्ध कर देता। हाथ से ही केश लपेट वह कभी पंखे-सा संथाली जूड़ा बनाकर पीठ पर डाल देती, कभी असंख्य छोटी-छोटी वेणियाँ बना उन्हें जूड़े के उदधि में, छोटी-छोटी तरंगित नदियों-सा एकाकार कर लाल जवाफूल खोस लेती तो पूरा चेहरा ही बदल जाता। कभी-कभी वह कानों को बालों से ढाँप अपने चौड़े चेहरे की अनाकर्षक परिधि को घेर स्वयं ही कमनीय बना लेती। उस दिन भी उसने ऐसे ही बालों को कर्णफूल तक उतार, ढीली चोटी गूँथी थी, कानों में थे भारी जड़ाऊ झुमके, गोरी ग्रीवा में नाना की तिलड़ी सच्चे मोतियों की वह माला थी, जिसे देखकर कभी दिल्ली में आए बड़े लाट साहब की एक आभूषणलोलुप मेमसाहबा मचल गई थी। हारकर बड़ी अनिच्छा से ही नाना ने उसकी दो लड़ें मेमसाहबा को अर्पित कर दी थीं। विनीता ने गौर ललाट पर शायद जानबूझकर रौली का लम्बा पहाड़ी तिलक खींच लिया था। चौड़े काले पाड़ की सफेद साड़ी का वह काला किनारा किसी भव्य तस्वीर में लगे आबसूनी चौखट-सा चमक रहा था। व्यक्तित्व के आकर्षण का मूलधन सीमित होने पर भी उसे कैसे द्विगुणित किया जा सकता है, वह शृंगारप्रिया खूब जानती थी। दिनकर को उसके इसी तेजस्वी रूप ने बाँधा था। कुमाऊँ के दरिद्र ग्राम का वह अनाथ युवक अनेक अभावों में पलकर बड़ा हुआ था।

पराए खेतों की गुड़ाई, खुदाई कर उसने अपनी स्कूली शिक्षा पूर्ण की थी, वज़ीफे की बैसाखियाँ टेकता वह युनिवर्सिटी तक पहुँचा था। आज तक नारी का उसने एक सर्वथा भिन्न रूप देखा था, काले जीर्ण लहँगों में, डलिया में दूध पीते शिशु को छोड़ दिन-भर कुमाऊँ की दुर्गम जानलेवा घाटियों में घास काटती नारी, सास की फटकार-मार ही से नहीं, गर्म चीमटे की दग्ध छुवन से चीखती-चिल्लाती नारी, पुरुष के अन्याय-अत्याचार को असीम सहनशीलता से झेलती नारी, किन्तु नारी की यह सर्वथा भिन्न, नवीन, मोहक, विलासमयी छटा, वह पहली बार देख रहा था। अलस पदचाप, दिव्य दर्पपूर्ण स्मित, हाथ में झूल रहा साड़ी से मेल खाता पर्स, उत्तुंग एड़ियों पर सुदीर्घ देह का पल-पल बदलता रूप उसे बाँधता चला गया।

पहले, विनीता के आग्रह पर वह धर्मशाला छोड़कर उसी की कोठी में रहने आया, फिर गाड़ोदिया जी ने बड़ी अनिच्छा से ही उसे एक पार्टटाइम काम भी दिलवा दिया। मन ही मन वह पुत्री की उस विजातीय युवक के प्रति दुर्बलता को ठीक ही पहचान गए थे। एक-दो बार उन्होंने समझाने की चेष्टा भी की थी, "देखो मुनिया, तुम कहती हो दिनकर तुम्हारा मित्र है। पर हम अनपढ़ भले ही हों बेटी, हमने भी दुनिया देखी है। आदमी और औरत के बीच, हमारी जानकारी में तो कुल तीन ही रिश्ते सच्चे हैं। बाप-बेटी का, भाई-बहन का और पति-पत्नी का। चौथे किसी भी रिश्ते की दुहाई दे लो, वह दुहाई केवल आड़ की दुहाई होती है। तुम जानती हो, कलकत्ते में मारवाड़ी समाज में आज तक मेरी कैसी प्रतिष्ठा है। मेरे सामने कोई भले ही कुछ न कहे, पीठ पीछे तुम्हारे इसी दोस्त को लेकर दस बातें करने लगे हैं। तुम कहती हो, तुम राजनीति में नाम कमाना चाहती हो, पर इतनी बात हमारी गाँठ बाँध लो मुनिया, किसी भी बड़े प्रतिष्ठित होनहार राजनीतिज्ञ की भी किसी क्षण हो गई अकालमृत्यु का एकमात्र कारण होता है, उसके चरित्र का दुर्बल पक्ष। सुनाम बिना राजनीति कभी टिक नहीं सकती, जिसे तुम लोग अंग्रेजी में कहते हो रेप्युटेशन, यही रेप्युटेशन एक सफल राजनीतिज्ञ के लिए अनिवार्य है। तुम तो राजनीति में अपना स्थान बनाने से पहले ही यह गुण गँवा रही हो।"

"आप चिन्ता न करें पापा! मैं एक ही दिन में सबका मुँह बन्द कर दूँगी!" बेचारे गाड़ोदिया जी मन ही मन सहमकर रह गए थे, न जाने क्या अनर्थ कर बैठेगी उनकी यह सिरफिरी लड़की। क्या पता मारवाड़ी समाज

की कोई मीटिंग बुलाकर कुछ उल्टी-सीधी बक आए। पर जिस अप्रत्याशित व्यवहार से, उस तेजस्वी आपखुद लड़की ने, सचमुच ही अपने समाज का मुँह एक ही दिन में बन्द कर दिया, उसके लिए गाड़ोदिया जी प्रस्तुत नहीं थे। दिन-रात लाखों का वारान्यारा करनेवाले सम्पूर्ण शेयर-मार्केट की सनकी नाड़ी की एक-एक धड़कन को एक ही अनुभूत कनखी की पकड़ से पहचाननेवाले उस चतुर व्यवसायी की सजग बुद्धि को भी विनीता अँगूठा दिखा गई। सन्ध्या को वह हाथ में दोना-भर लड्डू लिए लौटी, माथे पर था रोली का तिलक, माँग में सिन्दूर, गले में काले पोत की माला और साथ में था आकर्षक, हँसमुख पहाड़ी छोकरा।

गाड़ोदिया जी के मन में आ रहा था, एक झापड़ कसकर छोकरे की बत्तीसी बाहर कर दें।

"दिनकर, पापा के पैर छुओ—लो पापा, अब कुछ कहे तुम्हारा समाज! मैंने सबका मुँह बन्द कर दिया है। हम दोनों अभी कालीबाड़ी से एक-दूसरे का वरण कर लौटे हैं।"

यही दिनकर पांडे के जीवन का महत्त्वपूर्ण मोड़ था, इसके बाद उसने फिर कभी पीछे मुड़कर नहीं देखा। पहले गाड़ोदिया जी उस विवाह को लेकर आषाढ़ के प्रथम मेघ से ही गरजे थे—"निकल जा बेहया, मेरे घर से! अपनी दौलत कलकत्ते के भिखमंगों को बाँट दूँगा, वृन्दावन-मथुरा के मन्दिरों में चढ़ाकर उड़ा दूँगा, पर तुझे एक पैसा भी नहीं दूँगा..."

पर फिर, शान्त होने पर, उन्होंने स्नेहविगलित हो उन्हीं पिताओं की भाँति विजातीय जामाता को कंठ से लगा पूरा राजपाट सौंप दिया था जो सन्तान के ऐसे स्वेच्छाचारी विवाहों के पश्चात् ऐसे ही गरज-तरज अन्त में स्नेह-वृष्टि की सहस्त्र धाराओं में बरसते बिदकी सन्तान को फिर गले से लगा लेते हैं। अब वह आए दिन अपनी पुत्री के अन्तर्जातीय विवाह के पक्ष में पुष्ट दलीलें देकर अपने समाज को प्रभावित करने लगे :

"अब आप ही बताइए, ऐसा हीरा दामाद मुझे अपने समाज में जुट सकता था भला! हमारे समाज का वैभव ही तो हमारे कुलदीपकों को स्वयं अधःपतन के गर्त्त में ढकेल देता है। जानते हैं कि चाहे पढ़ें या लठमूसल-से घूमें, पिता की दाँतों से पकड़कर जोड़ी गई अटूट सम्पत्ति का उत्तराधिकारी एक न एक दिन उन्हें ही बनना है। अब मेरे इस दामाद को लीजिए, सड़क के लैम्पपोस्ट के उजाले में पढ़-पढ़कर हाई स्कूल पास किया, उस पर भी

सब विषयों में डिस्टिंक्शन, कुमाऊँ सेंटनरी का सोने का तमगा जीता, इंटर पास किया, तीन घरों में बर्तन मलकर!–ऐसी आग में तपा खरा सोना भला किस कसौटी पर नहीं चमकेगा?"

यह भी संसार का कैसा विचित्र नियम है कि सन्तान माता-पिता को लाख सता ले, माता-पिता दुर्खुख सन्तान का मुँह जीवन-भर न देखने की लाख कसमें खा लें, एक न एक दिन, उसी सन्तान की ममता उन्हें चुम्बक की भाँति खींच अपने सौ खून स्वयं माफ करा लेती है। गाड़ोदिया जी जब तक जीवित रहे, दिनकर गृहजामाता के रूप में उनका विस्तृत कारोबार सम्भालता रहा और जब उनकी मृत्यु हुई तब से अब तक अवचेतन में अवश पड़ी उसकी महत्त्वाकांक्षा ने फिर सिर उठा लिया।

इस बीच, छात्रावस्था में देश के लिए झेली गई जेलयात्रा ने उसे चट अपना वीसा थमा दिया। सोमेश्वर के चनौंदा आश्रम में जिन किशोरों को गोरे सिपाहियों के उद्दंड बैटनों ने गम्भीर रूप से आहत किया, उनमें दिनकर अग्रणी था। अब भी उसकी पीठ में, कन्धे में, माथे में उन विदेशी बैटनों के अनेक अमूल्य स्मृति-चिह्न भरे पड़े थे। सुअवसर देख खान में छिपे वे अनमोल हीरे स्वयं ही जगमगाने लगे। गुणी जौहरियों को कब और कैसे उन धूमिल रत्नों की जगमगाहट से मोहा जा सकता है यह वह सरल युवक, सम्भवतः उतना नहीं समझता था, किन्तु मारवाड़ी सहचरी की प्रखर व्यापारकुशल बुद्धि ने पति की बाँह थाम, उसे ठीक उसी जौहरी के द्वार पर ले जाकर खड़ा कर दिया, जो उन हीरों का उचित मूल्य आँक सकता था। कभी विनीता के पिता ने ही, उस जौहरी के पूरी परिवार का उसकी सुदीर्घ जेलयात्रा के दौरान भरण-पोषण किया था, यही नहीं, चुनाव के चन्दे, पुत्रियों के विवाह, पुत्र की नौकरी दिलाने के महायज्ञ में भी सबसे बड़ी आहुति उसके पिता ने ही दी थी। आज उसी यज्ञभाग का प्रसाद माँगने वह उसी द्वार पर आँचल फैलाकर खड़ी हो गई थी। दिनकर को राजनीति के अखाड़े में अपना स्थान बनाने में कोई प्रयत्न नहीं करना पड़ा। एक नेता के जन्मजात गुण उसकी रक्तमज्जा में बसे थे, आकर्षक व्यक्तित्व, ओजस्वी वाणी, रहस्यमयी मुस्कान, मुस्कराते अधरों पर संशय का कभी न खुलनेवाला ताला। वह हाँ कर रहा है या ना, यह कभी-कभी उसकी पर्यंकशायिनी पत्नी विनीता भी नहीं समझ पाती। समय के साथ-साथ, उसका व्यक्तित्व किसी वेगवती नदी के निरन्तर सहवास से चिकने बन उठे पहाड़ी गल्ड़ांड (पत्थर)-सा ही चिकना बन उठा था।

उसके यौवन का आकर्षण प्रतिभासम्पन्न सुन्दर तारुण्य का था, किन्तु उसके प्रौढ़त्व का आकर्षण था—एक मँजे कुशल राजनीतिज्ञ का। आज वयस में मन्त्रिमंडल का सबसे छोटा सदस्य होने पर भी उसकी विलक्षण बुद्धि के बड़प्पन का लोहा सब मान चुके थे। कभी-कभी वह विनीता से भी कोई बात छिपा देता और वह रूठ जाती—"हद है, अब आप मुझसे भी बातें छिपाने लगे हैं—उस पर कभी-कभी नौकरों के सामने भी मुझे ऐसे झिड़क देते हैं, कभी तो आपके लाड़दुलार का अन्त नहीं रहता और कभी ये झिड़कियाँ।" विनीता की आँखें छलक उठतीं और उसी क्षण, उसका वह बहुरूपिया सहचर उसे बाँहों में बाँधकर उसके कान से अधर सटा लेता—"विनीता, इसका क्या निष्कर्ष निकलता है, जानती हो? मैं अब राजनीति के अखाड़े में ताल ठोककर किसी भी खुरपेंच को ललकार सकता हूँ—मैं आज तक नीतिशतक के एक ही श्लोक की गायत्री जपता रहा हूँ :

सत्याऽनृता च परुषा प्रियवादिनी च
हिंस्रा दयालुरपि चार्थपरा वदान्या
नित्यव्यथा प्रचुरनित्यधनागमा च
वेश्यांगनेव नृपनीतिरनेकरूपा।।

सत्यवक्ता भी हूँ—झूठ भी, कठोर वचन भी बोलता हूँ और मधुरभाषी भी हूँ, हिंस्र भी हूँ, दयालु भी। तीसरा पद 'प्रचुर नित्यधनागमा' तुमने मेरे जीवन में साकार कर दिया—वेश्या की ही भाँति, मेरी नृपनीति के भी अनेक रूप हैं, विनीता!"

प्रखर से प्रखर विरोधी दल का सदस्य भी उसके कुटिल मस्तिष्क के दाँवपेंचों का ओर-छोर नहीं पा सकता था। कई बार, उसे सेंटर में बुलाए जाने की अफवाह व्यर्थ ही में उड़ने पर उसकी राजनीतिक स्थिति को और सबल बना गई थी। किन्तु राजनीति की मियान में कभी दूसरी तलवार नहीं अँट सकती थी, यह वह अब जान गया था। राजनीति का यही मोह स्वयं उसके पारिवारिक जीवन को आरे की भाँति चीर गया था। विनीता को अपनी पैतृक सम्पत्ति का अहं, ठीक वैसे ही लील चुका था जैसे सर्पिणी निर्मोही बन स्वयं अपने अंडे को निगल जाती है। पति के प्रति उसकी उदासीनता बढ़ती-बढ़ती उसे उद्देश्यहीना यायावर बना चुकी थी। न जाने कितनी बार वह विदेश हो आई थी, बोर्डिंग में पल रही पुत्री को, न जन्मदायिनी जननी के प्रति मोह था न जननी को ही उसकी कोई चिन्ता थी। नैनीताल की कट्टर

जर्मन नन्स ने उसे खोटे सिक्के-सा फेर दिया था। नींद आने की गोलियाँ खानेवाली, कमरा बन्द कर सिगरेट फूँकनेवाली उस अत्याधुनिका छात्रा की अस्वाभाविक रूप से प्रगतिशील गतिविधि देख वे एक ही महीने में भयत्रस्त हो गई थी। फिर दिनकर ने उसे अपने पास बुला लिया। विनीता को उन्होंने समझाया भी था, "विनीता, अब तुम अपनी यह बेकार की समाज सेवा त्याग कर घर पर रहो। लड़की बरबाद हो रही है, मुझे कहाँ इतना समय है जो इसकी लगाम खीचूँ।"

पर विनीता हँसकर टाल गई थी, "आप भी एकदम ही दकियानूसी बातें करते हैं। आज के बच्चे क्या हमारी-तुम्हारी तरह पहाड़े रटकर बड़े हुए हैं! मैं घर ही पर कैसे रह सकती हूँ? तुम्हें तो पता ही है, अहमदाबाद की ग्राम पंचायत ने मुझे पचास बीघा ज़मीन दी है, वहाँ जेल से छूटी बन्दिनियों के लिए मुझे एक छोटा-सा फर्म बनवाना है, उधर न्यूट्रिशन केटरिंग के स्कूल की नींव डालने जा रही हूँ।"

वास्तव में विनीता जी का कार्यक्षेत्र अत्यन्त विस्तृत था, एक ओर वह इंडियन फेडरेशन ऑफ यूनिवर्सिटी वीमेन ऐसोसिएशन की चेयनमैन थी, दूसरी ओर इंडियन काउन्सिल ऑफ चाइल्ड वेलफेयर की एक्जीक्यूटिव की सदस्या। उधर, बीच-बीच में उन्हें पार्लियामेंट के दोनों सदनों में मेडिकल टरमिनेशन ऑफ प्रेगनैन्सी-बिल जैसे महत्त्वपूर्ण बिलों के पक्ष में अपनी ओजस्वी वक्तृता भी झाड़ने जाना होता था। अब, उसे भी अपने इस गतिशील पर्यटन में आनन्द आने लगा था। किन्तु घर लौटने पर, कभी-कभी पति को लेकर उसकी अपने सौभाग्य पर सर्वाधिकार सुरक्षा की भावना जागरूक हो उठती। पार्टी हो या कोई उत्सव, सुन्दरी चुलबुली दर्शनीय महिलाएँ, जहाँ कहीं उसके सुदर्शन पति को घेरकर हँसने-इठलाने लगतीं, वह चट से वहाँ पहुँच अपनी उपस्थिति की छाप से उन्हें आतंकित कर रंगीन भीड़ के मोहक घेरे को तितर-बितर कर देती। वह स्वभाव से ही शंकालु थी, और यही कारण था कि पुत्री की वह आकर्षक नई ट्यूटर, उसे खिन्न कर गई थी। इसी बीच, पति को बड़ी अनिच्छा से ही छोड़, उसे काटेज इंडस्ट्रीज के एक सेमिनार में मद्रास जाना पड़ा था।

चार-पाँच महीनों में सुरंगमा को भी अब अपनी नई नौकरी में आनन्द आने लगा था। वर्षों पूर्व पीछे छूट गए विषय उसे सहसा उसके बीते कैशोर्य की स्मृतियों को ताज़ा कर देते। किसी मोटी पुस्तकों के पृष्ठों में दबे

पाटल-प्रसून की विवर्ण पत्रों-सी कैशोर्य की वे स्मृतियाँ उसे एक बार फिर कान्वेंट के अहाते में पहुँचा देतीं। कभी-कभी उसकी मुँहलगी शिष्या सब कॉपी-किताबों को उठाकर कोने में डाल देती। "चलिए मिस, आज कहीं लम्बे ड्राइव के लिए चलें, देखिए ना कितना अच्छा दिन है एकदम घूमनेवाला। मैं आपको ऐसी जगह ले जाऊँगी जो आपने कभी देखी भी नहीं होगी। एक बार मैं पापा के साथ गई थी। हर मंगल को वहाँ बाजार लगता है, लखनऊ में तो लगता ही नहीं। चलेंगी ना? अच्छा वहाँ न चलें तो मुझे अपने घर ले चलेंगी मिस?"

सुरंगमा ने उसके बचकाने प्रस्ताव को एक-दो बार हँसी में टाल दिया था। उस सँकरी गली में कहीं उसकी वह शिष्या अपनी अत्यानुधिक वेशभूषा में खड़ी हो गई तो तमाशा खड़ा हो जाएगा। वैसे ही जब भी मन्त्री जी की स्टॉफ-कार उसे लेने आती, मुहल्ले की कुतूहली भीड़ खिड़कियों से झाँकने लगती। प्रतिवेशियों की सन्दिग्धपूर्ण आँखों में अब उसके लिए वह पूर्ववत् स्नेह नहीं रह गया था। वह न जाने कब उनकी सरल बिरादरी से छिटककर दूर जा गिरी थी। उनके बदले व्यवहार को देखकर सुरंगमा का मन अब स्वयं ही उस मुहल्ले से उखड़ने लगा था। फिर उसे अचानक ही ठीक वैसा ही निर्जन एकान्त मकान मिल गया था जैसा वह चाह रही थी। बैंक के ही एक बुजुर्ग कर्मचारी ने उसे उस मकान का अता-पता बता उसका अभिशप्त इतिहास भी उसी साँस में उगल दिया था "मकान तो एकदम नया है मिस जोशी, पर है मनहूस।"

"क्यों, क्या कोई भूत-वूत है क्या? मैं नहीं डरती। मुझे तो बस खुला हवादार एक कमरा चाहिए।"

"अजी, हवादार तो ऐसा है कि लखनऊ में ऐसा हवादार कमरा मिल ही नहीं सकता। खिड़की खोल दीजिए तो गोमती में डुबकी लगाते झोंके पूरा कूलर चालू कर देते हैं। असल में हमारे साले साहब ने बड़ी तबीयत से बनवाया था। फिर बेटी की शादी हुई तो उसी के द्वाराचार में दे दिया। बेटी-दामाद वहीं रहने आए और तीसरे ही महीने स्टोव फटने से बेटी गई, फिर महीना-भर भी नहीं हुआ था कि स्कूटर-दुर्घटना में दामाद चला गया। तब से मकान खाली पड़ा है, आप कहें तो मैं बात करूँ पर पास-पड़ोस नहीं है, मिस जोशी।"

"मैं ऐसा ही निर्जन मकान चाहती हूँ, आप बात कर दें।"

पहले ही दिन उस विचित्र मकान की स्थिति ने सुरंगमा को दूर से ही मोह लिया था। सामने थी कलकल बहती गोमती, पीछे दिगन्त एक विस्तृत नई-नई बस्तियों के चमकीले मकान। कहीं बीच-बीच में मिलों के ऊँचे लौहस्तम्भ धुआँ उगलते आकाश को धूमिल कर देते और कहीं नए बने पुल की महिमा बाढ़ से ध्वस्त पुराने पुल के खंडहर को अँगूठा-सा दिखा रही थी। मानो कामेश्वर के शिव-मन्दिर की मधुर घंटा-ध्वनि गोमती की जलधार से अभिसिंचित होकर किसी परिचित आत्मीय की अन्तरंगता से सीधे उसके कमरे में चली आती और वह आँखें बन्द कर लेती। खिड़की से आता हवा का हर झोंका नित्य नवीन शीतल फुहार से उसे अभिसिंचित कर जाता। पिछली बाढ़ में वह मकान अपना अस्तित्व ही मिटाता गोमती-गर्भ की उग्र गहराई में डूब गया था; अभी भी उसकी दीवारों पर उस जलसमाधि का इतिहास अंकित था। मीरा तो उस प्राकृतिक स्प्रेवर्क को देखकर बौरा गई थी, "हाय, एकदम ऐब्स्ट्रैक्ट आर्ट का मज़ा दे रही हैं ये दीवारें और यह दीवार पर लिखा 'ऊँ शुभ लाभ' तो तू किसी भी आर्ट गैलरी में लटका सकती है। उस दिवंगत अभागे नए जोड़े के गृह-प्रवेश के समय ही सम्भवतः वह शुभ-लाभ की कामना दीवार पर अंकित की गई थी। उसकी लाल स्याही सचमुच ही कलात्मक ढंग से फैलकर आकर्षक बेल की सृष्टि कर गई थी। माँ की गृहस्थी का फालतू सामान सुरंगमा नए मकान में आने से पहले बड़े औदार्य से पड़ोसियों को बाँट आई थी। अपने अस्वाभाविक करुण अतीत का वह एक भी स्मृति-चिह्न शेष रखना नहीं चाहती थी। साथ में लाई थी एक सूटकेश, एक तखत और एक स्टोव। माँ के एक-एक बर्तन में माँ की असंख्य स्मृतियाँ लिपटी थीं, निर्जीव वस्तुएँ भी मनुष्य के चले जाने के बाद कितनी सजीव बन उठती हैं! काँसे का वह बंगाली गिलास जिसमें माँ चाय पीती थी, स्टोव जिसे माँ हर इतवार को नीम्बू-राख से मलकर चमकाती थी, कलछुल जिस पर लिपटी माँ की अराल अँगुलियों को स्पर्श हाथ में लेते ही उसे सहमा जाता जैसे वह माँ की अँगुलियाँ थाम रही हो। कुछ भी उसने साथ नहीं लिया। नया स्टोव खरीद उसने एक-आध भगौने में ही अपनी नई गृहस्थी जमा दी। खाना बनाती ही कम थी, आए दिन मीरा हाथ में टिफिन-कैरियर लटकाए आ जाती। जानबूझकर ही शायद वह इतना खाना ले आती थी कि सुरंगमा को दूसरे दिन भी खाना नहीं बनाना पड़ता। एक दिन सुस्वादु भोजन के साथ-साथ मीरा एक वैसा ही लुभावना प्रस्ताव भी

लेकर आ गई : "सुरंगमा, मामा बाबू की चिट्ठी आई है। मामी के भाई का लड़का कार्तिक पिछले साल जर्मनी गया था वरुण के पास। वहाँ से इंजीनियरिंग का डिप्लोमा लेकर बर्दवान में खूब अच्छी नौकरी पा गया है। अभी विवाह नहीं हुआ। मामा ने शायद तेरी बात की थी। कार्तिक को कोई आपत्ति नहीं है, बस एक बार तुझे देखना-भर चाहता है।"

"पर मुझे तो आपत्ति है। मैं किसी को नहीं देखना चाहती", सुरंगमा ने हँसकर अखबार खोल लिया था। मीरा उसकी इस उदासीनता से मन ही मन रुष्ट भी हुई थी। कार्तिक दा को देखा होता लड़की ने तब शायद ऐसी उदासीनता से अखबार नहीं खोल पाती। कलकत्ते की एक से एक सुन्दरी, स्मार्ट लड़कियाँ कार्तिक दा पर जान छिड़कती थीं। तपन सिन्हा ने तो उसके सम्मुख चित्र-जगत् में आने के लिए कई बार प्रलोभन का चुग्गा बिखेरा था। जैसाी की आकर्षक चेहरा था वैसी ही प्रतिभा भी थी। उसकी माँ लार्ड सिन्हा के परिवार की थी और पिता के सुख्यात ब्राह्म-समाज़ी परिवार की पूरे कलकत्ते में सुख्याति थी। मीरा की चुप्पी देखकर ही फिर सुरंगमा मन ही मन समझ गई थी कि उसकी उदार हितैषिणी सखी उसके उत्तर से रूठ गई है। अखबार एक ओर खिसका उसने तनी मीरा के हाथ थाम लिए, "बुरा मान गई मीरा? पर मैं मन ही मन निश्चय कर चुकी हूँ कि कभी विवाह करने की मूर्खता नहीं करूँगी। तुझे तो पता ही है मेरी माँ की असामयिक मृत्यु का कारण ही उनका विवाह था... दूध की जली माँ ने भले ही मट्ठा फूँक-फूँककर न पिया हो, मैं तो पी सकती हूँ।"

"वाह़, क्या बढ़िया बात सोची है आपने! तब क्या करेंगी आप सुनूँ? तुम बदशकल होती, सुरंगमा, चेहरा चेचक के दागों से भरा होता, आँख की कानी होती, लूली-लँगड़ी होतीं तब भी एक बात थीं। कभी चेहरा देखा है अपना? फिर चेहरा हो या न हो पुरुष क्या स्त्री का चेहरा ही देखता है?" मीरा ने अपने हाथ छुड़ा लिए और फिर तनकर बैठ गई।

"मीरा, मुझे अपने पर विश्वास है, पुरुष कितना ही कुटिल-कामी क्यों न हो, जब तक नारी नहीं चाहती, कोई उसका सर्वनाश नहीं कर सकता, फिर मेरी दूसरी विवशता भी तो तुमसे छिपी नहीं है। कब मेरे पिता सहसा धूमकेतू से प्रकट हो जाएँगे, इसका कुछ ठीक है? नहीं, मैंने यही सोचकर दृढ़ निश्चय कर लिया है मैं आजन्म कुँआरी रहूँगी, बैंक की यह नौकरी मुझे अनेक सुविधाएँ देगी, वर्ष में एक बार फ्री-ट्रवलिंग, रहने-खाने-पीने की पूरी

सुविधा। जब मन ऊबेगा, घूमने निकल जाऊँगी, फिर तू तो है ही...''

"जी हाँ, मैं क्या आपकी तरह मूर्ख हूँ? मैंने डैडी से हाँ कह दिया है। सुनील गुहा न जाने कितने चक्कर लगा चुका है। पहले मैं उसका नाम सुनकर ही भड़क गई थी, क्या दुहेजू ही बचा है मेरे लिए, फिर उसकी पहली पत्नी पूर्वा कितनी सुन्दर थी, पर फिर मैंने सोचा, विधुर ही तो है, एक बच्ची भी है, उसे नानी पाल रही है। वह तो अभी विवाह के लिए जिद कर रहा था पर डैडी एकदम बैंगवेडिंग रचाना चाह रहे हैं, शायद मई में...''

"वाह, यह तो बड़ी अच्छी खबर सुनाई तूने मीरा, पर सुनील गुहा तो शायद कनाडा ही में बस गए हैं। क्या तू भी वहीं चली जाएगी?''

"और नहीं तो क्या, इसी से तो कह रही हूँ सुरंगमा, एक बार कार्तिक को अवसर दे, तू कहे तो मैं आज ही तार भेज दूँ!''

"नहीं मीरा'', उसका स्वर सुन फिर मीरा को कुछ कहने का साहस नहीं हुआ था, "मैं अपने इस निश्चय से कभी डिगूँगी नहीं। पुरुष कभी मेरा पति नहीं बन सकता। माँ का सुख जी भरकर देख लिया है।''

मीरा ने एक लम्बी साँस खींचकर बटुआ उठा लिया, "अब मैं चलूँ सुरंगमा, तुझे भी तो कहीं जाना है ना? चल मैं हजरतगंज तक छोड़ दूँगी।''

"कल बैंक के काम से चार दिन के लिए उन्नाव जा रही हूँ। एक-आध चीजें खरीदनी हैं। तू मेरी चिन्ता मत कर, मिनी ने कहा है, उसे भी हजरतगंज जाना है। छह बजे मुझे यहीं से ले लेगी।'' शिष्या का नाम लेते ही सुरंगमा का चेहरा स्निग्ध हो उठा।

"हाँ भई, क्यों नहीं, हमारी है सीधी-सादी फियेट और तुम्हें लेने आएगी मन्त्री जी की स्लीक गाड़ी...चलूँ...'' वह आनन्द की पुट देती उठी किन्तु चेहरा देखकर ही सुरंगमा समझ गई कि वह रूठकर जा रही है।

तीन-चार दिन बाहर रहने के बाद सुरंगमा लौटी तो बैंक जाने को मन ही नहीं किया। सिर धोकर वह खिड़की के पास खड़ी बाल सुखा रही थी कि द्वार भड़ाम से खोल उसकी शिष्या तेजी से भागती उससे लिपट गई "हाय, मिस, बाल खोलकर आप कितनी सुन्दर लग रही हैं। हमारे ऊपर के गोल कमरे में असित हाल्दार की बनाई गई एक उमर खैयाम वाली तस्वीर है। आज आप आएँगी तो दिखाऊँगी... एकदम आप ही का-सा चेहरा है। डैडी भी कह रहे थे...''

सुरंगमा का चेहरा लाल पड़ गया, "छोड़ो तो मिनी, कंघी से बाल तो

निकाल लूँ।" उसने हँसकर अपने को शिष्या के स्नेहपूर्ण प्रगाढ़ आलिंगन से छुड़ाने की चेष्टा कीं पर उसने उसे और भी मजबूती से पकड़ लिया, "पहले एक प्रॉमिस कीजिए तब छोड़ूँगी!"

"अरे बाबा, पहले छोड़ो तो सही, साँस भी नहीं ले पा रही हूँ!"

"एक बड़ी अच्छी खबर लेकर आई हूँ मिस!" उसकी काली पुतलियाँ टार्च के बल्ब-सी चमकने लगीं, "दशहरे की छुट्टियों में डैडी को एक मीटिंग में नैनीताल जाना है। मम्मी इस बार दशहरे में नहीं आ पाएँगी, उन्हें किसी डेलीगेशन के साथ हालैंड जाना है। इसी से डैडी हमें भी अपने साथ नैनीताल ले जाएँगे...चलेंगी ना मिस?"

"मैं?" सुरंगमा जैसे आकाश से गिरी।

"क्यों, आपकी भी तो छुट्टियाँ है? डैडी ने कहा है, यदि आप गई तब ही मुझे ले जाएँगे नहीं तो वहाँ तो उन्हें दिन-रात इधर-उधर भागना होगा, मुझे किसके पास छोड़ेंगे? प्लीज़ मिस..."

कुछ उसका रुआँसा स्वर, कुछ स्नेहपूर्ण आग्रह और कुछ स्वयं की दुर्बलता फिर उसे शतमुखी विनिपात की ओर खींच ले गई थी। आज तक उसने कभी पहाड़ नहीं देखे थे, इसी से काठगोदाम छूटते ही क्रमशः उत्तुंग होती बलखाती सड़क के घेरे उसे किसी डेंटिस्ट की ऊँची होती कुर्सी की ही भाँति ऊपर उठाने लगे। कार के काँच से दीख रहा कुमाऊँ की विस्तृत पर्वत-श्रेणियों का वैभव उसे मुग्ध कर गया। साँय-साँय करती हवा के झोंकों में झूमते-नाचते देवदार के सुदीर्घ वृक्ष, वीरभट्टी के लाल छतोंवाले साहबी बँगले और बीच-बीच में दूर से दीख रही नैनीताल की अद्‌भुत छटा उसे पागल बना गई। शायद उसकी मुग्ध दृष्टि और चेहरे के बदलते भावों को देखकर ही दिनकर बड़े उत्साह से किसी गाइड की भाँति उसे जन्मभूमि का परिचय देने लगा था, "वह देख रही हैं ना उस चोटी पर। विवेकानन्द अस्पताल बना है और वह रहा मुक्तेश्वर, गागर और बिनैक। जब हम छोटे थे तब गाना गाया करते थे मिनी :

"बड़ आ बिनैका वटी लागो परदेशा...

"हम पहाड़ियों का विदेश तब इसी सीमा से आरम्भ हो जाता था..." देश-विदेश की प्रचुर यात्राओं का गर्व दिनकर के स्वर को अहंदीप्त कर गया था, "ठीक ही तो था, तब हम पहाड़ियों के लिए हलद्वानी ही थी, बम्बई—मैं अठारह वर्ष का था, तब कहीं पहली बार मोटर में बैठा, मोटर चली तो

कलेजा भय से थरथर काँपने लगा था। उस पर जितनी बार ड्राइवर हौर्न बजाता, मैं चौंककर रुआँसा हो जाता था।"

"श्श डैडी..." मिनी ने पिता का हाथ धरकर दबा दिया। दिनकर को ड्राइवर की ही उपस्थिति में उसके अतीत का यह गौरव-गान मिनी को अच्छा नहीं लग रहा था, किन्तु पुत्री की सुन्दरी ट्यूटर का सान्निध्य दिनकर को निश्चय ही पुलकित कर मुखर बना गया था। कभी वह गुनगुनाता, कभी टोपी सीधी करता और कभी झंडा लगी कार को देख जमा हो गई भीड़ की उल्लासमयी हर्षध्वनि का प्रत्युत्तर देने दोनों हाथ हिला-हिलाकर खिड़की से बाहर निकाल देता। उन चौड़ी-चौड़ी हथेलियों को पहली बार सुरंगमा उतनी निकटता से देख रही थी। न चाहने पर भी उसकी कनखियाँ बार-बार पुत्री के साथ बैठे उसके आकर्षक पिता की ओर उठ जातीं। कैसी मूर्खता कर बैठी थी वह। क्यों आ गई थी यहाँ? विनीता जी लौटने पर निश्चय ही उसकी इस यात्रा से अप्रसन्न होंगी।

किन्तु नैनीताल पहुँचने पर सुरंगमा अपनी आमोद-प्रमोद-प्रिया शिष्या के साथ इधर-उधर घूमती, बोटिंग करती अपनी सारी चिन्ता भूल गई थी। दिन-भर दोनों कभी घोड़े भगाती न जाने किन-किन पहाड़ी में भटकती रहतीं। कभी ज़िद कर मिनी उसे चाट की दुकान पर खड़ा कर देती, कभी लामाओं की दुकान से एक-साथ सात-आठ रंगबिरंगी शाल खरीदकर बटोर लाती। रात को कभी-कभी सुरंगमा को उसका अन्तःकरण फटकारने लगता, माँ को मरे साल-भर भी पूरा नहीं हुआ था और वह ऐसे आमोद-प्रमोद में डूब गई थी। उस पर मन्त्री जी के साथ ऐसे इतनी दूर चला आना क्या ठीक हुआ था? विनीता जी के शंकालु स्वभाव का परिचय, वह एक नहीं अनेक बार पा चुकी थी। जब भी वह आतीं, वह जानबूझकर ही, अपनी रंग उड़ी अवहेलित साड़ियों को पहन ट्यूशन करने जाती पर फिर भी वह उसे जिस सन्दिग्ध दृष्टि से घूरतीं, उससे लगता वह अपनी सन्धानी दृष्टि से उसके शरीर का एक-एक वस्त्र उतार-उतारकर सूँघ रही है, कहीं उनमें दिनकर का स्पर्श तो रसा-बसा नहीं है। नैनीताल-यात्रा के ठीक एक दिन पूर्व मीरा भी आकर उसे सावधान कर गई थी, "ठीक है, तू पहाड़ घूम आ, पहले कभी गई भी नहीं है–ईट बिल बी ए गुड चेंज फार यू–पर सुरंगमा–यू हैव टु बी वेरी केयरफुल! इन मन्त्रियों का क्या कोई ठिकाना रहता है, कुछ साल पहले नैनीताल में एक जर्जर मन्त्री पर खूब कीचड़ उछाला गया था। वह भी अपने

किसी अधीनस्थ अफसर की सुन्दरी जवान बीवी को पहली बार पहाड़ दिखाने ले गए थे... उसी ब्रुक हिल में ठहरे थे जहाँ तू जा रही है, पर अधीनस्थ अफसर को लेकर उनकी पहाड़ घूमने की योजना उन्हें कुछ महँगी ही पड़ी थी। पर तुझे इनसे ऐसी कोई चिन्ता नहीं होनी चाहिए। डैडी, इनकी बड़ी तारीफ किया करते हैं। आज तक इनके चरित्र के बारे में कभी कोई ऐसी बात सुनने में नहीं आई और आ भी कैसे सकती है... पत्नी देखी है ना इनकी? वैसे बाल्यावस्था में ही इनका एक विवाह हो चुका है, उसी पत्नी के रहस्यमय अस्तित्व को लेकर एक बार एसेम्बली में हंगामा मच चुका है। उस बेहद बदसूरत और गँवार पत्नी को त्यागकर इन्होंने विनीता जी से अपने मन का विवाह रचाया था। पहाड़वालों ने इनके इस व्यवहार के लिए अभी भी क्षमा नहीं किया, पता नहीं जीत कैसे गए!"

तब क्या ठीक ही कह रही थी मीरा? मार्ग-भर मन्त्री जी बीच-बीच में अस्वाभाविक गाम्भीर्य में डूबे जा रहे थे, रह-रहकर उनका आकर्षक चेहरा, आनन्दी बनने के प्रयास में, करुण गाम्भीर्य में रँग जाता और वह एकदम चुप हो जाते। तक क्या शैशव-कैशोर्य की स्मृतियाँ उनके आनन्द का मार्ग अवरुद्ध कर रही थी। या बदसूरत परित्यक्ता पत्नी के प्रति किए गए अन्याय का पश्चात्ताप?

"डैडी, आपका गाँव कहाँ है?" सहसा उनकी मूर्ख विवेकी पुत्री के प्रश्न ने उन्हें दिवानिद्रा से चौंका दिया। "यहीं कहीं..." कह उन्होंने बाँहें फैला दी थीं। तब सुरंगमा का अनुमान ठीक ही था, निश्चय ही उनका गाँव यहीं कहीं था। तीसरे ही दिन फिर वह उन दोनों को बड़ी सुबह जगाकर कह गया था, "तुम दोनों चटपट तैयार हो जाओ--चलो आज किसी के जगने से पहले ही हम लोग निकल पड़ेंगे।"

"कहाँ डैडी?"

"मैं आज तुम लोगों को एक ऐसे मन्दिर की सैर कराने ले चलूँगा जहाँ कभी बचपन में मैं नित्य दर्शन करने जाया करता था। वैसे भी मैं पूरे एक दिन के लिए एकदम अंडरग्राउंड चला जाना चाहता हूँ--आई एम जस्ट टायर्ड! फरियादें-सिफारिशें सुन-सुनकर मेरे कान पक गए हैं। सोचा, तुम लोगों के साथ एकान्त पिकनिक का आनन्द लूँगा... एक बार लखनऊ पहुँचा तो फिर उसी भट्टी में झोंक दिया जाऊँगा। मैं कहाँ जा रहा हूँ, यह मेरे पी.ए. को भी कानोंकान पता नहीं है। एक चिट लिखकर छोड़े जा रहा हूँ कि किसी

मन्दिर के दर्शन को जा रहा हूँ, इसी से ड्राइवर को भी नहीं ले जा रहा हूँ...बस, चटपट तैयार हो लो तो जीप में चल दें।''

पिता की उस रहस्यमयी योजना में मिनी को बड़ा आनन्द आ रहा था, पहले सुरंगमा ने घर ही पर रहने का इच्छा व्यक्त की थी, पर मिनी भड़क गई—'बी ए स्मार्ट...आप नहीं गई तो मैं अकेली क्या करूँगी—और फिर मन्दिर जा रहे हैं...''

सुरंगमा के धर्मभीरु चित्त को अपनी इसी अन्तिम दलील से विजित कर मिनी उसे खींच ले गई थी। अपनी गूढ़ योजना में डूबा दिनकर स्टियरिंग थामते ही पूर्ववत् गम्भीर हो गया। उसकी मज़बूत मोटी अँगुलियों की पकड़ के बीच अनामिका की अँगूठी का बड़ा-सा हीरा सहस्त्र जुगुनुओं-सा चमक रहा था। शायद जानबूझकर ही उसने टोपी उतारकर गोदी में रख ली थी और हवा में झूमते उसके घुँघराले केश पूरे ललाट पर बार-बार फैलते जा रहे थे। एक हाथ से उन्हें हटाता वह कभी अचानक गुनगुनाने लगता और उसी गुनगुनाहट की धुन में गाड़ी हवा के वेग से भगा देता।

''डैडी, जानते हैं हमारे स्कूल की लड़कियाँ क्या कहती हैं? पिछली बार जब आप हमारे एनुअल कन्सर्ट में चीफ गेस्ट बनकर आए थे तो कहने लगीं—'योर डैडी लुक्स सो यंग। ही इज़ द मोस्ट हैंडसम मिनिस्टर।''

''वाह, तब तो तेरे स्कूल में एक बार और आना पड़ेगा मिनी'', दिनकर ने जोर से हँसकर पुत्री की ओर गर्दन झटकी, उस आकर्षक झटके में उसकी किसी आनन्दी तरुण की-सी उजली हँसी देख सुरंगमा को लगा, वह एक नए ही व्यक्ति को देख रही है। इधर जब से वह नैनीताल आई थी, कितनी ही बार इस रहस्यमय व्यक्ति की पल-पल बदलती मुखछवि उसके कलेजे में कुछ अटका-सा दे रही थी। क्यों होता था ऐसा, किसी का पति, किसी का पिता, वह अपरिचित मन्त्री क्यों बार-बार अपनी एक ही चावनी से उनकी समस्त चेतना हर ले रहा था।

'सुरंगमा, तू मूर्ख है, मूर्ख है!' उसकी विवेकशील अन्तःकरण उसे चाबुक की मार से तिलमिला देता, पर जितनी ही बार दिनकर उसे अपनी सरस दृष्टि का अर्घ्य दे, किसी अनमोल सुरंगमा की भाँति पलक-पाँवड़ों में बिठाने की चेष्टा करता, वह अपना सन्तुलन खो बैठती। प्रकृति की निर्जन वनस्थली में स्थित वह प्राचीन मन्दिर दूर से किसी पहाड़ी जीर्ण सराय-सा ही दिखता था। गाड़ी को बड़े छलबल से पेड़ों के घने झुरमुट में छिपा, वे तीनों मन्दिर

तक पैदल ही गए थे। एक छोटा-सा गोरा उजला लड़का उन्हें देखकर भी बड़ी अवज्ञा से चन्दन घीसता रहा।

"क्यों रे लड़के, पुजारी जी नहीं हैं क्या?" दिनकर ने पूछा और फिर अपनी प्रलम्ब भुजा बढ़ा एक साथ बँधी घंटियों की पूरी कतार की कतार हिला दी। जल-तरंग की-सी मीठी रुनझुन से पूरा मन्दिर गूँज उठा।

"अल्मोड़ा गए हैं, मैं उनका लड़का हूँ। जो चढ़ाना है, आप लोग चढ़ाएँ, मैं अशीक दे दूँगा।"

"यानी, बिना कुछ चढ़ाए अशीक नहीं मिलेगी, क्यों?" दिनकर हँसकर चप्पल उतारने लगा।

"आओ मिनी, पहले पैर धो लें। क्यों लड़के, पानी तो देगा ना या उसमें भी पैसे लगेंगे?"

'लड़का बिना कुछ उत्तर दिए चमकते पीतल के लोटे में ठंडा पानी ले आया।'

"हाय मिस, एकदम फ्रिज से भी ठंडा पानी है, छूकर देखिए ज़रा!" मिनी बार-बार ठंडे लोटे को छूकर उसकी हिमशीतल सिहरन से सिहर रही थी।

"यहाँ हर टंकी में स्वयं विधाता का फ्रिज लगा है पगली, अभी तुझे एक ऐसे ही नौले का पानी पिलाने ले चलूँगा। बड़ी दूर-दूर से बीमार वहाँ का पानी पीने आते हैं। उस स्प्रिंग वाटर में गन्धक मिनी, और पीने में ऐसा मीठा जैसे किसी ने मिश्री घोल दी हो।

वह फिर स्वयं बैठकर लोटे से पानी ले मुँह धोने लगा, तो सुरंगमा ने भद्रतावश लोटा थाम लिया, "आप धोएँ, मैं पानी देती हूँ।"

"ओह थैंक यू--थैंक यू—मिस जोशी, असल में शहरों में रहकर आदतें बहुत बिगड़ जाती हैं। बरसों तक ऐसे ही लोटे से पानी निकालकर मुँह धोया है, तब क्या कोई आपकी तरह लोटा लिए खड़ा रहता था?" उतने निकट से उस प्रशस्त हस्तसम्पुट में पड़ रही जलधार निरन्तर काँप रही थी। एक-दो छींटे सुरंगमा को भी भिगो गईं।

"लाइए, अब आप दोनों भी हाथ-मुँह धो लीजिए, मैं पानी देता हूँ—इट इज़ सो रिफ्रेशिंग।"

वह सुरंगमा के हाथ से लोटा छीन किसी कौतुकप्रिय बालक के उत्साह से पानी देने झुक गया।

"नहीं-नहीं, आप रहने दें, हम धो लेंगे", सुरंगमा नम्र स्वर में आपत्ति करती लोटा लेने लगी और उसी प्रयास में ढेर सारा पानी छलक उसकी साड़ी को भिगो गया। मिनी पहली बार पिता को एक सर्वथा नवीन भूमिका में अवतरित होते देख ज़ोर-ज़ोर से हँसने लगी, "हाय, कोई प्रेस-फोटोग्राफर होता तो मजा आ जाता डैडी। बिना टोपी के शायद आपका पहला चित्र होता और फिर हाथ में लोटा लिए आप एकदम देहाती लग रहे हैं। मम्मी भी देखती तो शायद आपको नहीं पहचान पातीं।"

आनन्द के उन अमूल्य क्षणों में मम्मी का नामोच्चार सहसा दिनकर को गम्भीर बना गया। सुरंगमा को लोटा थमा वह फिर गम्भीर मुँह बना मन्दिर के गर्भद्वार से सिर झुकाए भीतर चला गया था। वे दोनों जब बड़ी फुर्सत से हाथ-मुँह धोकर भीतर गईं, तब अन्धकार में कुछ दिखा नहीं। फिर संकीर्ण देवालय के कोने में जल रहे घृत-दीप के धुँधले प्रकाश में नतमस्तक, आँखें मुँदे अडिग मुद्रा में बैठा दिनकर दिख गया, कैसी सरल मूर्ति थी भैरव की! सहमती मिनी सरकती ध्यान-मग्न पिता से सटकर बैठ गई और हाथ पकड़कर, उसने सुरंगमा को अपने पास खींच लिया। दिनकर पूर्ववत् अचल मुद्रा में बैठा रहा, क्षण-भर पूर्व चेहरे पर पड़ी शीतल जलधार ने उसकी श्यामल कान्ति को और भी सुचिक्कन बना दिया था। खादी के कुर्ते के बटनों से चमकती नग्न लोमश छाती को देख सुरंगमा का हृदय बार-बार उसी मूर्ख धड़कन में धड़कने लगा, जिसकी वह विवेक के क्षणों में कोई कैफियत नहीं ढूँढ़ पाती थी। सहमकर उसने स्वयं आँखें बन्द कर लीं। उस उग्र देवता के तेज़ से ही शायद उस निराडम्बर देवालय में ऐसी अद्भुत स्निग्ध शान्ति थी। सहसा, ध्यानमग्न दिनकर को उन दोनों की उपस्थिति का भास हुआ, "अच्छा तो तुम लोग आ गईं।" वह हँसा! उस हँसी का वात्सल्य पुत्री के साथ-साथ सुरंगमा को भी सहला गया।

"अद्भुत वरदायी हैं, चितै के ये ग्वालदेव। देख रही हो ना ये कील पर टँगी अर्ज़ियाँ? जिन्हें इस लोक की अदालत में न्याय नहीं मिलता, वे ही अभागे इस अलमस्त ओघड़ दानी की अदालत में फरियाद करने आते हैं। फिर देखते ही देखते ये न्यायप्रिय देवता दूध का दूध, पानी का पानी कर देते हैं। उन्हीं कृतज्ञ फरियादियों की अर्ज़ियाँ लटका दी जाती हैं। एक बार मैं भी अपनी अर्ज़ी यहाँ लटका गया था।"

"कैसी अर्ज़ी डैडी? आपने क्या किया था?"

"मुझ पर एक बार एक सशक्त विरोधी दल ने लाँछन लगाया था कि मैं चुनाव का चन्दा खा गया हूँ, और विदेश के कई बैंकों में मेरा भारी खाता खुला है, मैं स्मगलरों के यहाँ दावतें खाता हूँ और मेरी पत्नी सिंचाई इंजीनियरों से खुलेआम घूस लेती है।"

"फिर?" मिनी ने पिता की गोदी में धरे उसके दोनों हाथ स्नेहपूर्ण सहानुभूति से थाम लिए। उसके चेहरे पर फैली बड़ी-बड़ी आँखों में बालसुलभ कुतूहल झलकने लगा था। अपनी इस शिष्या की यही मुद्रा देख कभी-कभी सुरंगमा के जी में आता, उस मातृस्नेहवंचिता सरल बालिका को वह खींचकर छाती से लगा ले।

"मिस, शायद पहले जन्म में मैं आप ही की बेटी थी।" दो दिन पूर्व उसकी बगल में लेटी मिनी ने सहसा अपने पलंग से कूद, उसके गले में बाँहें डाल दी थीं। अँधेरे कमरे में सुरंगमा के दोनों गालों को उस निर्दोष उक्ति ने क्यों दहका दिया, यह सुरंगमा आज भी नहीं समझ पाई थी।

"फिर, मैं अपनी अर्ज़ी एक दिन ऐसे ही चुपचाप आकर लटका गया। मैं निर्दोष हूँ, ग्वालदेव! एकदम निर्दोष, आप ही न्याय करें और इस मिथ्या कलंक से मुझे मुक्ति दें। मैं मानता हूँ कि विदेश के बैंकों में मेरा भारी खाता है, किन्तु वह रुपया मेरी निजी सम्पति है, श्वसुरकुल से अर्जित सम्पति। तुम्हारे नाना के वैभव को कौन नहीं जानता! मैं स्वीकार करता हूँ कि मैंने स्मगलरों से रुपया वसूला है, किन्तु किसलिए, क्या अपने लिए? नहीं—अपनी पार्टी के लिए—एक पैसा भी मैंने यदि अपने पर खर्चा किया हो तो मेरे अंग-अंग में गलित कुष्ठ फूटे, ग्वालदेव! और यदि मैं निर्दोष हूँ तो आप मुझे पाप मुक्त करें—मैं जानता हूँ, मैं डाकू हूँ, किन्तु ऐसा डाकू हूँ कि मिनी, जो अमीरों का लहू चूस गरीबों को जीवन देता है। मुझे गर्व है कि मैंने अपनी इस टोपी पर आज तक कीचड़ का एक छींटा भी नहीं लगने दिया है।"

"हाय डैडी, आपने तो आज तक हमें कभी नहीं बताया!" मिनी अब पिता के एकदम सटकर बैठ गई थी।

"मैं अपनी अर्ज़ी इस दरबार में लटकाकर लखनऊ पहुँचा भी नहीं था कि पता लगा, मेरे जिस मिथ्यापवादी शत्रु ने मुझ पर अकारण ही लाँछन लगाया था, उसकी चलती ट्रेन से उतरने की चेष्टा में ही ग्वालदेव ने उसे उचित दंड दे दिया था। मैं कई रातों तक सो नहीं पाया। संसद का वह सबसे छोटा सदस्य, जवान पत्नी का पति और एक दुधमुँहे बालक का पिता

था। ऐसे कठोर दंड की तो मैं याचना नहीं की थी, किन्तु इस देवता के दरबार का यही कायदा है—इसे पहाड़ी में 'घात' कहते हैं मिनी, यहाँ की घात कभी व्यर्थ नहीं जाती, यह शायद मैं भूल गया था।"

"ओह माई गॉड! मैं अपने पास होने की अर्ज़ी भी यहाँ टाँग सकती हूँ, डैडी, प्लीज..." मिनी सचमुच बटुआ खोलकर कागज-कलम निकालने लगी।

दिनकर जोर से हँसा, तब ही पुजारी के लड़के ने नन्हीं घंटियों की माला एक बार फिर हिला दी। उन टुनकती घंटियों से घुले-मिले उस देवालय के गूढ़ मंडप में गूँज रहे अट्टहास की ध्वनि सुरंगमा को एक बार फिर विभ्रान्त कर गई। दिनकर की मुग्ध दृष्टि में करुण याचना की भाषा उसने स्पष्ट पढ़ ली थी, तब क्या कुछ क्षण पूर्व गम्भीर-ध्यानमग्न वह आकर्षक मन्त्री अपने प्रिय औघड़दानी देवता से उसे ही माँग रहा था?

"ऐसी छोटी-मोटी चीजें यहाँ नहीं माँगी जाती पगली!" इस बार उसने जिस अर्थपूर्ण दृष्टि से सुरंगमा को देखा, उसके बाद उसके समझने के लिए कुछ बाकी नहीं रहा। पुरुष की इस प्रशंसापूर्ण दृष्टि की भाषा मूर्ख अनपढ़ नारी भी ठीक ही पढ़ लेती है, "यह विधाता की सुप्रीम कोर्ट है यहाँ केवल मर्शी पीटिशन ही दाखिल की जाती है समझी? न्याय, केवल न्याय—न्याय!"

सुरंगमा चौंककर सतर हो गई, क्या विधाता ने उसके जन्म के साथ ही उसके साथ कठिन अन्याय नहीं किया था? किन्तु उस अन्याय के विरुद्ध वह किससे नालिश कर सकती थी, किसको बँधवा सकती थी? पिता को? नाना को या स्वयं जन्मदायिनी को? अन्यायी था स्वयं उसका भाग्य और आज तक संसार का कौन फरियादी उस शक्तिशाली अन्यायी के विरुद्ध अपनी फरियाद लिखा पाया है?

ऊँ....ऊँ करता वह नन्हा पुजारी फिर दस रुपए के गहरे चढ़ावे को देख दुगुने उत्साह से ऊँ.....ऊँ जपता, कुछ अस्पष्ट मन्त्रोच्चार के साथ, उन्हें 'अशीक' थमा गया। एक पीतल की नन्ही थाली में घुले रोली-चन्दन-अक्षत से उसने उन तीनों के लालट पर लम्बे तिलक खींच दिए और हँसकर पूछा, 'चाय पिएँगे हुजूर?'

"अरे वाह, तू चाय पिला सकता है भाऊ (लड़के)!" हँसकर दिनकर ने बड़े लाड़ से उसकी पीठ पर हाथ मारा, "तब ले आ तो उस्ताद, तीन गिलास चाय और सुन, कुछ खाने को भी ला सकेगा क्या, बड़ी भूख लगी है!"

"क्यों नहीं, क्यों नहीं, आलू के गुटके, रायता, बिस्कुट, चना, गुड़, मिश्री,

आप वहीं चलें हुजूर, एकदम सड़क से लगी दुकान है, न चढ़ाई न उतार... गर्म-गर्म चाय मिलेगी, यहाँ लाने तक ठंडी हो जाएगी।"

"तब ठीक है उस्ताद, चल आज तू भी हमारा गेस्ट बनेगा।"

सड़क से लगी उस काठ की दुकान पर लगी एकमात्र बेंच को अपने फटे कुर्ते से झाड़-झूड़ पुजारी का लड़का अपने प्रभावशाली अतिथियों की अगवानी की भूमिका पहाड़ी में बाँध रहा था, "बहुत बड़े लोग हैं, दस रुपए तो चढ़ावा ही चढ़ाया, उस पर बटुआ खोला तो भट्टज्यू, गैत्रभी (गायत्री की सौंह) सौ-सौ रुपयों की पूरी गड्डी थी साली! खूब बढ़िया चाय बनाना गुरु..."

दिनकर को हँसी आ गई। इसी दुकान में न जाने कितनी बार वह माँ के पूजा के पूजादान से चवन्नी चुरा चटपटे जम्बू छुंके आलू खा गया है। तब भट्टजी की ये छतरी, सफेद झाड़-झंखाड़ मूँछें, भोटिया अप्सू कुत्ते की पुष्ट पूँछ-सी ही काली और मोटी थी। अब डोरी से बँधी उसी जीर्ण चश्में की कमानी गर्व्यांग के रस्सी के बने पुल-सी काँप रही थी। जब यही चश्मा नया-नया बनकर हलद्वानी में आया, तब दिनकर के प्रत्येक सहपाठी ने उसे आँखों पर लगा, उसके काँच में धूमिल बन गई पर्वत श्रेणियाँ देखी थी और फिर भट्ट जी ने घुड़ककर चश्मा फिर अपनी आँखों पर लगा लिया था, "मुर्दे कहीं के, किसी का चश्मा कहीं ऐसे लगाया जाता है, अन्धे बन जाओगे छोकरा!"

धुएँ से काली केतली तब भी इसी चूल्हे पर चढ़ी ऐसी ही साँय-साँय करती उन्हें चाय की गर्म घूँट के लिए ऐसे ही अधैर्य से बावला कर देती थी। पीले-पीले आलुओं से भरी कढ़ाई में घप्प से कलछुल मार कभी-कभी भट्ट जी ग्राहकों को अपने घर तक भगा देते, "अरे जा तो रे दिनुवा, क्यारी से ज़रा हरा धनिया तो उपाड़ ला, जब तक गुटकों में धनिया नहीं तो क्या गुटके!" फिर तिमिल के चौड़े पत्ते में दो पैसे के ढेर-से आलू थमा वह नित्य एक-से ही शब्दों में अपनी पाककला का सरस परिचय देने लगते "लला, ऐसे आलू अल्मोड़े का चिरंजी भी नहीं बना सकता! बड़ी तारीफ सुनी थी उसकी, एक दिन जाकर खा आया, राम-राम मलेछ ससुरा, लहसुन-प्याज पीसकर डालता है, अब भला तुम ही बताओ, अच्छे क्यों नहीं लगेंगे भला! अरे प्याज-लहसुन में तो गोबर भी स्वादिष्ट लगता है..."

"क्यों गुरु, क्या खाया है तुमने?" एक दिन अल्हड़ दुस्साहसी दिनकर

ने हँसकर पूछ दिया और इन्हीं उग्र तेजी भट्ट जी ने उसे एक झापड़ कस इसी बेंच पर औंधा कर दिया। ग्राम की रामलीला में परशुराम बनते थे भट्ट जी। पन्नी लगा असली फरसा घुमाते धनुष-यज्ञ में आते और एक-एक चौपाई के साथ हृदय पर सौ-सौ बिजलियाँ गिरा देते :

अति रिस बोले दचन कठोरा
कहु जड़ जनक धनुष कै तौरा

उनकी असली मूँछें सौ फीसदी क्रोध से थरथर काँपने लगती तो सहमी सरल ग्राम्याएँ घूँघट खींच लेती। लक्ष्मण बनता था दिनकर, क्रोधी भट्ट जी को चिढ़ाने में वह कभी-कभी रामायण की चौपाइयों का भी अतिक्रमण करता जाता :

इहाँ कुम्हड़ बतिया कोऊ नाहीं
जे तरजनी देखि मर जाही

गाकर उसने एक दिन अपनी तर्जनी सचमुच ही उनकी आँखों में कोच दूसरे हाथ में उनकी धोती का कोंचा सरका दिया था। टूटी दीवार-सा ही ढीली धोती भरभराकर स्टेज पर गिर पड़ी, अद्भुत सज्जा। क्रुद्ध-उन्मत दृष्टि और लाल तमतमाया चेहरा होने पर भी परशुराम की स्थिति सहसा हास्यास्पद हो उठी थी। फुरती से पैंतरा बदल वह छिटक न जाता तो शायद वह सनकी परशुराम अपने असली फरसे का कौशल दिखा ही बैठता। दर्शक उसके इस नवीन मौलिक अभिनय पुट से पुलकित हो हँस-हँसकर धरा पर लोट रहे थे कि वह घर भाग गया। काकी ने उसे बेहद लताड़ा था, “छोकरे, तेरी क्या मौत आई थी? भट्ट जी को कौन नहीं जानता? इस गुस्सेबाज़ छछुन्दर ने अपनी पत्नी को पहाड़ से धक्का देकर नीचे गिरा दिया था और फिर कह दिया कि भैंस चराने गई थी, गिरकर मर गई। और उस गऊ-सी सीधी भटयाणी का अपराध केवल इतना ही था कि अपने इस परशुराम से बिना पूछे बीमार माँ को देखने मायके चली गई थी।”

उसी परशुराम के विगत तेजोमय पौरुष का प्रतीक; पन्नी-लगा वह फरसा, दुकान की दीवार पर अब भी टँगा था। उसकी नुची-उघड़ी पन्नी धुएँ से एकदम काली पड़ गई थी। भट्ट जी दोनों काँपते हाथों से केतली पर ढकना लगा दिनकर की ओर अभिमुख हो पूछने लगे, “कहाँ से आना हुआ हुजूर लोगों का?”

“लखनऊ से” मिनी ने ही उत्तर दिया तो दिनकर ने चट से उसकी

हथेली दाब आँखों ही आँखों में उसे सावधान कर दिया। कहीं मूर्ख लड़की पिता के महिमामय पद का परिचय भी न दे बैठे।

"वाह-वाह, तब तो हमारे गाँव के दिनुआ को भी ज़रूर जानते होंगे हुजूर, वही मनिस्टर है", भृगुसुत की मोतियाबिन्द से धुँधली आँखों में किशोर लक्ष्मण की स्मृति का वात्सल्य छलका, फिर उसी वेग से मिट गया, "एकदम दो कौड़ी का निकला हुजूर, आज मनिस्टर की ऊँची कुरसी पर बैठा अपने बैठानेवालों को भूलकर रह गया है। क्या किया इस गाँव के लिए, कभी आता भी है तो चोरों की तरह मुँह छिपाकर नैनीताल-भवाली से लौट जाता है। जिस स्कूल में अ-आ सीखे, उसे आज तक हाई स्कूल नहीं बना पाया। सब गाँव बिजली से जगमगा रहे हैं, यहाँ साले ये बिजली के खम्बे ही गाड़कर रख दिए हैं। जिस चाचा ने पाला-पोसा, बरपंट ब्याह किया उस अभागे पर मक्खियाँ भिनक रही हैं—कभी एक पाँच रुपए का मनीऑर्डर भी तो नहीं भेजा। वैसे दोष उसका नहीं है हुजूर, इस बदजात पहाड़ की मिट्टी में ही यह अवगुण है। सैकड़ों पहाड़ी आज एक से एक ऊँचे ओहदों पर हैं, पर जहाँ किसी पहाड़ी को बाँह पकड़कर उठाने का मौका आएगा वहीं मुँह छिपाकर भागेंगे। अब कायस्थ, बनिया, किसी भी देसी को लीजिए—पूरी बिरादरी को गले से लगाने को तैयार! पर हम साले पहाड़ी अपने ईमान को ही गले से लगाए दम तोड़ते हैं—हाँ हुजूर, कितने पत्ते बनाऊँ..."

अभागे भट्ट जी, कहीं उनके अतीत के दुर्बल पक्ष को और उजागर न कर दें, यही सोच उस कुशल राजनीतिज्ञ ने बड़े कौशल ने प्रसंग बदल दिया, "वाह-वाह, क्या बढ़िया खुशबू आ रही है गुरु, क्या-क्या मसाले पड़े हैं इनमें?"

और फिर भट्ट जी वर्षों पूर्व की वही आलू-वन्दना से उनका मनोरंजन करने लगे। तो कक्का अभी जिन्दा थे, वैसे काकी का हृदयहीन व्यवहार वह अभी भूला नहीं था। एक बार जब गाँव में नरभक्षी बाघ का भयानक आतंक था, आधी रात को काकी ने उसे मार-मारकर कक्का के उदरशूल की दवा लेने अल्मोड़ा भगा दिया था। उस अँधेरे बीहड़ मार्ग में ठीक सैनेटोरियम के पास एक भयावह भूतहा खंडहर पड़ता था, उस भूतहे खंडहर की न जाने कितनी कहानियाँ वह सुन चुका था। कभी बम्बई का एक यक्ष्मा रोगी जवान सेठ वहाँ रहता था। पच्चीस वर्ष का वह सेठ उसी अरण्यस्थित बँगले में मरने से पूर्व चीख-चीखकर रोया था, "मैं मरना नहीं चाहता—मैं नहीं जाऊँगा—मैं

नहीं जाऊँगा।'' गाँववाले कहते थे, अभी भी वह आधी रात के सन्नाटे को चीरता घूम-घूमकर चीखता है—'मैं नहीं जाऊँगा।' फालसीमा गाँव के दूधवालों की बाल्टी छीन-छीनकर वह सेरों दूध पी जाता था और उसी के गाँव की प्रधानबहू से उसने एक बार हाथ खींचकर कहा था, ''चल बाई, मेरे साथ, तुझे सेठानी बनाकर बम्बई ले जाऊँगा...'' कहीं उसका भी हाथ खींच लिया तब?

''अरे जा-जा'', काकी ने कहा था, ''तुझ काले-कलूटे को भला कोई भूत-प्रेत हाथ पकड़कर खीचेंगे, वह सुन्दर देखकर ही किसी का हाथ पकड़ते हैं।''

पर काकी के आश्वासन के बावजूद वह अन्त तक उस बीहड़ यात्रा के लिए साहस नहीं सँजो पाया था। हाथ में खाली शीशी लेकर घर से निकल तो आया, पर जहाँ काकी भीतर गई, वह अपने घर के पिछवाड़े की कोठरी में जाकर सो गया। जब आँखें खुली, तब देवदार के झुरमुट में सिडौल पक्षी चहक रहे थे। हड़बड़ाकर वह उठा और स्वयं ही वैद्य बन नाले के पानी में कुछ महीन कीचड़ मिला, उसने शीशी हिलाकर उसे औषधि का भ्रामक रूप दे दिया। उस दिन के निर्लज्जा काकी के शब्द आज भी कभी-कभी कलेजे में धँसे तीखे तीर की ही भाँति उसे पीड़ा से तिलमिला देते थे :

''बड़ी देर कर दी छोकरे—मैं तो समझी थी, बाघ तुझे घंघोड़ ले गया।'' उसकी वराहदन्ती काकी फिर खिल-खिलाकर हँसती शीशी हिलाने लगी थी।

''मोतीराम वैदजी क्या यहाँ रहते हैं? वह तो भागता आया हूँ, अभी भी साँस फूल रही है'' दिनकर जन्मजात कुशल अभिनेता तो था ही, झूठ बोलने में उसकी जिह्वा बचपन से ही ज़रा भी नहीं हिचकती थी। पोल तो तीसरे दिन खुली जब कक्का की उदरशूल तीव्र होने पर उन्हें डाँडी पर कक्का को देखने घर बुलाया गया।

''वैदजी, परसों आपने जो दिनुआ के हाथ दवा भेजी उससे थोड़ी देर आराम हुआ, पर कल शाम से ही दरद और बढ़ गया'', काकी ने कहा तो वैदजी चौंके, ''परसों मैंने कौन-सी दवा भेजी थी जी?'' बस फिर रहस्य खुलने पर काकी ने दिनकर की चमड़ी ही उधेड़ दी थी। काकी के साथ-साथ भतीजे के विश्वासघात ने कक्का को भी बौरा दिया, अपनी शूल भूल-भाल वह तेल-पिली जाँठी घुमाते तलवार नचानेवाले छोला नर्त्तकों की ही भाँति दमादम उसे नगाड़े-सा पीटने लगे थे—दिनकर का सारा शरीर लहू-लुहान हो गया था

और मोतीराम जी उस दिन बीच-बचाव न करते तो क्रोधी कक्का उसे खत्म कर ही दम लेते। अभी भी किसी-किसी दिन रीढ़ की हड्डी की असह्य यन्त्रणा उसे दुहरा कर देती थी। लखनऊ के डॉक्टरों का कहना था—स्लिप डिस्क है, लगता है कभी आपको चोट लगी थी—क्यों? व्याधि के मूलसूत्र को उन्होंने ठीक ही पकड़ा था, उस चोट ने उसके पीठ की डिस्क को ही स्थानच्युत नहीं किया उसके हृदय को भी इधर-उधर खिसका दिया था। आज पिता के छोटे भाई पितृतुल्य कक्का के लिए उसके हृदय में न स्नेह रह गया था, न श्रद्धा। अपने वृतपद की उसे आज भी एक-एक घटना याद थी—गृहजाग के दिन नारी-कंठ का कोलाहल, वेदी, समिधा, भिक्षा की थाली, हाथ में लम्बी लाठी, मुंडा सिर और मुँह में कपड़े ठूँसकर सोने की बालियों से छेदे जा रहे कानों की पीड़ा कुछ भी नहीं भूला था वह। बारी-बारी से वह सबके सामने भिक्षा माँगने खड़ा हुआ था, औरतें ऊँचे स्वर में गा रही थी, "घर ही पढ़ुँला बटु!" बटुक को विद्यापीठ के लिए काशी न भेजने की स्नेहपूर्ण कामना सहित उसके मित्र गदाधर की माँ ने आँखें पोंछकर कहा था, "शिवो शिव शिव छोरमुल्या रांडो।" (शिव-शिव, बिना माँ-बाप का लड़का है, अभागा।)

"बोज्यू, कैसा अनाथ है हमसे पूछो", नए छिदे कानों की बालियों से भी अधिक पीड़ादायक उस दिन काकी की कर्कश स्वर उसके मर्मस्थल को बींध गया था। "पेट में बत्तीसी है छोकरे की, स्कूल की कॉपी-किताबें भी बेचकर अल्मोड़ा के चिरंजी होटल में आलू खा आया है। अब उस दिन नया चाय का बंडल मँगाया, ढूँढ़ा तो कहीं नहीं। पता लगा कि भट्ट जी की दुकान में बेच आया था। वह तो भला हो भट्ट जी का, जो चाय के बंडल के साथ-साथ छोकरे का कान पकड़ सीधे घर पहुँच गए। मार खाकर और बेशरम हो गया है।"

वैसे बात काकी ने ठीक ही कही थी, काकी को चिढ़ा-चिढ़ाकर मार खाने में भी उसे अब आनन्द आने लगा था। सन्तानवंचिता काकी का व्यवहार फिर दिन-प्रतिदिन कठोर होता गया था। जिस वर्ष उसने प्रथम श्रेणी में हाईस्कूल पास कर वजीफा प्राप्त किया, उसी वर्ष काकी का स्वभाव वर्षों से ठूँठ खड़े किसी सूखे वृक्ष की सहसा लहलहा उठी हरीतिमा से उसे चौंका गया। काकी अब उसे पान के पत्ते-सा फेरने लगी थी। नित्य भिगोए बादामों के साथ काली गाय का मोटी मलाई डला दूध, मक्खन चुपड़ी रोटी लेकर

वह उसे बड़े दुलार से खिलाती। कक्का से कह काकी ने उसे नया पट्टू का कोट और वैसी ही गर्म टोपी सिलवा दी थी और कलकत्ता अपने बहनोई को लिख उसके लिए एक हाथ की घड़ी भी मँगवा दी। इंटर में पहुँचते ही उसे उस आकस्मिक स्नेहवन्या का रहस्य ज्ञात हो गया था।

"देख रे दिनुआ, मैंने तेरे विवाह की मंगजै (सगाई) पक्की कर दी है। इसी बैसाख में हम तेरे पैर बाँध देंगे—मेरी बहन की लड़की परुली को तो तू जानता है। तेरे ही स्कूल में दर्जा तीन तक पढ़ी है। फिर छोकरी की कुछ ऐसी लम्बी बाढ़ थी, कि भिज्ज्यू (जीजा) ने नाम कटवा दिया। मेरी ही बहिन की लड़की, मेरी बहू वने इससे अच्छा रिश्ता और क्या हो सकता है?"

दिनकर के तन-बदन में आग लग गई थी। सत्रह ही वर्ष में उसकी मंगजै बिना उससे पूछे वह पक्की करनेवाली होती कौन है? और फिर टाऊन स्कूल के उस भिदडुबा (दरिद्र) हरदत्त मास्टर की पुत्री परु। छि-छि, एकदम साँवली कंकाल! जब देखो नाक सुड़कती गिट्टे खेलती रहती थी।

"देखो काकी, मेरा ब्याह किया तो अच्छा नहीं होगा, कह दिया है मैंने।"

पर कक्का जब अपनी ऐतिहासिक घुँघरू-लगी जाँठी ठोकते गरजे तब दिनकर की बोलती बन्द हो गई, "क्या, क्या कह रहा था काकी से कि ब्याह नहीं करेगा, तब क्या मिशन कम्पाउंड की छोकरियों को बिल्ली-सा दोपता रहेगा? सब सुन लिया है मैंने, टाउन स्कूल में पढ़ने जाता है या यही सब करने हैं? साला मिशन स्कूल की छोकरियों के बोर्डिंग के बाहर झाड़ियों में छिपा उन्हें देखता है इसी से तो ब्याह की जल्दी है मुझे। भूख लगी है तो घर का खाना खाएगा। छोकरे, हमारे खानदान में किरिस्तानों की अंडा-मुर्गी नहीं खाई जाती—समझा?"

और फिर वैसाख के महीने इंटर का आखिरी पर्चा देकर वह जीवनपरीक्षा का पहला पर्चा भी दे आया था। दुर्भाग्य से विवाह के कुछ दिन ही पहले परु सन्निपात ज्वर से उठी थी, नए-नए दुर्वादल से उगे केशों ने उसके दुबले चेहरे को और भी अनाकर्षक बना दिया था। नाक ही हड्डी नजर आती थी और हरिद्राभ बड़ी-बड़ी आँखें बीमार मरणासन्न गाय की आँखों-सी-ही हर समय डबडबाई रहतीं। बहुत पहले एक बार हलद्वानी अल्मोड़ा बस स्टैंड पर ठीक ऐसे ही चेहरे की कटे केशवाली एक पगली ईसाइन भिखारिणी, बस यात्रियों के सामने खड़ी होकर गिड़गिड़ाया करती थी—"डबल दि दैला पै, डबल दि दैला पै..."

"पैसा दे दोगे क्या?" और फिर हाथ की जली बीड़ी से वह अपने छोटे-छोटे केशों को डामती चिहुँक उठती। उसके सारे सिर में दग्ध नन्हे टापू उभर आए थे। परु का चेहरा भी उसी के चेहरे-सा निष्प्रभ था। काकी ने उससे यह किस जन्म का प्रतिशोध लिया था? उसकी आँखें छलछला आई थी। इंटर की पाठ्य पुस्तक, गद्यमुक्ताहार में गुलेरी की कहानी 'उसने कहा था' न जाने कितनी बार पढ़ उसने कैशोर्य के सबसे मीठे सपने देखे थे। आज परु को वधूरूप में पाकर वे सब एकाएक मिट गए।

"तेरी कुड़माई हो गई?"

"धत्—देखते नहीं यह कढ़ा हुआ शालू!" आज लहनासिंह की भाँति वह बिना गोलियों के घाव के ही निष्प्राण पड़ा था।

ठीक है वह भी काकी से प्रतिशोध लेगा, ऐसा प्रतिशोध जिसे वह जीवन-भर झेलती रहेगी। जब सारा घर गहरी नींद में डूबा था वह सनकी सिद्धार्थ छलाँग लगाकर खिड़की से कूदकर भागा और फिर आज तक उसने कभी मुड़कर नहीं देखा।

एक तरह से भट्ट जी ने ठीक ही कहा था—जिसने गाँव से स्वयं ही रिश्ता तोड़ लिया था, उस गाँव की सरहद से वह सचमुच ही मुँह छिपाता फिरता था। आज हृदय की न जाने कौन-सी अशान्ति, कैसा उद्वेग उसे अपने विस्मृत इष्ट ग्वालदेव की अदालत में खींच लाया था। भट्ट जी या और कोई अब उसे पहचान नहीं सकता था, एक तो जादुई खद्दर की टोपी उसके पूरे चेहरे को ही बदल डालती थी, आज वह बिना टोपी का था। फिर मखमली जीन का पहाड़ी दरजी का सिला कोट और गबरुन की ऐसी ढीली पाँयचे वाली पैंट जिसमें हाथी भी बड़ी आसानी से अपना पैर डाल ले। पहननेवाले उस लजीले दुबले-पतले किशोर का इस भरी-भरी देह और चिकने-चुपड़े चेहरे वाले महिमामय मन्त्री से कोई भी साम्य नहीं था। वह अपनी उस चतुरा काकी के सम्मुख भी इसी क्षण जाकर खड़ा हो जाता, जो अपनी माताहारी की-सी सन्धानी दृष्टि से गर्भस्थ शिशु की स्थिति भाँपकर बता देती थी लड़का है या लड़की, तो शायद वह भी उसे परिचय दिए बिना नहीं पहचान पाती। बचपन में, वह जितना भी उद्दंड था, कैशोर्य ने उसे उतना ही सौम्य बना दिया था। इंटर में पहुँचते ही वह असहयोग आन्दोलन में कूद जेल-यात्रा का सेहरा भी बाँध आया था। उसका वह बेमेल विवाह न होता तो शायद वह प्राणों से प्रिय अपने ग्राम के मोह की बेड़ियाँ ऐसे

नहीं तोड़ता। काकी के प्रतिशोध के साथ-साथ, उसने अपने निर्दोष ग्राम से भी प्रतिशोध ले लिया। जिस परु ने उसे ग्राम छोड़ने को बाध्य किया था, उनके प्रति कभी-कभी उसका चित्त अकारण द्रवित हो उठता था। ब्राह्मणों के घर की बहू थी, इसी से अन्य किसी पुरुष से अंचलग्रन्थि का प्रश्न ही नहीं उठ सकता था। उसके मास्टर पिता, उसे अपने साथ अल्मोड़ा उठा ले गए थे, वहीं उसे पढ़ा-लिखा उन्होंने किसी मिडिल स्कूल में अध्यापिका रख दिया था। दिनकर के अपराधी चित्त के पश्चात्ताप ने उसके विश्वासी गुप्तचर विभाग को सतर्क कर उसकी परित्यक्ता पत्नी का पता ही नहीं लगाया, उसे असमय ही पदोन्नति दिवा हेडमिस्ट्रेस भी बनवा दिया था। उसके इसी औदार्य ने, फिर स्वयं उसके राजनीतिक जीवन के प्रशस्त स्वच्छ पथ में काँटे बिखेरकर धर दिए। वह किसी कॉलेज का शिलान्यास करने रानीखेत गया था। वहीं से न जाने कौन-सा दुष्टग्रह उसे अल्मोड़ा खींच ले गया। जब वह नन्दादेवी के मैदान में, अपने प्रशंसकों की विराट् भीड़ को, अपनी ओजस्वी वक्तृता के सिद्ध मन्त्रबल से लगभग अपनी मुट्ठी में बन्द कर चुका था, तब ही उसके पास आकर, उसका विश्वासी पी.ए. कान में फुसफुसा गया था, "सर, एक महिला आपसे मिलने आई हैं—कहती हैं वह आपकी..." फिर वह कुछ कह नहीं पाया किन्तु समझनेवाले के कुटिल मस्तिष्क ने उसके अधकहे वाक्य को समझ लिया।

गम्भीर चेहरे पर विकृति की एक भी रेखा नहीं उभरी, "उनसे कह दो, सरकिट हाउस में मिलें, मैं यहाँ नहीं मिल सकता।" और फिर एक प्रकार से छलाँग लगाकर ही कार में बैठ उसने खिड़कियों के शीशे लगा लिए थे। 'ओफ, निश्चय ही यह परु होगी', दोष तो उसी का था, उसी ने तो ढूँढ़-ढाँढ़ पदोन्नति दिलवा दी, फिर उसी की तर्जनी के आदेश से उसे प्रदेश की उत्तम शिक्षिका का स्टेट-एवार्ड प्राप्त हुआ था। जब 'आ बैल मुझे मार' कह वह स्वयं उसके सींगों से भिड़ने खड़ा हो गया था, तब अब फल भी भुगतना पड़ेगा। इतना वह समझ गया था कि स्वभाव से ही भीरु उस गँवार शिक्षिका को यहाँ तक पहुँचाने में निश्चय ही विरोधी पक्ष के उसके किसी शत्रु का हाथ होगा। जब वह सरकिट हाउस में उससे मिलने आई, तब दिनकर ने जान-बूझकर ही अपने दर्शनार्थियों की भीड़ में बड़ी देर तक घूम-घूमकर बातें बनाने में घंटों बिता दिए। बेचारी परु बड़ी देर तक पहाड़ी ऊन का खुरदुरा शाल ओढ़े बरामदे की बेंच पर बैठी ठिठुरती रही। उसका व्यक्तित्व, अब भी

उतना ही सिमटा-सिकुड़ा रह गया था, लगता था भली-चंगी होने पर भी देखनेवाले उसे जीवन-भर सन्निपात ज्वर से उठी रोगिणी ही समझते रहेंगे। उस पर, पहले की सामान्य हकलाहट उसके जीवन की कुंठा के साथ-साथ बढ़ती चली गई थी। किसी भी प्रश्न का उत्तर देने मुँह खोलती, तो एक ही शब्द का उच्चारण उसकी जिह्वा को किसी पुराने घिसे रिकार्ड पर अटकी ग्रामोफोन की सुई की भाँति रोक लेता और वह पसीना-पसीना हो जाती। उसके इस शारीरिक दौर्बल्य के विषय में दिनकर का गुप्तचर विभाग उसे सतर्क कर गया था, "डाँटकर, कोई बात पूछने पर वह बेहद हकलाने लगती है और कभी-कभी तो रो पड़ती है।" इसी से जब उस अभागिनी के एक दिन का परिचित जीवन-सहचर आवेगहीन उच्च स्वर में पूछता, उसकी ओर झुका, "कहिए अब आप और कैसी मदद चाहती हैं मुझसे?" तो वह "प प प प" करती थरथर काँपने लगी। उसने फिर हारकर, दोनों हाथ जोड़ दिए, उसकी करुण आँखें अपने वर्षों के अनकहे उपालम्भों से छलछला उठीं। स्थिति हाथ से निकलती, इससे पूर्व ही दिनकर ने अपने सिखे-पढ़े पी.ए. को बुलाकर कहा था, "देखो दीक्षित, इन्हें जो भी कठिनाई हो, जहाँ तबादला चाहें, सब करवा दो।" और फिर वह ओठों ही ओठों में फुसफुसाने लगा, उस अद्भुत कोड की लिपरीडिंग केवल वही चतुर पी.ए. कर सकता था, "यह भी स्पष्ट कर दो कि जहाँ तक आर्थिक या विभागीय सहायता का प्रश्न है, मैं इनकी पूरी मदद करने को तैयार हूँ, पर अगर इन्होंने अपने हक को लेकर मेरा पहुँचा पकड़ने की कोशिश की, तो फिर तुम्हें पता है दीक्षित, तुम्हें क्या करना होगा..."

"यस सर!" किसी फौजी अफसर की भाँति एड़ियाँ खटखटाता दीक्षित सतर खड़ा हो गया था। यहीं पर चूक गया था दिनकर दंडसंहिता को। उसने कुछ और स्पष्ट कर दिया होता तो शायद इतनी बड़ी दुर्घटना नहीं घटती। बेचारी परु के लिए उसने उतने कठोर दंड की व्यवस्था करने का आदेश नहीं दिया था। किन्तु दीक्षित दुखाते दाढ़ को सीमेंट-चाँदी से भरने में विश्वास नहीं करता था, उसे एक ही झटके में उखाड़ रोगी को चिरदिन के लिए ही दाढ़ के दर्द से मुक्ति दिलाने में उसका विश्वास अधिक था। कैसी-कैसी पढ़ी-लिखी उर्वशियों के ब्लैकमेल कंटकों को एक ही झटके से उखाड़ उसने अपने अनेक गरिमामय प्रभुओं का पथ प्रशस्त किया था। फिर यह दो कौड़ी की मास्टरनी भला किस खेत की मूली थी! उसे समझाने से भी जब वह

नहीं समझी तो पहले उसने एक ही धक्के में गर्व्यांग घाटी के एक ऐसे बीहड़ इलाके में डाल दिया जहाँ खाने को मिलता था केवल सुखाया भेड़ का गोश्त और और फाफर की कड़वी रोटी! पर वह जब फिर कठपुतली दल के उस निर्जीव पुतले की भाँति बार-बार मरकर भी फिर उठकर टीन पीटने लगी, "थोड़ी-थोड़ी और बजेगी" तब उसने अपना ब्रह्मास्त्र छोड़ा था। तीसरे ही दिन स्कूल में उस पर्वती हेडमास्टरनी के आकस्मिक मृत्यु की छुट्टी घोषित हुई थी, जो जंगली गुच्छी की सब्जी खा जाने से असमय ही अवकाश ग्रहण कर गई थी। दिनकर अब निश्चिन्त होकर, मूँछों में ताव दे अपना राजपाट सम्भाल सकता था, किन्तु ऐसा वह नहीं कर पाया। कभी-कभी, किसी गरिष्ठ राजसी सहभोज के पश्चात् वह तकिए पर सर रखते ही गहरी नींद में डूब जाता किन्तु आधी रात को उसके काँटो-भरे ताज की चुभन किसी दुःस्वपन के बीच उसे झकझोर कर जगा देती। उस दुःस्वप्न की मुख्य भूमिका में परु ही सदैव अवतरित होती थी। हाथ में बीड़ी लिए उस पगली भिखारिणी की भाँति वह अपने छोटे-छोटे केश दग्ध करती मुस्कराकर उसकी टोपी को भी जली बीड़ी से दाग नन्हें-नन्हें सुराखों से भर देती, "क्यों, अब तो तुम सुख से हो ना? पर तुमने ठीक नहीं किया, जानते हो मेरी चाय में घोले गए उस विष ने मेरे कलेजे में कैसी आग फुँकी थी? ठीक वैसे ही एक दिन तेरा कलेजा भी फुँकेगा हत्यारे! वैसी ही ज्वाला से तू इधर-उधर जलता भागेगा और जीवन-भर तेरे ही हृदय की लपटें तुझे झुलसाती रहेंगी!"

कोमल दुग्ध-धवल शय्या पर बैठे-बैठे ही फिर दिनकर सारी रात काट देता था।

"नहीं-नहीं, मैंने यह सब करने को तो दीक्षित से नहीं कहा था, मैं निर्दोष हूँ ग्वालदेव, मैं निर्दोष हूँ", कहता वह कभी उत्तेजित हो अकेले कमरे में ही खड़ा-खड़ा ऐसे बड़बड़ाने लगता जैसे वह चित्तै के ग्वालदेव की मूर्ति के समक्ष खड़ा हो।

आज उन्हीं दुःस्वप्नों की दहन उसे दुःसाहसी बना एक बार बिसरे ग्राम की परिधि में खींच लाई थी। अपने निर्दोष होने की अदृश्य अर्जी वह चित्तै मन्दिर की फड़फड़ाती अर्जियों के बीच टाँग आया था, हस्ताक्षर किए थे उसके शुद्ध अन्तःकरण ने। सचमुच ही उसने परु की मृत्यु-कामना नहीं की थी। उस न्याय-प्रिय देवता की अदालत से लौटने पर उसका चित्त फूल-सा हल्का हो गया था।

''चलिए डैडी, आपने कहा था ना हमें बुरुंश फूलों का लाल वन दिखाने ले चलेंगे'', मिनी ने गहरे सोच में डूबे पिता का कुर्त्ता खींचा।

''अच्छा-अच्छा, चल, पर कैसे काले बादल घिर आए हैं, कहीं भींग गए तब?''

लालवन, सचमुच ही लालवन था। ''उत्तुंग-उद्धत शाखाओं पर लटके इन लाल बुरुंशों को देखकर शायद रवीन्द्रनाथ ने अपनी 'शेषेर कविता' में लिखा था, मिस जोशी,

उद्धत जत शाखार शिखरे
रौडे डौनड्रौन गुच्छ,''
दिनकर ने हँसकर कहा।

''हाय, कितने सुन्दर फूल हैं डैडी, पर कितनी ऊँचाई पर हैं। तोड़ेंगे कैसे?''

''तुम जैसी कोई जंगली लड़की इन्हें तोड़कर लालवन को नष्ट न कर दे, इसी से तो भगवान ने इन्हें मनुष्य की पकड़ से बाहर इस ऊँचाई पर टाँग दिया है। बिना ऊँचे पेड़ पर चढ़े, बुरुंश का फूल तोड़ा नहीं जा सकता मिनी, इस लाल फूल को पाने के लिए बड़ी मेहनत करनी पड़ती है'', दिनकर ने इतना कहकर फिर अपनी तीक्ष्ण अर्थपूर्ण दृष्टि सुरंगमा की सफेद साड़ी के चौड़े लाल पाड़ पर गड़ा दी। तीखी चढ़ाई चढ़ने से हाँफती सुरंगमा गुलबनफ्शे की अँटी झाड़ी को झुककर सूँघने लगी थी।

''मैं तो इन्हें तोड़कर रहूँगी!'' मिनी बांज के सूखे ठीठे बटोर निशाना साध-साधकर फूलों पर मारने लगी। किन्तु जब एक भी फूल नहीं गिरा तब वह हारकर उसी पेड़ के नीचे बैठ गई।

''अच्छा, चल तुझे पहाड़ी नौला दिखा लाऊँ।''

''कितनी दूर है डैडी? अगर बहुत दूर है तो मैं नहीं जाऊँगी। इस चढ़ाई में मेरा दम फूल गया है।''

''अरी, यहीं पर है चल तो सही उस पानी में तुझे कोक का मज़ा आएगा।''

शायद प्रिय पेय की वह तुलना ही उसे लुभा गई, पर बार-बार आग्रह करने पर भी सुरंगमा नहीं उठी। ''नहीं मिनी, तुम देख आओ, मैं यहीं बैठी रहूँगी।''

दिनकर और मिनी के जाते ही वह दोनों पैर लम्बे कर उसी बुरुंश के

दैत्याकार तने का सिरहाना बना लेट गई। लाल फूलों के झुरमुट से झाँकता नीलाकाश देखते ही देखते भीमाकार कृष्णवर्णी मेघों से घिर गया था, बीच-बीच में विद्युद्वह्नि की झलक उसकी आँखें बन्द कर देती। वर्षा की पहली बूँद उसकी छाती पर पड़ी, फिर कपोल पर, ललाट पर और फिर वेगवती वृष्टि सहस्त्र धाराओं में बरसती, किसी दुःसाहसी अधीर प्रेम के उन्मत्त चुम्बनों की-सी बौछार से उसे विह्वल कर गई। वह घबराकर, इधर- उधर कहीं सिर छिपाने के लिए किसी और सघन वृक्ष की छतरी ढूँढ़ने लगी, किन्तु वृष्टि का वेग इतना सशक्त था कि किसी भी वृक्ष की छतरी उसे नहीं बचा सकती थी। पतली बनारस काटन की साड़ी और रूबिया का पारदर्शी ब्लाउज़ उसकी देह से चिपक उसे धरती में गाड़कर रख गया था। हाय, इतनी पतली साड़ी पहन, वह यहाँ मरने क्यों आ गई थी। साथ एक शाल नहीं रख सकती थी? अभी मिनी और दिनकर आ जाएँगे, उनके सम्मुख वह हिन्दी फिल्मों की अर्धनग्न नायिका बनी कैसी लगेगी?

वर्षा रुकने का नाम ही नहीं ले रही थी, उधर बाप-बेटी या तो उस अरण्य में भटक गए थे या किसी खोह-कन्दरा में छिपे, वर्षा के रुकने का इन्तजार कर रहे थे। कहीं लौटकर नहीं आए तब? भाँति-भाँति की व्यर्थ आशंकाएँ, उसे प्रेतआत्माओं की भाँति भयंकर मुँह बना-बनाकर डराने लगीं—काले बादलों ने उस जंगल को अमावस के-से अँधेरे से घेर लिया। वर्षा के साथ-साथ अब तेज़ हवा चलने लगी थी, भीगी साड़ी को ढीली कर सुरंगमा ने आँचल को दोहराकर चारों ओर तम्बू-सा तान लिया, किन्तु फिर भी दुहरी भाँज की भूमिका उसके वर्षास्नात यौवन के उज्ज्वल रेखा-जाल को ढाँप नहीं पाई। वर्षा जैसे साँस लेने को पल-भर रुकी, डूबते सूर्य की अरुणाभ छाया पत्तों के बीच से सरकती धरणी पर पसर गई। उड़ते पत्तों की मर्मर ध्वनि के बीच झींगुर-ध्वनि किसी कुशल सितार-वादक के झाला-सी झंकृत हो रही थी। निश्चय ही वो दोनों कहीं भटक गए थे, नहीं तो वर्षा तो अब लगभग थम चुकी थी। थोड़ी देर में अँधेरा और घना हो जाएगा और स्वयं ही उसकी भीगी देह की लज्जा को ढक लेगा, वह चिन्तित होकर भीगे केश निचोड़ रही थी कि क्रमशः निकट आ रही पदध्वनि से चौंककर इधर-उधर देखने लगी।

"अरे आप तो एकदम भींग गई हैं, मिस जोशी!" दिनकर की दृष्टि उस पर पड़ते ही उसने आँखें झुका लीं। उसे लगा, उस अद्भुत व्यक्तित्वसम्पन्न

मन्त्री की सौन्दर्य-लोलुप दृष्टि उसकी भीगी साड़ी के चीर को आँखों ही आँखों में खींचती चली जा रही है।

''जीप में डैडी की पंखी पड़ी है, रुकिए, मैं भागकर ले आऊँ। हम दोनों तो भीगे नहीं हैं—आप उसे ओढ़ लीजिए'' इससे पहले कि सुरंगमा उसे रोकती, मिनी तेजी से भागती, पल-भर में उतार फाँदती आँखों से ओझल हो गई। दिनकर को अपनी ओर क्रमशः निकट आते देख सुरंगमा घबराकर पीछे हटी।

''सुरंगमा!'' पहली बार उसके मुँह से अपना नाम सुन उसने आँखें बन्द कर लीं। उस मुग्ध दृष्टि में अब न भय था, न संकोच! ''कुछ दिन पहले 'देश' पत्रिका में प्रसिद्ध बंगाली चित्रकार के विषय में पढ़ा था कि उन्होंने अपनी सुन्दर पत्नी को ही मॉडल बनाकर, अपने उन अद्‌भुत अर्द्धनग्न नारी-पात्रों की सृष्टि की थी, उनका एक चित्र मेरे पास भी है—मेरा प्रिय चित्र है वह। लग रहा है, आज उसी की मॉडल मुझे अरण्य में मिल गई है। कभी तुमने भी उस चित्र को अवश्य देखा होगा, भारत में ऐसी लोकप्रियता शायद ही किसी चित्र को प्राप्त हुई होगी। उन दिनों बिरला ही भारत को कोई ऐसा समृद्ध गृह होगा, जहाँ के दीवानखाने में यह चित्र न टँगा हो। पिटे सोने-सा रंग, वैसी ही सुगठित देह और चेहरे की निखूत गढ़न, ठीक ऐसी ही लाल पाड़ की सफ़ेद भीगी साड़ी उसके चम्पक अंगों पर चिपकी है, चेहरे पर भी ऐसी ही अनुपम क्रीड़ा का अंगराग फैला है, सुरंगमा!'' दिनकर की तप्त श्वाँस अब उसके कपोल स्पर्श कर रही थीं। बढ़कर उसने सुरंगमा का नुकीला चिबुक थाम लिया और भय से कम्पित उसके अधर मधुर अर्द्धविस्फुटित कली की बन्द पंखुड़ियों-से खुल गए। पुरुष का प्रथम स्पर्श उसकी चेतना हर गया था। फिर भी अवचेतन में, अधजगे चित्त के कान सब कुछ सुन रहे थे। ''काँख में पीतल की कलशी लिए, उस अद्‌भुत चित्र की जलस्नात सुन्दरी पानी भर पोखर से लौट रही है। एक पैर जल में डूबा है, दूसरा सीढ़ी पर—सोचता था ऐसा चित्र अब कोई क्यों नहीं बनाता, पर देख रहा हूँ विधाता ने उससे भी अधिक मोहक चित्र बनाकर धरती के सब चित्रकारों की तूलिका तोड़कर रख दी है...''

सुरंगमा की वर्षास्नात देह को, बाँहों में भर वह उसे उन्मत्त अधैर्य से चूमने लगा—न जाने कब तक सुरंगमा उस मोहक बन्धन में पड़ी रही, फिर उसके सुप्त विवेक ने ही उसे सहसा थप्पड़ मारकर जगा दिया था। उस

सशक्त बाहुबन्धन से छिटक वह उसी उतार की ओर भागने लगी, जहाँ से मिनी उतरी थी—उसके पीछे-पीछे दिनकर भी उतार उतर रहा है, यह उसने मुड़कर भी नहीं देखा।

भीगी पिरुल की सुनहली घास में फिसलती, वह शायद भरभराकर स्केट करती, हाथ-पैर ही तोड़ बैठती—उसके पीछे-पीछे छाया की भाँति निःशब्द आ रहे दिनकर ने ही उसे हँसकर सम्भाल लिया था।

"देख लिया न, सुरंगमा? भागने पर भी तुम अब नियति को नहीं छल सकती। जब-जब ऐसे घबराकर भागोगी—ठोकर खाकर गिरोगी—तुम्हारा यह सेवक, यह दासानुदास तब-तब तुम्हें ऐसे ही सम्भाल लेगा", एक बार उसकी दुर्बल देह को काँपती लता-सा तरंगित कर, वह उसके कानों के पास अधर सटाकर कहने लगा :

"मने की पड़े
मने की पड़े सुरंगमा?"

(याद है, तुम्हें याद है, सुरंगमा?)

दोनों जब एक साथ उतार उतर चुके थे, तब ही पंखी लेकर भागती मिनी आ गई। "बड़ी मुश्किल से जीप मिली डैडी, यह जंगल है या भूलभुलैया? एक-से पेड़ों के एक-से झुरमुट और एक-सी पगडंडियाँ..."

"लीजिए, मिस जोशी, आप इसे ओढ़ लीजिए—एकदम कम्बल-सी गर्मी मिलेगी इस पश्मीने में। पिछली बार भोट के व्यापारी मित्र ने मुझे यह भेंट दी थीं..." चतुर दिनकर ने गिरगिट का-सा रंग बदल लिया था, फिर उसी ने ही उसे पश्मीना ओढ़ा दिया तो वह निर्वीर्य क्रोध से उबल उठी। एक रौबदार पत्नी का पति, प्रदेश का सम्मानित मन्त्री, जब उस एकान्त में उसकी विवशता का लाभ उठा, वैसी मूर्खता कर गया था तब वह चुप कैसे बैठी रह गई थी? खींचकर एक थप्पड़ नहीं मार सकती थी उसे? किन्तु उसका दुर्बल चित्त, क्या उसे ऐसा करने की स्वीकृति दे देता? जिन शब्दों को सुनकर उसके तन-बदन में आग लगनी चाहिए थी, वे ही शब्द तो उसके कानों में अमृत वृष्टि कर गए थे।

"क्या तबीयत ठीक नहीं है, मिस?" निर्दोष मिनी ने उसकी कमर में हाथ डालकर पूछा तो सुरंगमा की आँखें अकारण छलक उठीं।

"है ना डैडी, देखिए कैसा सफेद चेहरा लग रहा है मिस का?"

"क्यों, क्या तबीयत ठीक नहीं है मिस जोशी?" दिनकर के प्रश्न ने

स्वयं ही दोनों की आँखें एक पल को चार कर दीं और उन लाल डोरीदार प्रणयी आँखों का परिहासमिश्रित कौतुक सुरंगमा के चेहरे को कर्णमूल तक रँग गया।

"नहीं, ठीक है।" कह वह सिर झुकाए चलती रही। एक बार फिर भट्ट जी की दुकान की गर्म चाय पीकर वे तीनों नैनीताल लौट आए थे।

दूसरे दिन तड़के ही उन्हें लखनऊ लौट जाना था। लखनऊ जाते ही वह फिर कहीं दूर की बदली के लिए अपना प्रार्थना-पत्र दे देगी, अभी कुछ भी नहीं बिगड़ा था—अपने हृदय की उस घातक व्याधि को उसने समय पर ही पकड़ लिया था। मार्ग-भर, वह अस्वाभाविक रूप से गुमसुम रही थी। लखनऊ लौटने पर वह एक-दो दिन ट्यूशन पर नहीं आई और जब गई तब दिनकर दिल्ली चला गया था। फिर सुदीर्घ अवधि के लिए, वह स्वयं ही उससे कतराता रहा। कभी वह दौरे पर निकल जाता और कभी प्रदेश की जटिल समस्याएँ उसे उलझाकर किसी बन्द कमरे में अदृश्य कर देतीं। उस एक महीने की अवधि में सुरंगमा के अशान्त चित्त की उद्विग्नता स्वयं ही शान्त हो गई थी। मीरा की विवाह-तिथि निकट आ गई थी, इसी से वह एक दिन ज़बरदस्ती सुरंगमा को अपना हाथ बँटाने घर खींच ले गई। दिन-भर सुरंगमा बैंक में रहती, सन्ध्या को मिनी को पढ़ाकर खाली होती तो मीरा अपनी कार लेकर उसे लिवाने पहुँच जाती। फिर दोनों कभी किसी जौहरी के यहाँ सेट देखने चली जातीं, कभी साड़ियों में फॉल लगवाने और कभी थककर किसी सिनेमा हॉल में जाकर बैठ जातीं। मीरा के दोनों भाइयों की भयप्रद जोड़ी बम्बई की किसी फिल्म कम्पनी में जुड़वा भाइयों की भूमिका निभाने चली गई थी, "मीरा के विवाह में भी हमारा आना नहीं हो पाएगा। उन्हीं दिनों हमारी शूटिंग है।" उन्होंने पिता को लिख दिया था इसी से अब सुरंगमा को अपनी सखी के गृह में किसी प्रकार का भय नहीं रह गया था। मीरा का गृह अतिथियों से भरने लगा तो सुरंगमा ने बहाना बनाकर खिसकने की चेष्टा भी की थी, उसका एक कारण यह भी था कि उसके गौर मामा और नानी के साथ उसके वही कार्तिक दा भी आ रहे थे जिनका रिश्ता उसने बड़ी बेरुखी से फेर दिया था।

"नहीं-नहीं तू अभी नहीं जाएगी, मैं तो विवाह-मंडप में रहूँगी—तू यहाँ रहेगी तो कम से कम चीजों की देखभाल तो करेगी। इन हरामखोर नौकरों में एक मेरी आया को छोड़ कोई भी ऐसा नहीं है जिसका विश्वास किया

जा सके। नो, यू कांट गो!''

स्टेशन पर उसे देखते ही गौर मामा अपनी मोटी-मोटी बाँहें फैलाकर बड़े स्नेह से बढ़ आए थे। ''मैंने कहा था ना माँ, सुरंगमा हमें लेने ज़रूर स्टेशन आएगी। कार्तिक, इधर आओ बेटा, यह सुरंगमा। देख लिया ना? बुढ़ापे में भी गौरप्रसन्न की आँखों का सौन्दर्य-बोध मरा नहीं है। कैसी भी भीड़ में छिपा कोई खूबसूरत चेहरा क्यों न हो, हमारी आँखों से बच नहीं सकता।''

धूप का चश्मा उतार वह आकर्षक युवक उसे बड़े ध्यान से देख रहा है, यह वह जान गई। मीरा सामान उतरवा रही थी, वह भी उसके पीछे लग गई, जिससे देखनेवाला उसकी पीठ देख सके। घर पहुँचते ही वह फिर अतिथियों के जलपान की व्यवस्था देखने चौके में चली गई। जब से नानी आई थीं, उनके निरामिष भोजन की व्यवस्था, उनके नहाने-सोने का प्रबन्ध सब कुछ मीरा ने सुरंगमा को सौंप दिया था। एक मिनट भी इधर-उधर होती तो नानी आसमान सर पर उठा लेती। ''ओ माँ, मेये गैलो कोथाय? (अरी माँ, लड़की कहाँ चली गई?) मीरा, तूने बेचारी को कितने काम सौंप दिए हैं? जब देखो तब बाज़ार भागी जा रही है।''

मीरा उसे बाज़ार नहीं भेज रही थी, वह स्वयं ही एक न एक बहाना बनाकर खिसक जा रही थी। उस अपरिचित युवक की तीखी आँखें निरन्तर उसका पीछा कर रही थीं, जितनी ही बार वह कमरे में आती, कार्तिक एक न एक बहाना बना वहाँ आकर जम जाता और फिर नानी, न उसे खिसकने देतीं न कार्तिक को। मीरा भी उस षड्यन्त्र में निरन्तर योगदान दे रही थी। जानबूझकर ही उसने दोनों को एकान्त के अनेक सुअवसर जुटा दिए थे किन्तु सुरंगमा का असहयोग, उसे उतनी ही बार क्षुब्ध कर गया था। इतना वह समझ गई थी कि उसकी सखी का देवांगना का-सा रूप उसके आज तक प्रत्येक सुपात्री को देख नाक-भौं चढ़ानेवाले कार्तिक दा को पूर्ण रूप से बाँध चुका है। विवाह के दिन जब सुरंगमा मीरा को जयमाल के लिए सजाने लगी, तब कार्तिक भी वहीं कुर्सी डालकर बैठ गया। मीरा की सज्जा में सुरंगमा ने उस दिन अपने कृतज्ञ हृदय की एक-एक धड़कन गूँथकर रख दी थी। कटे बालों को न जाने किस कौशल से जूड़े का रूप दे उसने बेले के गजरे से सँवार दिया था। नित्य के चंचल कटाक्षों में काजल की बेड़ियाँ डाल उन्हें सलज्ज चितवन में सँवार दिया था। मीरा ने दर्पण में अपना प्रतिबिम्ब देखा तो अपना ही चेहरा अनजान लगने लगा।

"सुरंगमा, अब मैं तुम्हें भी सजाऊँगी, ए कार्तिक दा, जाओ भागो तो बाहर! नहीं तो सुरंगमा कहीं तुम्हारा भी जूड़ा बनाकर साड़ी पहना देगी!" मीरा ने हँसकर कहा।

"मुझे वह भी स्वीकार है" कार्तिक सिगार मुँह में दाबे उठ गया।

"देखो सुरंगमा, जिन कार्तिक के लिए सैकड़ों कैलकेशियन लड़कियाँ मरती हैं वह तेरे लिए बृहन्नला बनने को तैयार है!"

बरात आई तो जयमाल हाथ में लिए धीर-मंथर गति से आ रही नववधु के चेहरे से फिसलकर देखनेवालों की दृष्टि बरबस सुरंगमा पर पड़ रही थी। मीरा की भारी लाल टेम्पल साड़ी में उसका उज्ज्वल रंग और भी शुभ्र होकर निखर आया था, मीरा ने ही ज़िद कर उसका जूड़ा बना उसमें अपना कटकी जड़ाऊ कंघा तिरछा कर खोंस दिया था। काले घने केशों के बीच चौथ के चन्द्रमा-सा उतर आया वह अर्द्धचन्द्राकार कंघा किसी विजयिनी विश्व-सुन्दरी के किरीट-सा जगमगा रहा था।

कानों में भी मीरा के दक्षिणी झुमके थे, कर्णमूल से ही पैराशूट की छतरी-से खुल गए वे झुमके बार-बार अपने घुँघरू उसकी लटों में उलझा रहे थे और उन्हें निकालने उठे हाथ की गामेध की अँगूठी उसके गौरवर्ण को और प्रखर बना रही थी। अधरों में स्वाभाविक लालिमा को मीरा के प्लम कलर्ड लिपस्टिक के प्रहार ने और भी घातक बना दिया था। कंठ में पड़ी बसरा के मोतियों की दुहरी लड़ी स्वामिनी की दूधिया त्वचा से घुल-मिल गई थी। उसे देखते ही पूरे शामियाने में खलबली मच गई।

"कौन है यह?"

"कौन?"

"अजी वही जो दुल्हन के पीछे खड़ी है।"

"ओह, वह मीरा की सहेली है सुरंगमा, मन्त्री जी की लड़की को पढ़ाती है। शायद स्टेट बैंक में नौकरी करती है।"

"चीज तो स्टेट बैंक के लॉकर में रखने लायक है।"

"ही-ही-ही बड़ी मजे की बात कहती हैं आप मिसेज़ गुप्ता!"

ईर्ष्यादग्ध टिप्पणी सुन कार्तिक उठकर पीछे खड़ा हो गया। उतनी दूर से भी वह अपूर्व देवांगना रंगमंच पर सर्वश्रेष्ठ अभिनेत्री का एवार्ड लेने को प्रतीक्षारता खड़ी किसी प्रख्यात फिल्म तारिका-सी ही दमक रही थी। सहसा वहाँ भी सुरंगमा की ही चर्चा मुखरित हो उठी। इस बार स्वर पुरुष-प्रशंसकों

का था, "भाई, कुछ भी कहो, गज़ब की लड़की है पर यहाँ ट्यूशनों में क्यों झक मार रही है, फिल्मों में क्यों नहीं चली जाती?"

"अजी, उसे क्या कमी, यहीं जैसा चाहे वैसा सेट बन जाएगा, अभी तो नैनीताल गई थी...मन्त्री जी के साथ..."

सहसा शामियाने में एक बार खलबली मच गई। मीरा के पिता बड़ी तेज़ी से भीड़ चीरते ऐसे भागे जैसे उनके दरवाज़े पर फिर दूसरा दूल्हा खड़ा हो! बात कुछ-कुछ ऐसी ही थी जिसे लेकर वह लौटे उन्हीं के आगमन ने सम्भवतः शामियाने के बाँस एक पल को हिला दिए थे। कुछ अतिथि उन्हें देखकर खड़े हो अकारण खिसियाई बत्तीसी निपोड़ने लगे, कुछ ने कुर्सी से सामान्य उठने की अर्द्धनितम्बी चेष्टा में ही ऐसा दरशा दिया कि वे उठ रहे हैं, एक बच्चा माँ की रेशमी साड़ी से उलझकर गिरा और रोने लगा। उसी भगदड़ में एक फुसफुसाहट फिर कार्तिक के कानों को दग्ध कर गई "इन्हीं के यहाँ ट्यूशन करती है यह! डॉक्टर साहब पर इनकी विशेष कृपा है...सुना है ठोस चाँदी का कॉफी सेट दिया है उपहार में!"

"अजी तो कौन-सा कद्दू में तीर मार दिया! कोई अपनी गाँठ से थोड़े ही ना दिया होगा। हम साले मन्त्री हों तो हर ऐरे-गैरे-नत्थू खैरे की बेटी की शादी में निखालिस सोने का सेट दे डालें!" वही चपटी नाकवाला वाचाल नाटा-सा व्यक्ति पचापच पान-ज़र्दे की पीक थूकता नवागत अतिथि को धीमे स्वर में कोस रहा था। "एक बात माननी पड़ेगी यार, पर्सनैलिटी खासी तगड़ी है अपने मन्त्री जी की!"

रौ सिल्क की शेरवानी और चुश्त चूड़ीदार में दिनकर स्वयं नौशे-सा झूम रहा था। कभी वह कन्या के पिता का हाथ पकड़कर उनकी ओर झुकता और किसी परिहास की चुटकी ले दिल खोलकर हँसता, कभी गर्दन पीछे मोड़ पीछे की कतार में बैठी किसी परिचित सचिव-पत्नी से चुहल कर फिर सतर होकर ऐसे बैठ जाता जैसे मन्त्री-पद की महत्ता का उसे सहसा स्मरण हो आया हो। जयमाल सम्पन्न हो चुकी थी, अब वर-वधु को सजे सोफे पर बिठा फटाफ़ट फ्लैश की बिजलियाँ चमका वधू की बड़े यत्न से पूर्वाभ्यास की गई अस्वाभाविक सलज्ज हँसी को कैमरे में बन्द किया जा रहा था। तब ही दिनकर की उल्लासित दृष्टि भीड़ में छिपी सुरंगमा पर पड़ी। हृदय की वह सुलगती दावाग्नि जिसे वह अपने विवेक से कुचल अपने जानते बुझा चुका था सहसा फिर सहस्त्र लपटों में प्रज्वलित हो उठी। चारों ओर उसे

अपने हृदय की वही उद्दाम लपटें दिखने लगी। एक क्षण को उस दाह से विचलित हो असमर्थता के वशीभूत दिनकर उस चेहरे से दृष्टि फेरने के उपक्रम में हारकर रह गया। वर्षास्नात उस आर्द्र करुण चेहरे के चुम्बनों की स्मृति उसे पागल बना गई। बुरुंश की छाया में प्रस्तर-खंड पर बैठी उस प्रेयसी के कपोल, ललाट, अधरों का स्वाद उसे फिर उसी दुस्साहस से उकसाने लगा। वे क्षण तो घोर अविवेक के थे, घोर उन्माद के, किन्तु ये क्षण भी उसी उन्माद की ओर भाग रहे थे, उसी अविवेक की ओर। अब वह एक क्षण भी वहाँ रुका तो उसका अबाध्य चित्त न जाने क्या अनर्थ कर बैठेगा। वह जिस आँधी के वेग से आया था फिर उसी वेग से पूरे शामियाने को झकझोरता बाहर निकल गया। डॉ. सिन्हा उसे दोनों हाथ पकड़कर बड़े आग्रह से रोक रहे थे, "आपने तो एक प्याला कॉफी का भी नहीं लिया, कुछ जलपान तो कर लेते..."

"नहीं-नहीं, सिन्हा, लड़की के ब्याह में हमारे पहाड़ में अतिथि पानी भी नहीं पीते, मैं चलूँ, एक बड़ी इम्पोर्टेन्ट मीटिंग है। फिर तीन बजे की फ्लाइट से दिल्ली जाना है" कार में बैठते ही दिनकर ने सीट पर गर्दन डाल आँखें बन्द कर ली थीं, "हे भगवान, यह कैसे चक्रव्यूह में फँस गया!" आज तक विनीता के साथ उसका दाम्पत्य-जीवन सुखी न होने पर भी किसी अन्य नारी के प्रति उसके आकर्षण का कभी प्रश्न ही नहीं उठा था। राजनीति ही उसका एकमात्र प्रेम थी। जब कभी वह अपनी बिरादरी के किसी अल्पबुद्धि मन्त्री की किसी नारी-लोलुपता के कारण घटी राजनीतिक अकालमृत्यु का समाचार सुनता तो उसे बड़ा दुःख होता। क्या ये मूर्ख इतना भी नहीं समझते थे? राजनीति की दीर्घायु का तो मूलमन्त्र ही था कंचन-कामिनी से परहेज़! किन्तु आज तो वह स्वयं ही उस दलदल में फँसा छटपटा रहा था। वह तो उसका भाग्य अच्छा था जो विनीता जी हालैंड से अभी नहीं लौटी थीं, पति की मानसिक व्याध को वह सर्वदा ही हथेली पर चल रही जूँ-सा पकड़ लेती थी। सुरंगमा का उनके गृह में उनकी इच्छा के विरुद्ध एक प्रकार से अनधिकार प्रवेश ही हुआ था। लालवन में घट गई उस दुर्घटना के पश्चात् उस बुद्धिमती लड़की ने स्वयं ही उनसे कन्नी काट ली थी किन्तु उसकी वही उदासीनता दिनकर के प्राण हरने लगी थी। उसी मानसिक तनाव के बीच उन्हें विनीता जी का पत्र मिला था। ऐसा प्रेमपगा पत्र विनीता ने पति को पहले कभी नहीं लिखा था। लगता था विदेश के रूखे अस्वाभाविक परिवेश में आकर्षक

जीवन-सहचर की स्मृति उस प्रेषिता को विह्वल कर गई है, "पता नहीं तुम अपने खाने-पीने का भी ध्यान रख रहे हो या हमेशा की तरह लापरवाही ही बरत रहे हो..." उसने लिखा था, "तुम्हें अब अपनी बढ़ती वयस का निरन्तर ध्यान रखना होगा। चार वर्ष में तुम पचास के हो जाओगे! तुम लाख फुन्दे वाली टोपी लगाकर लोकनर्तकों की टोली के साथ नाच-नूचकर तस्वीर खिंचवा लो (अखबारों में छपे तुम्हारे नृत्यरत व्यक्तित्व की मोहक कटिंग मुझे बेबी ने भेजी थी।) पर क्रमशः बैठी जा रही अपने डूबते यौवन की तरंगों को तुम बहुत दिनों तक नहीं नचा पाओगे, प्रौढ़त्व की गरिमा प्रौढ़ दिखने ही में है, मैं देख रही हूँ इधर तुम अपने को बेहद थका रहे हो। मुझे आशा है, तुम अब अपनी पूरी देखभाल करोगे। बेबी की पढ़ाई कैसी चल रही है? क्या मिस जोशी नियमित रूप से आ रही हैं? ईमान से कहूँ दिनकर, तो मेरी अनुपस्थिति में अपने गृह में उसकी घनिष्ठता का ध्यान आते ही मैं बौरा जाती हूँ। जी में आता है तत्काल उड़कर तुम्हारी बाँहों में सिमट जाऊँ! पर कैसे? जिन विदेशी मेज़बानों के सम्मुख अपने देश के दरिद्र-अनाथ बच्चों के लिए भीख माँगने इतनी दूर आँचल फैलाती चली आई हूँ वह आँचल क्या रीता ही लिए लौट जाऊँ? उसे भरने में अभी समय लगेगा।"

तब क्या उसकी चतुरा पत्नी को सात समुद्र पार भी उसके अन्तःकरण के गुप्तचर बार-बार सावधान कर रहे थे? नहीं, जिस पत्नी ने उसे हाथ पकड़कर बसुन्धरा पर प्रेम का पहला कदम रखना सिखाया था, जिसके पितृगृह की महिमा ने उसके जीवन की बंजर भूमि को सींच-सींचकर लहलहाती फसल से समृद्ध किया था उसे वह नहीं छलेगा। तीन महीने में बेबी की स्कूली शिक्षा समाप्त हो जाएगी और सुरंगमा का फिर उनके गृह में कभी आने का प्रश्न ही नहीं उठेगा। विनीता के पत्र आने के दूसरे दिन एक घटना ने फिर उसे और सावधान कर दिया था। कांग्रेस कार्यकारिणी की थकानप्रद मीटिंग से लौटे क्लान्त दिनकर ने सहसा उससे मिलने टपक पड़े किसी विरोधी दल के सदस्य से क्षमा माँग मिलने की असमर्थता प्रकट की थी, "आज मुझे क्षमा करें, मुझे साँस लेने की भी फुर्सत नहीं है; अभी फिर बाहर जाना है।"

"ओह!" उस मुँहजोर सदस्य की भृकुटि अश्लील व्यंग्य से क्रुद्ध बिल्ली की पीठ-सी उठ गई थी, "कहाँ जाना है? स्टेट बैंक या फिर नैनीताल की सरस यात्रा पर निकल रहे हैं?"

दिनकर का चेहरा फक पड़ गया था। यह तो अनर्थ हो गया। यह व्यक्ति

किस हद तक नंगेपन पर उतर सकता था, वह खूब जानता था। कहा जाता था कि वह अपने खादी के कुर्ते की अंहिसात्मक जेब में बड़ी हिंसात्मक सामग्री लिए घूमता रहता है, उस शक्तिशाली ट्रांसमीटर की झलक दिनकर ने कई बार ली थी। स्वयं उसके गर्हित जीवन के विषय में प्रचलित अनेक सत्यकथाओं का गुटका दिनकर की जेब में था किन्तु वह चतुर ठग अपनी प्रत्येक अपकीर्ति का प्रमाण उसी क्षण भस्म कर राख इधर-उधर बिखेर निश्चिन्त निगरगंड बना घूमता फिरता था। हज़रतगंज की किसी सुरंग-सी गली में एक शानदार फ्लैट किराए पर ले वह संसार के सबसे प्राचीन पेशे की भव्य दुकान चलाता है और एक से एक ऊँचे अफसर, नेता उसके ग्राहक हैं, यह दिनकर जानता था। एक बार बेश बदल सन्ध्या के धुँधलके में वहाँ जाकर अत्यन्त निकट से भीतर झाँक भी आया था। दीवारों पर लगी थीं अनेक प्रसिद्ध आधुनिक अवतार-सिद्ध बाबाओं की तस्वीरें और कमरे के बीचोंबीच अगरबत्ती के सुवासित धूम्ररेखा से घिरा ध्यानमग्न वही बगुलाभगत ऐसी अडिग मुद्रा में बैठा था जैसे चारों ओर उसे लक्ष्य कर प्रेस-फोटोग्राफर कैमरा साधे खड़े हो। दिनकर समझ गया था कि उसका गुप्तचर विभाग दिनकर के गुप्तचर विभाग से कहीं अधिक सशक्त है। एक से एक कुख्यात स्मगलर उसके यहाँ आकर टिकते थे। सन्ध्या को किचिर-किचिर पान खाए उस निर्लज्ज ब्लैकमेलर को हाथ में बेले का गजरा लपेटे कभी भी हज़रतगंज की किसी पान की दुकान पर मँडराते देखा जा सकता था। वह वहाँ होता और उसके फ्लैट के एकमात्र ताले की बीसियों चाबियाँ जेब में लिए उसके विभिन्न समृद्ध ग्राहक उसके मधु-कुंज में मधु-संग्रह करने पहुँचे होते किन्तु उसे पकड़ना उतनी ही कठिन था जितना मुट्ठी में तीव्र जलधार को पकड़ना! प्रदेश के जिन वरिष्ठतम अधिकारियों के यहाँ रात को जुए का अड्डा खुलता वहाँ-वहाँ वह बोतलों का पूरा क्रेट लिए पहुँच जाता। प्रत्येक भ्रष्ट अफसर की पत्नी उसकी भाभी थी। इसी से जब उस मुँहलगे देवर ने स्टेट बैंक के प्रसंग का उल्लेख कर अपनी कुटिल अर्थपूर्ण दृष्टि से दिनकर को देखा तो उसका हृदय किसी भयानक आशंका से काँप उठा। अब उसे छाछ फूँक-फूँककर पीनी होगी। नित्य प्रातःकाल घंटे-भर का पूजा-पाठ उसका दैनिक नियम था। अब उसी अवधि को उसने और प्रलम्ब कर दिया। ललाट पर रोली-चन्दन के तिलक को यत्न से सँवार उसने चंचल चित्त पर संयम की मुहर और सुस्पष्ट कर दी। विनीता जी के स्वदेश लौटने की तिथि निकट

आ रही थी। वह उसके आने से पूर्व अपने चेहरे से आत्मग्लानि की एक-एक रेखा को धो-पोंछकर बहा देना चाहता था। एक तो उसके आकर्षक चेहरे का सबसे बड़ा दोष था उसके हृदय के एक-एक भाव को किसी स्वच्छ दर्पण की भाँति हू-ब-हू प्रतिबिम्बित कर देना। कब वह प्रसन्न है, कब कोई उलझन उसे मन ही मन रुला रही है, सब कुछ विनीता उसका चेहरा देखते ही जान जाती थी। इसी से वह अपनी स्वच्छ-निर्मल हँसी से ही विनीता जी का स्वागत करना चाह रहा था। उधर मिनी को लेकर उसे कलकत्ता भी जाना था। वहाँ विनीता की ममेरी बहन का विवाह था और विनीता बार-बार उसे सब काम छोड़ उस विवाह में सम्मिलित होने का आदेश दे चुकी थी। जाने से पहले जब मिनी ने इस बार भी अपनी प्रिय मिस को साथ ले चलने का प्रस्ताव पिता के सम्मुख रखा तब वह अकारण ही क्रोध से उबलकर ज़ोर-ज़ोर से चीखने लगा, "कैसी बेवकूफी की बातें करती हो बेबी, तुम जानती हो तुम्हारी माँ के मामा कलकत्ते के सबसे बड़े उद्योगपति हैं। वहाँ मैं तुम्हारी उस सड़बिल्ली मास्टरनी को लेकर कैसे जा सकता हूँ? फिर बहुत मुँह लगाने से ये मास्टरनियाँ कभी-कभी अपनी औकात भूल जाती हैं।"

बरामदे में बैठे अपने घाघ पी.ए. को सुनाने ही दिनकर पुत्री पर ज़ोर-ज़ोर से बरसा था, उसी क्षण पर्दा खोलकर खड़ी हुई सुरंगमा सब कुछ सुन उल्टे पैरों लौट गई है यह पिता-पुत्री ने एक साथ देख लिया। घबड़ाकर मिनी सिसकने लगी थी।

"ओह डैडी, यह आपने क्या कह दिया, मिस ने सब सुन लिया तब ही तो ऐसे लौट गईं। मैं जा रही हूँ, पर क्या कहूँगी उनसे!" वह उठ गई।

"नहीं तुझे अब कहीं नहीं जाना होगा!" दिनकर ने कड़ककर कहा।

"पर डैडी, मैं नहीं गई तो मिस फिर कभी मुझे पढ़ाने नहीं आएँगी।"

"कोई बात नहीं, न आए तो न सही, मैं दीक्षित से कह दूँगा, वह कोई और ट्यूटर तुम्हारे लिए ढूँढ़ देगा। अभी तो तुझे मेरे साथ कलकत्ता जाना है। जब लौटेंगे तब देखा जाएगा।"

"मैं और किसी से नहीं पढ़ूँगी डैडी, आपने किसी नए ट्यूटर को बुलाया भी तो उसे वैसे ही लौटना पड़ेगा..."

कलकत्ते में उन अनजान आत्मीयों के बीच मिनी घर लौटने को व्याकुल हो उठी थी। बार-बार वह पिता से घर लौटने की ज़िद कर ही रही थी किन्तु दिनकर का अपराधी चित्त स्वयं पश्चात्ताप से खिन्न हो उठा था। लखनऊ

लौट जाने को उसका मन ही नहीं कर रहा था। बात ठीक ही कही थी मिनी ने, उस दिन जैसी बातें उसने कह दी थीं उन्हें सुनकर वह आत्मसम्मानी लड़की अब कभी लौटकर नहीं आएगी। उसे पता होता कि वह पर्दे के पीछे खड़ी है तो इतनी कठोर गर्जना कभी नहीं गरजता। उसकी नज़रों में वह अब निश्चय ही एक छिछोर प्रमदाप्रिय मन्त्री मात्र बन गया होगा। जिसने उसके देवोपम सौन्दर्य का उस अरण्य में वैसा ऊँचा मूल्य आँका था, वही अपने राजसी परिवेश में राजसिंहासन पर बैठते ही उसे औकाती मास्टरनी कह गया तो बेचारी उसे और समझ ही क्या सकती थी। उधर मिनी अपनी रूठी मिस को मनाने नाना उपहार जुटा चुकी थी। चौड़े लाल ज़री पाड़ की धनखोली साड़ी लिफाफे से निकालकर वह सूटकेस में रखने लगी तो दिनकर ने हँसकर पूछा, "यह किसके लिए ली है बेबी? ममी के लिए? तू तो कभी साड़ी पहनती नहीं!"

"मैंने मिस के लिए ली है डैडी! देखिए कितना सुन्दर किनारा है। मैं तो ममी के लिए भी एक ले लेती पर ममी को ये सब साड़ियाँ पसन्द नहीं है। कह रही थीं, बरसों तक वे ही ताँत की साड़ियाँ पहन-पहनकर ऊब गई हूँ, पर मिस को ये ही साड़ियाँ पसन्द हैं।"

एक वैसे ही यमज लाल पाड़ की स्मृति दिनकर को गम्भीर बना गई। उसने फिर कुछ नहीं कहा। तीन दिन बाद ही विनीता आ जाएगी और इस बार वह उस मूर्खा को कहीं नहीं जाने देगा। यदि वह फिर भी जाने के लिए छटपटाई तो वह उससे स्पष्ट कह देगा, "ठीक है विनीता, जाना ही है तो चली जाओ पर तुम्हारी अनुपस्थिति में यदि तुम्हारी कोई अमूल्य वस्तु खो गई तो दोष मुझे मत देना, मैंने तुम्हें सावधान कर दिया है।"

किन्तु उसी क्षण दिनकर को अपनी काल्पनिक बहस की व्यर्थता पर हँसी भी आई थी। क्या रौबदार पत्नी की उपस्थिति में यह सब कहने का साहस उसे कभी हो सकता था?

मिनी को लखनऊ पहुँचाकर, वह दूसरे ही दिन विनीता को लेने दिल्ली चला गया था। पालम पर, उसे देखकर, निश्चय ही विनीता सुखद आश्चर्य से पुलकित हो उठेगी। आज तक वह बीसियों बार विदेश गई है और लौटी है, किन्तु कब-कब दिनकर, उसके स्वागत या उसकी विदा की बेला में पालम पहुँच पाया है? कभी-कभी तो ऐसा हुआ है कि महीनों के लम्बे विछोह के बाद लौटी विनीता जी, रो-धोकर, अकेली ही शयनकक्ष में करवटें बदलती

रही हैं, किसी महत्त्वपूर्ण मन्त्रणा ने उसके पति को मुँहलगी सौत की भाँति रात-भर बिरमाकर रोक दिया है। किन्तु उसे देखते ही, विनीता के पृथुल चेहरे की एक-एक भाँज कठोर झुर्रियों से भर गई थी, नकली पलकें सुखद आश्चर्य से झपकीं या अविश्वासपूर्ण व्यंग्य से ही बोझिल होकर झुक गई थीं, दिनकर समझ नहीं पाया। तीन-चार महीनों के सुदीर्घ विदेश-प्रवास ने, उसके मेदबहुल शरीर को और भी अधिक भारी बना दिया था, चिबुक के नीचे एक और अनाकर्षक नवीन चिबुक, सद्यः ब्याई बकरी के भरे स्तन-सा लटक आया था। किसी दामी डिपार्टमेंटल स्टोर से खरीदे गए ढीलमढ़ाल कोट की खुली भाँजों से, नित्य की परिचित प्रशस्त कटि की परिधि और भी प्रशस्त लग रही थी, "तुम कैसे आ गए आज?" स्वर का व्यंग्य अधीर रुदन में फूटने को तत्पर था, "कोई मीटिंग थी क्या?"

"क्यों, क्या केवल तुम्हें लेने यहाँ नहीं आ सकता हूँ मैं?" धूप का चश्मा उतारकर वह हँसा, किन्तु उसका दिव्य स्मित भी तनी पत्नी को नहीं गुदगुदा सका। जिस प्रौढ़ पति के क्लान्त खीझे चेहरे की स्मृति अपने पासपोर्ट में दाब वह साथ ले गई थी, वह तो यह नहीं था। यह तो जैसे बीस वर्ष की मारवाड़ी धर्मशाला की खटिया पर बैठा नोट्स बना रहा उसका लजीला प्रेमी मुस्करा रहा था। गालों पर स्वस्थ सन्तोष की लालिमा थी, कपोल भरने से आँखें कुछ छोटी लग रही थीं, किन्तु तीखी नाक की आकर्षक झुर्रियाँ और भी आकर्षक बन इतने वर्षों बाद आज फिर उसका कलेजा धड़का रही थीं।

"हूँ, देख रही हूँ, मेरा विछोह तुम्हें माफिक हो गया है..." इस बार वह हँसी, किन्तु उस हँसी में स्निग्धता नहीं थी। तब क्या, उस तेज़ छुरी सी नज़र ने बाहर से सरस-ताजे दिख रहे फल के अन्तर स्थित सड़ांध का स्याहा धब्बा देख लिया था? क्या वह उसी को ऐसे तराश-तराशकर फेंक रही थी।

"कलकत्ता गए थे?"

"हाँ-हाँ", बड़े उत्साह से दिनकर ससुराल के प्रति स्नेह का प्रमाण देने लगा, "गया था विनीता, मिनी भी गई थी। एक जामदानी शाल ले गया था, एक ओमेगा घड़ी और तुम्हारी बहन के लिए बनारसी साड़ी। मामा जी खूब खुश हो गए थे..."

"हूँ, और कौन गया था?" क्षण-भर पूर्व की सोहाग से छलकती विनीता, पति पार्श्व में बैठी-बैठी ही सहसा प्रस्तर मूर्ति-सी अचल हो गई, केवल ओंठ ही बुदबुदाते जा रहे थे, "क्यों, बोलते क्यों नहीं, और कौन गया था?"

"कैसी बात कर रही हो विनीता जी, और कौन जाता?"

"क्यों, वह नहीं गई जिसे लेकर नैनीताल गए थे?"

दिनकर की दोनों हथेलियाँ पसीने से तर हो गई। ओह तो, शत्रुपक्ष ने लौंगरेंज की बमबारी भी की थी।

"देखो विनीता जी", वह इतने वर्षों में भी पत्नी के नाम के आगे बिना 'जी' लगाए बात नहीं कर सकता था, "मैंने बहुत मना किया था पर बेबी नहीं मानी, बराबर मचलती रही कि नैनीताल चलेगी, अब वहाँ मैं उसे क्या मीटिंग-भाषणों में गले में ढोल-सा लटकाए फिरता? इसी से मिस जोशी

की खुशामद करनी पड़ी, वह जाना नहीं चाह रही थी। बराबर ना कर रही थी..."

"तुमने तो संस्कृत पढ़ी है दिनकर, रससिद्ध कवीश्वरों ने मानिनी नायिका की इस ना-ना को कैसे डिसाइफर किया है, जानते हो ना?"

विनीता की तिर्यक् कुटिल मुस्कान की पैनी छुरी अब दिनकर की छाती पर थी। फिर कोई उत्तर न पाकर विनीता का चेहरा अजीब हो गया, कनखियों से ही दिनकर ने पत्नी के गोलमोल चेहरे को किसी हवा निकल रहे गुब्बारे की ही भाँति दयनीय रूप से सिकुड़ता देख, उसका हाथ उठा अपनी छाती से लगा लिया। रूठी पत्नी को मनाने के लिए अब जिह्वा की कोई भी दलील कारगर नहीं हो सकती, यह वह समझ गया। ड्राइवर की उपस्थिति में जितना मूक प्रेम-प्रदर्शन सम्भव था, उतने ही से तनी विनीता को बाँधता, सहलाता, वह गन्तव्य आवास पर पहुँचा था। किस मानिनी पत्नी के उपालम्भ के रोड़े-कंकड़ प्रेम-प्रदर्शन की सशक्त वन्या में नहीं बह जाते? पुरुष नारी की इसी दुर्बलता का तो दिन-रात लाभ उठाता है! अपने अक्षम्य अन्याय से वह नारी को कितना ही क्यों न सता ले, जहाँ उसे बाँहों में भर, उसने पाँच मृत्युंजयी शब्दों का पंचतिक्त पिलाया, "मैं तुमसे प्रेम करता हूँ", वहीं नारी अपनी हृदय की बड़ी से बड़ी व्याधि की व्यथा भी भूल जाती है। पत्नी यदि चरित्रहीना होती है तो शायद बिरला ही कोई निर्वीर्य पुरुष ऐसा होता होगा, जो उसके कलंक का डंका न पीटे, किन्तु पति के बड़े से बड़े कलंक का विषघूँट भी कंठ ही में घुटक, स्वयं नीलकंठी बन, पत्नी उसके सुनाम को सेंत लेती है। एक बार, दिनकर की बाँहों में सिमट-सिसककर विनीता उस मनहूस पत्र की व्यथा को भी भूल गई थी, जिसने उसे समय से पूर्व ही स्वदेश लौटने को बाध्य किया था।

"तुम तो जानती हो विनीता जी", नित्य विरोधी दल की पैनी तलवारों के आघात सहने की अभ्यस्त चतुर जिह्वा स्वयं पैनी तलवार बनी लपलपाने लगी, "राजनीति में केवल कीचड़ है, उसी कीचड़ में जब कमल उगता है तब क्या यह सम्भव है कि उस पर कभी कीचड़ के धब्बे ही न पड़े? तुम मेरी अर्द्धांगिनी हो, यदि तुम ही अविश्वास करने लगीं, तो बताओ मेरी स्थिति क्या रह जाएगी? मैं आज अपनी पूरी ईर्ष्यादग्ध बिरादरी की आँखों की किरकिरी हूँ। तुम जानती हो मेरी महत्त्वाकांक्षा क्या है—मैं जानता हूँ, कि एक न एक दिन समग्र देश की सत्ता स्वयं सरसराती मेरी मुट्ठी में सिमटकर ऐसे बन्द हो जाएगी..." अपनी बद्ध मुष्टिका वह फिर बड़े नाटकीय कौशल से विनीता की नाक के नीचे ले आया था, "मेरा यह अश्वमेघ यज्ञ कैसे सम्पन्न होगा विनीता जी, यदि तुम स्वयं ही मेरे अश्व की लगाम पकड़ उसे रोक लोगी? जो पति अपनी पत्नी का विश्वास नहीं पा सकता, उस अभागे का फिर संसार का अकर्मण्य से अकर्मण्य व्यक्ति भी विश्वास नहीं करता।"

पति की इसी दलील ने विनीता को पराजित कर दिया था। वह पति के साथ लखनऊ लौटी तो उसका चेहरा वर्षा से सद्यःस्नात पथरीली छत-सा ही उज्ज्वल होकर निखर आया था। आते ही उसने दौड़कर उदास पुत्री को खींचकर छाती से लगा लिया था।

"अरी, यह कैसा चेहरा बना लिया... बीमार पड़ गई थी क्या?"

सचमुच ही लड़की का चेहरा इत्ता-सा निकल आया था, "मेरी मिस नहीं आ रही हैं मम्मी, यह सब डैडी ने किया!" उसका स्वर रुआँसा हो गया, तीव्र भर्त्सना की दृष्टि से उसने पिता को देख छलछलाई आँखें फेर लीं।

"क्यों? डैडी ने क्या किया?" सन्दिग्ध दृष्टि से विनीता जी ने पति को घूरा, क्या उसकी अनुपस्थिति में कुछ कर बैठा था अभागा?

दिनकर की उस दिन की गर्जना का एक-एक शब्द दुहराकर मिनी आँखें पोंछने लगी थी।

"पता नहीं और भी क्या-क्या बक गए थे डैडी...! मिस, पर्दे के पास खड़ी सब सुन रही हैं, यह मैंने देख लिया—आँखों ही आँखों में मैंने डैडी को कितनी बार समझाया, पर सुनते तब ना—और जब मैं उनके पीछे-पीछे उन्हें मनाने जाने लगी तब मुझे फिर झिड़क दिया—'अब मनाने-वनाने नहीं जाएगी तू!' पता नहीं क्या सोच रही होगी मिस!"

अचानक विनीता का हृदय कागज के फूल-सा हल्का होकर पति के प्रति

असीम कृतज्ञता से छलक उठा। कैसी मूर्खा थी वह! ऐसे देवतुल्य पति का उसने अविश्वास किया था। यदि उस गुमनाम पत्र लिखनेवाले चोट्टे के आरोप में कुछ तथ्य होता, तो क्या दिनकर अपनी प्रेयसी को ऐसे लाठी लेकर स्वयं खदेड़ देता? "तू घबड़ा मत बेबी", उसने पुत्री की पीठ थपथपाई और बनावटी क्रोध की लाड़-भरी चितवन से पति को देखकर कहा, "मैं आज ही शाम को तेरे साथ चलकर तेरी मिस को मना लाऊँगी। देखूँ, कैसे नहीं आती!"

और उसी शाम, वह विदेश से बटोरकर लाई गई अपनी अलभ्य उपहार-साम्रगियों में से तीन-चार उपहार बटोर, अपनी पुत्री के साथ उसकी रूठी शिक्षिका को मनाने चल दी।

इतवार की साँझ सुरंगमा प्रायः घर पर ही बिताती थी। सुबह बाल धोए थे, बिना सुलझी खुली केशराशि अभी भी पीठ पर बिखरी थी। अपनी खुली प्रिय खिड़की से उसे राह-चलती रंगीन भीड़ का मेला, मोटर-रिक्शा-साइकिल की कतार देखना बड़ा अच्छा लगता था। दिनकर के मुँह से, उसने जिस दिन अपने लिए अपशब्द सुने थे उस दिन वह भूखी ही सो गई थी। छिः छिः, तब क्या उससे खेलने के लिए ही, उसने उस अरण्य में उस सरस भूमिका से उसे लुभाया था? मीरा की चेतावनी तब से बराबर उसके कानों में गूँज रही थीं—"इन मन्त्रियों का क्या कोई ठिकाना है?" अच्छा ही हुआ जो विधाता ने उसे स्वयं ही उस कलुषित परिवेश से बाहर खींच लिया। फिर भी मिनी के लिए उसका मन बीच-बीच में न जाने कैसा हो उठता था। बेचारी लड़की! ठीक परीक्षा के पहले वह उसे बीच मँझधार में छोड़ आई थी। तीन-चार दिन तक वह बैंक से लौटने पर बड़ी आशा से द्वार खोलती—क्या पता, उसकी अनुपस्थिति में लड़की बन्द द्वार की दरार से, उसे लौट आने के लिए कोई अनुग्रहपूर्ण चिट डाल गई हो। कभी भी कोई कार सड़क पर अपनी गति धीमी करती, तो वह खिड़की से उचक-उचकर देखने लगती, किन्तु कोई नहीं आया। आठवें दिन जब वह किसी भी व्याघात के लिए प्रस्तुत नहीं थी, तब ही बिना किसी पूर्व सूचना के विनीता जी ने पुत्री के साथ उसका द्वार खटखटाया था।

"कौन?"

दिन हो या रात, सुरंगमा बिना यह प्रश्न पूछे कभी द्वार नहीं खोलती थी।

"मैं हूँ मिस!" उस मीठी आवाज़ ने उसके विषण्ण हृदय को सहसा

उत्फुल कर दिया।

"ओह तुम हो, मैं अभी तुम्हारे ही बारे में सोच रही थी, मिनी!" शिष्या का स्वागत करने फैले उसके दोनों हाथ विनीता जी को देखते ही शून्य में फैले रह गए। वात्सल्यपूर्ण मैत्री से गागर-सी छल उठी तरल आँखें, कठोर हो गई। यह कैसे आ गई—आज तक तो यह दम्भी महिला कभी उसके यहाँ नहीं आई थी।

"आइए!" नम्र अभ्यर्थना के साथ उसने कुर्सी खिसका दी। छोटे हवादार कमरे की स्वच्छ सुघड़ता को विनीता जी की सुरूचि-सम्पन्न आँखें बड़े गौर से देख रही थीं। दर्पण-सा चमकता फर्श, दीवार पर 'ऊँ शुभ लाभ' को घेरे अर्द्ध वृत्ताकार रेखा, खिड़की पर लगा सुघड़ चुन्नटों से सधा पर्दा, एक-एक वस्तु की सूक्ष्म तहों के भीतर तक विनीता जी की दृष्टि छिपकली-सी सरसरा रही थी। खिड़की का पर्दा उसकी प्रशस्त परिधि के अर्द्धांग को ही ढाँके था, ऊपर खुले भाग से आते गोमती-स्नात झोंके में अद्‌भुत ठंडक थी। कमरे के वायव्य कोने में एक तखत बिछा था, उसी पर शायद लड़की सोती थी। दूसरे कोने से, पिता का तानपूरा टिका था और पास ही तबलों की जोड़ी धरी थी।

"वाह सुरंगमा, तबीयत खुश हो गई तुम्हारा घर देखकर। और कितने कमरे हैं?" वह प्रश्न के साथ ही बड़ी ललक से खड़ी हो गई, स्पष्ट था कि वह सब कमरों को देखना चाह रही है।

मिनी को माँ का यह अनावश्यक कुतूहल ज़रा भी अच्छा नहीं लग रहा है, यह सुरंगमा उसका चेहरा देखकर ही समझ गई, किन्तु अपने भुवन-मोहक स्मित के साथ वह उठ गई, "आइए, दिखा दूँ—बड़ा कमरा तो एक यही है, पर एक छोटा-सा बेडरूम और भी है, एक किचन, एक स्टोर, एक बाथरूम और एक छोटा-सा बरामदा भी है।"

विनीता जी की बड़ी-बड़ी आँखों की पुतलियाँ फिर उसी कुटिलता से संकुचित हो गईं, किसी अनुभवी सी.आई.डी. की-सी उनकी समग्र जिज्ञासा, उन कुटिल पुतलियों की नोक पर आकर चमकने लगी। इधर-उधर, प्रत्येक ओने-कोने दीवार पर आँखें फेरती वह ऐसी धीर-मन्थर गति से अग्रसर हो रही थीं, जैसे किसी फौजी टुकड़ी का निरीक्षण कर रही हों। क्या पता, किसी खूँटी पर टँगा पति का कोई खादी का कुर्ता ही दिख जाए। कोई तस्वीर या कोई और प्रणय-चिन्ह।

दूसरे बेडरूम में आबनूसी चौकी पर स्वामी रामतीर्थ, माँ और विवेकानन्द की तीन तस्वीरों के नीचे, एक अगरबत्ती जल रही थी। दीवार पर माँ और नाना की एक बड़ी-सी तस्वीर टँगी थी, तस्वीर का सुनहला जड़ाऊ चौखटा बरबस आँखें बाँध लेता था। पितृगृह से पलायन के पूर्व, माँ इसे अपने सूटकेस में छिपा लाई थी। मखमली गद्दीदार कुर्सी पर नाना बैठे थे, उनके पैरों के पास बैठी थी राजलक्ष्मी, और उसी के पीछे खड़ी थी मदाम। उस चित्र में उसके मातृपक्ष का वैभव जीवन्त हो उठा था। धोती की चुन्नटों से लेकर रेशमी कुर्ते की सरसराती तरंगों में कुर्सी पर तनकर बैठे उस व्यक्तित्व-सम्पन्न जोतदार का वैभव-उदधि छलछलाकर देखनेवाले को अब भी अभिभूत कर देता था। दोनों घुटनों पर हाथ धरे नाना मुस्करा रहे थे। बालों को किसी शृंगार-कुशल वारवनिता की ही भाँति, पत्तियों में काट, बाईं ओर की माँग सँवार विभक्त किया गया था। काली सघन मूँछें थी विलासी तरूण की, किन्तु बड़ी-बड़ी आँखों में था किसी संसार-त्यागी का वैराग्य। पतली नाक वैसी ही थी, जैसी रवि वर्मा के चित्रों के नायक की हुआ करती थी। पायदान पर धरे चमकते पम्पशू के अग्रभाग में लगी, हिटलर की मूँछों-सी तितली चित्र में भी सतर खड़ी थी। घुटनों पर दोनों हाथ शायद हीरे-पुखराज की अँगूठियों के प्रदर्शन के लिए ही धरे गए थे, आसपास धरे दो गमलों में पास की पत्तियाँ गिद्ध के डैनों-सी फैल गई थी। किशोरी राजलक्ष्मी के पीछे मदाम खड़ी थीं। उनके आलपाके गाउन पर छपे अंगूर के बड़े-बड़े गुच्छों और अंगूरी पत्तों के बीच, एक बड़ा-सा ब्रोच लगा था। बालों के विक्टोरियन ऊँचे जूड़े ने चेहरे को और कठोर बना दिया था। जूड़े पर लगे सोने के कंघे पर खुदे 'चिरसोहागिनी थाको' (चिर सुहागिन रहो) की लिपि चित्र में बड़ी स्पष्ट होकर उतर आई थी। लक्ष्मी ने ही सुरंगमा को बताया था कि कैसे उसने एक बार अपनी बचकानी ज़िद में चित्र पर ही कागज चिपका उस कंघे को छिपा दिया। यह कंघा कभी उसकी माँ का था। 'जिस दिन माँ की तबीयत ज़रा हल्की होती और माया उनका बड़ा-सा जूड़ा बनाती, उस दिन माँ बड़े शौक से यह कंघा अपने बड़े-से जूड़े में खोंस लेतीं। फिर स्वयं ही उसे पुकारकर कहतीं—"खुकू, ने रेखे दे तो माँ, बड़ लाग छे।" (मुन्नी, निकाल दे तो, बेटी, बड़ा चुभता है।)

माँ का सुहाग उसे ऐसे ही चुभता था।

"सुरंगमा, इससे तो मैं इस तस्वीर को हमेशा बक्से की तह में डालकर

रख देती हूँ", लक्ष्मी ने उससे कहा था। किन्तु, चित्र में मदाम को सौत का कंघा ज़रा भी नहीं चुभ रहा था। वह अपनी रहस्यमयी-खूनी मुस्कान के साथ दगदगाती खड़ी थीं। उनकी विराट छातियाँ शरीर से बहुत आगे निकलकर पैरों के पास बैठी लक्ष्मी के सर के ऊपर शेषनाग के फन-सी फैल गई थीं। सहमी-सिमटी, तिरछी होकर बैठी माँ के अंग-प्रत्यंग पर न जाने कैसे-कैसे गहने थे, जैसे कभी बंगाली जौहरियों के पुराने कैटलागों में हुआ करते थे, बाला, बाउटी, कंकण, बाँक, जोशम, मयूरकंठी हार और पतली नाक में बड़ी-सी नाकछवि! वह श्यामवर्णी सलोला चेहरा तीनों में सबसे प्रखर होकर उभर आया था।

"वाह, यह किसकी तस्वीर है जी?" विनीता जी ने पूछा।

"मेरे नाना, मेरी माँ और उनकी गवर्नेस है!"

सुरंगमा जानती थी कि वह कुतूहलप्रिया निश्चय ही मदाम के विषय में भी अवश्य पूछेगी, इसी से उसने उसके प्रश्न पूछने से पहले स्वयं ही उत्तर दे दिया :

"गवर्नेस?" उनकी उठी भृकुटि में विद्रूप का स्पष्ट संकेत था, पूछते ही फिर स्वयं ही उन्होंने बड़े कौशल से कंठस्वर को बदल लिया। पूछा तो उन्होंने इसी उद्देश्य से था कि क्या उनके गृह में ट्यूशन करनेवाली इस लड़की का माँ की कोई गवर्नेस भी हो सकती थी?

"हाँ-हाँ, उस जमाने में तो समृद्ध घरों में प्रायः ही पुत्रियों के लिए विदेशी गवर्नेसों की नियुक्ति की जाती थी", कहकर वह फिर बड़े ध्यान से चित्र को घूरने लगीं। सहसा, उन्होंने अपनी दूसरी गोली दागी, "तुम्हारे पिता का कोई चित्र नहीं दिखा हमें? नहीं है क्या?"

"जी नहीं, उन्हें चित्र खिंचवाना अच्छा नहीं लगता।"

"मैंने देखा है, मम्मी, आकाशवाणी के नेशनल प्रोग्राम के साथ एक बार उनका बड़ा सुन्दर चित्र छपा था—एकदम मिस से मिलता है उनका चेहरा।"

"हूँ, यही तो मैं सोच रही थी, तुम्हारी माँ से तो तुम्हारा चेहरा एकदम नहीं मिलता", फिर एक बार सन्दिग्ध दृष्टि से चित्र को घूरती वह बरामदे की रेलिंग पकड़कर खड़ी हो गई। इस गृह में आते ही उनके पति के सन्धिपत्र पर हुए हस्ताक्षर फिर धूमिल हो गए। इस बित्ते-भर की छोकरी की उपस्थिति में वह क्यों अपने को इतना क्लान्त, विवश और असहाय अनुभव करने लगी थीं। क्यों, एक अनामा आशंका उन्हें अकारण ही प्रतिपल विचलित कर रही

थी? कौन उनके अन्तःकरण की अर्गला बार-बार खटखटाकर कह जाता था—यही है तेरी सौत, तेरी सौत!" एक बार उसके पिता के किसी जर्मन उद्योगपति मित्र ने उसका हाथ देखकर कहा था, 'गाड़ोदिया, तुम्हारी पुत्री जन्म से ही साइकिक शक्ति लेकर पृथ्वी पर आई है—इसकी अद्‌भुत अन्तर्दृष्टि इसे सदा पग-पग पर आ गए खंदक-गड्ढ़ों से बचाती रहेगी—इसी से भविष्य रहेगा सदा उज्ज्वल, किन्तु दर्पण पर प्रतिबिम्बित हो रही दुर्घटनाओं की आशंकाजनित चिन्ता का सरदर्द भी इसे नित्य बना रहेगा।' मि. ब्रेन्सन की पिता को लेकर की गई एक नहीं अनेक भविष्यवाणियाँ सत्य साबित हुई थीं। उन्होंने विनीता की यह रेखा ठीक ही पढ़ी थी। उसके इस बार समय से पूर्व आ जाने का कारण भी यही था। एक महत्त्वपूर्ण मीटिंग को छोड़ वह रात ही त्रिचूर से उड़कर लखनऊ आ गई थी। आकर उसने ठीक ही किया था। दिनकर के विरुद्ध उन दिनों सशक्त विरोधी दलों की सम्मिलित शक्ति का गहरा षड्‌यन्त्र चल रहा था, न वह ठीक से सो पा रहा था, न खा-पी ही रहा था। डॉक्टरों को बुला, विनीता जी ने उसके शरीर के एक-एक अंग की जाँच करवा ली थी, कानपुर से हृदय-रोग विशेषज्ञ को बुलाकर, उन्होंने हृदय की पूरी जाँच करवाई। डॉक्टरों ने दस-बारह दिन बिस्तर से न हिलने की राय दी। मानसिक तनाव और शारीरिक क्लान्ति के अतिरिक्त उन्हें कोई ऐसी चिन्ताजनक बात नहीं दिखाई दी। सुनते ही विनीता जी ने पति को लक्ष्मण-रेखा में घेरकर मूँद दिया। कैसा भी कोई मिलनेवाला क्यों न आए, वह किसी को भीतर नहीं जाने देती। पति के सिरहाने बैठकर वह उनकी सारी शारीरिक क्लान्ति और मानसिक तनाव को अकेले ही भगा देंगी, फिर त्रिचूर लौट जाएँगी। पुत्री की शिक्षिका को मनाने का उनका सारा उत्साह स्वयं ही ठंडा पड़ गया। वह मन्त्री-पत्नी थीं, बुलाना ही था तो पी.ए. को भेजकर उस लड़की को नकेल खींचकर कोठी पर ही बुला उससे जवाब-तलब कर सकती थीं, 'क्यों नहीं आई जी? नहीं आ सकती थी तो कहलवा तो सकती थीं, फिर ठीक परीक्षा के दो महीने पहले लड़की को धोखा क्यों दे गई?'

आज यहाँ आकर उसने क्या स्वयं अपने घुटने नहीं टेक दिए थे? अब शासन का दम्भी रुख अपनाना मूर्खता ही होगी।

"आइए, एक प्याला चाय पी लीजिए!" हाथ में ट्रे लिए मुस्काती सुरंगमा खड़ी हुई तो विनीता जी अन्यमनस्क-सी पीठ किए ही खड़ी रह गई, जैसे

सुन ही न रही हो।

"मम्मी, मिस चाय बनाकर लाई हैं!"

"अरे, तुमने यह सब क्यों किया?" उन्होंने हँसकर कहा, किन्तु सुरंगमा ने उस औपचारिक हँसी में घुले हलाहल की झलक देख ली थी।

प्लेट में धरे बिस्कुट एक ओर खिसका उन्होंने रूखे स्वर में कहा, "चाय भी मैं बेवक्त नहीं पीती, पर तुम बना ही लाई हो तो लाओ, पी लूँगी।"

"मिस, देखिए मम्मी आपके लिए क्या लाई हैं, मुझे पता था कि आपको परफ्यूम्स की कैसी वीकनेस है। मैंने मम्मी को लिख दिया था और आप ही के लिए यह 'शैनेल' मँगवाया था—और यह डार्क ग्लासेज पहनिए मिस, प्लीज़..."

उसकी मुँहलगी शिष्या ने फिर जबरदस्ती धूप का चश्मा उसकी आँखों पर लगा दिया।

हँसती सुरंगमा ने चश्मा ठीक से लगाया और चाय का घूँट विष बनकर विनीता जी के कंठ में घुल गया। कैसी मारात्मक रूप दे दिया था भगवान ने इसे! एक ही भ्रूक्षेप के एक साथ कितने ही घर बरबाद कर सकती है छोकरी!

"हाय मम्मी, देखिए कितनी सुन्दर लग रही हैं, मिस! वह कौन-सी फ्रेंच ऐक्ट्रेस थी मम्मी, जिसकी फिल्म हमने उस बार फिल्म-फेस्टिबल में देखी थी? एकदम वैसी ही लग रही हैं आप!

सुरंगमा ने हँसकर चश्मा उतार दिया, "तुम्हें तो मैं हमेशा ही एक न एक नई फिल्म ऐक्ट्रेस-सी लगती हूँ मिनी! पर यह सब तुम रखो ना, तुम्हें भी तो परफ्यूम बहुत अच्छे लगते हैं।"

"वाह जी, वाह, हम क्यों लें! मम्मी हमारे लिए भी तो लाई हैं, आप जब कल आएँगी तब दिखाऊँगी।"

चतुरा मिनी बातों ही बातों में उसके पुनः आने का समर्थन उसी के मुँह से सुनना चाह रही थी।

"मिनी" इस बार सुरंगमा का स्वर दृढ़ था, "मुझे दुःख है, मैं अब तुम्हें पढ़ाने नहीं आ पाऊँगी। मेरा काम इधर बहुत बढ़ गया है, वैसे भी मैंने तुम्हारा पूरा कोर्स रिवाइज करवा दिया है। मुझे विश्वास है कि तुम मेरे बिना भी बड़ी आसानी से अब स्वयं पढ़ सकती हो..."

"सुन रही हो मम्मी, मैं कैसे पढ़ सकती हूँ? आधी फिजिक्स पड़ी है...

आप कहिए ना...'' मिनी रुआँसी हो गई।

विनीता जी ने इसी बीच पुत्री की समस्या का नया समाधान ढूँढ़ लिया था, उल्लसित होकर उन्होंने सुरंगमा के दोनों हाथ थाम दिए ''देखो सुरंगमा, तुम क्यों नहीं आना चाह रही हो, मुझे बेबी ने बता दिया है। तुम्हें उनके कहने का बुरा नहीं मानना चाहिए। तुम तो देख ही रही हो, वह क्या हमारी-तुम्हारी तरह उठ-सो पाते हैं? न समय पर खाना-पीना, न समय पर नींद। रात-रात भर जागकर फाइल देखते रहते हैं। जिनके सर पर दिन-रात काँटों का ताज धरा रहे वह यदि कभी चिड़चिड़ाकर कुछ कह भी दे तो उसे अन्यथा नहीं लेना चाहिए। फिर इधर उनकी तबीयत ज़रा भी ठीक नहीं है। बुरा मत मानना सुरंगमा, पर शायद तुम्हें हमारे घर आकर पढ़ाने में ही आपत्ति है, क्यों? मैं जानती हूँ तुम मिनी को बहुत प्यार करती हो और यह कभी नहीं चाह सकती कि उसका परीक्षा-फल बिगड़ जाए। कल से मिनी स्वयं ही तुम्हारे घर पढ़ने आया करेगी। मुहम्मद अगर कुएँ के पास नहीं आ सकते तो कुआँ ही प्यासे मुहम्मद के पास आएगा, क्यों है ना बेबी?'' विनीता जी फिर बिना सुरंगमा की स्वीकृति की प्रतीक्षा किए ही उठ गई।

''चल बेबी, सात बजे तेरे डैडी को सूप देना है, साढ़े छह यहीं बज गए–बस यही तय रहा सुरंगमा? कल से तुम्हारी शिष्या यहीं पढ़ने आया करेगी।

अनमनी-सी सुरंगमा बिना कुछ कहे, बिना किसी अभ्यर्थना के वहीं खड़ी रह गई थी। जिस गृह से वह हृदय दृढ़ कर नाता तोड़ चुकी थी वह उसे देखते ही देखते फिर अपने ममत्व के घेरे में बाँध गया। मिनी के लाए उपहारों को उठाने लगी तो बादामी कागज के लिफाफे में धरी लाल जरी पाड़ की सफेद साड़ी उसके हाथों में आ गई। यह कौन लाया था? मिनी, उसकी मम्मी या उसके डैडी? उत्तराखंड के अरण्य में, जिसने ऐसे ही लाल पाड़ की तुलना किसी विस्मृत चित्र से की थी, क्या यह उसी का भेजा गया उपहार था? दूसरे दिन मिनी आई तो वह उसे साड़ी लौटाने लगी, ''मिनी, ये पैकेट शायद कल तुम भूल गई थी!''

''वाह मिस, भूलूँगी कैसे, यह तो मैं कितनी ही दुकानों से ढूँढ़कर आपके लिए लाई हूँ। असल में लाल पाड़ की साड़ी आप पर बहुत अच्छी लगती है। इसी से मैंने ले ली थी, उस दिन तो आपकी वह साड़ी भीगकर एकदम ही खराब हो गई होगी।''

पढ़ाई समाप्त होने पर भी उसकी शिष्या घर नहीं जाना चाहती, सुरंगमा ही उसे डाँट-फटकारकर घर भेज देती। "जाओ मिनी, और कुछ नहीं पढ़ना है क्या?"

"प्लीज मिस, दस मिनट और रहने दीजिए, फिर चली जाऊँगी..."

फिर वह कभी सुरंगमा के गुलदस्ते में घर से लाए फूल सजाती, कभी उचककर खिड़की पर बैठ जाती और कभी जबरदस्ती उसे अपनी कार में घुमाने खींच ले जाती।

"जस्ट फर ए लांग-लांग ड्राइव मिस...अर्जुनगंज चलेंगी? जहाँ उस बार गए थे..."

दो ही महीने में तो अपनी उस मुँहलगी शिष्या से स्वयं ही उसका रिश्ता टूट जाएगा। विनीता जी पुत्री की स्कूली पढ़ाई शेष होते ही उसे दिल्ली भेजने का पूरा प्रबन्ध कर चुकी थीं।

मीरा अपना लम्बा हनीमून मनाकर लौटी तो भागकर सुरंगमा से मिलने पहुँची। सुरंगमा अपनी शिष्या को पढ़ा रही थी। कितनी बदल गई थी मीरा! साँवले चेहरे पर क्या उसके हनीमून ने ही कोई जादुई प्रलेप मल दिया था।

"सुरंगमा, आज अपनी शिष्या की छुट्टी कर दे—क्यों मिनी, छुट्टी चाहिए तुम्हें?"

"नो थैंक्स", उसका संक्षिप्त बचकाना उत्तर सुन सुरंगमा ज़ोर से हँस पड़ी, "देखो, इसे कहते है गुरुभक्ति, मैं छुट्टी दूँ, तब भी मेरी शिष्या मुझे छोड़कर नहीं जाएगी!"

"तब ठीक है, तू चटपट पढ़ा ले, फिर मैं तुझे घर ले जाऊँगी—कितनी सारी बातें जमा हैं—यू हैव वोल्यूम्स टू लिसन, आई एम सो हैप्पी—सो हैप्पी।" वह दोनों पैर ऊपर कर तखत पर पद्मासन मुद्रा में बैठ गई, आनन्द उसके ललाट, उज्ज्वल आँखों, नासिकाग्र से झर-झर बहता पूरे कमरे को भिगों रहा था।

"चल-चल, पढ़ा और छुट्टी कर।" उसने ऐसे अधैर्य से कहा, जैसे उन दो सखियों के बीच मिनी कोई बड़ा-सा रोड़ा बनकर अटक गई हो।

मिनी का चेहरा कुछ मलिन हो गया है, यह सुरंगमा ने देख लिया, "तुम तब तक ये 'सम' करो मिनी, मैं चाय का पानी चढ़ा आऊँ..." उसकी पीठ पर स्नेह का हाथ सहला वह जाने लगी तो मीरा भी उसके पीछे चल दी।

"लुक हियर मिस जोशी, कुछ दाल में काला तो नहीं है यार!" उसने

सुरंगमा का चिबुक थाम लिया। अकारण ही सुरंगमा के कर्णमूल तक ब्रीड़ा का अंगराग फैलता पूरे चेहरे को अबीरी बना गया।

"मतलब?" वह चिबुक से मीरा का हाथ हटा फिर गैस जलाने झुक गई।

"मतलब यही है डार्लिंग, कि जब से नैनीताल से लौटी हो, हम तुम्हें बराबर देख रहे हैं, देवदार की हवा तुम्हें बहुत माफिक आ गई है..."

"चल हट, हर वक्त यह बेकार का मज़ाक अच्छा नहीं लगता, कहीं किसी ने सुन लिया तब?"

"तब यह बेकार का मज़ाक तुम्हें बार-बार बीरबहूटी क्यों बना देता है जी! और जहाँ तक सुनने की बात है, वही आगाह करने तो आज यहाँ आई हूँ। तेरी नैनीताल-यात्रा को लेकर लोग बातें करने लगे हैं। दिनकर जी के शत्रु भी तो कम नहीं हैं। आते ही सुना तो सोचा, तुझे जाकर बता आऊँ...यू हैव टु बी वेरी केयरफुल, वेरी-वेरी केयरफुल...आजकल लोग जेबों में टेप लिए घूमते हैं समझीं?"

"मीरा, तू क्या मेरा विश्वास नहीं करती।" सुरंगमा के होंठ थरथराने लगे, "जब से नैनीताल से लौटी हूँ सिर्फ एक बार उस कोठी में पाँव रखा है, मैंने तो ट्यूशन भी छोड़ दिया था, विनीता जी खुद ही आकर गिड़गिड़ाने लगीं, तब से मिनी यहाँ आकर पढ़ जाती है।"

मीरा ने कुछ कहा नहीं, किन्तु जिस दृष्टि से उसने अपनी सखी को देखा, उसमें उसके लिए सहानुभूति थी—असीम सहानुभूति।

मीरा दो-तीन दिन रहकर, अपने पति के साथ कनाडा चली गई तो सुरंगमा को लगा, माँ की मृत्यु के बाद वह दूसरी बार असहाय हो गई है। उसकी एकमात्र हितैषिणी अब सुदीर्घ अवधि के लिए विदेश चली गई तो क्या एक वर्ष से पहले कभी लौट सकती थीं? जाने से पहले सुरंगमा को बाँहों में भर एक बार फिर वह अपनी वही चेतावनी दोहरा गई थी, "सुरंगमा, मैंने तेरी दुर्बलता को पकड़ लिया है, तू लाख छिपाए, दिनकर जी का नाम लेते ही तेरा चेहरा कैसा हो जाता है, कभी जी में आता है दर्पण लाकर तुझे दिखा दूँ। पर देख सुरंगमा, मैंने विनीता जी के क्रूर स्वभाव की अनेक कहानियाँ सुनी हैं—कहते हैं, इसी हृदयहीन महिला ने अपनी भोली सौत को ज़हर देकर मरवा दिया था। अब यह सर्पिणी छछून्दर की ही भाँति अपने आकर्षक पति को न निगल पाती है, न उगल! आई फील सो सॉरी फार

हिम! साल में दस महीने तो समाज-सेवा करती है और दो महीने पति-सेवा! दिन-रात रेगिस्तान में भटकनेवाले उस रूपपिपासु पथिक को तेरे रूप की सरस जलधार अपनी ओर नहीं खींचती तो मुझे आश्चर्य ही होता। पर दिनकर जी भले ही प्यासे मर जाएँ, वह जानने पर उन्हें कभी पानी नहीं पीने देगी। मुझे भय है, उस जलधार के लिए कहीं चुड़ैल अपने नैनों के अग्निबाण से उसे भी सोखकर ना सुखा दे। सुरंगमा, तू किसी सत्ताधारी निरंकुश सम्राट् की रक्षिता बने, यह मैं नहीं चाहती। ईश्वर ने तुझे अकृपण हस्त से सौन्दर्य दान दिया है, तुझे किसी सम्राट के हृदय की एकछत्र साम्राज्ञी बनाने के लिए, समझी? मैं अब भी तुझे राय दूँगी, तू कार्तिक दा से विवाह कर लें।"

किन्तु म्लान हँसी के साथ सुरंगमा ने अपने चिरकौमार्य व्रत का वही दृढ़ निश्चय दुहरा दिया था, 'तू निश्चिन्त रह मीरा, मैं न किसी की रक्षिता बनूँगी, न साम्राज्ञी। लौटकर देखेगी, किसी ब्रांच मैनेजर की कुर्सी पर बैठी मैं मोटा-सा रजिस्टर देख रही हूँ। बड़े-से काँच से ब्रांच मैनेजर का चेहरा पहचान, तू निःसंकोच भीतर चली आना।"

इस बीच मिनी उसे बड़े आग्रह से अपने जन्म-दिन की पार्टी का निमन्त्रण दे गई थी, "प्लीज़ मिस, आप ज़रूर आइएगा, मम्मी ने भी कहा है, फ़िर मम्मी कल त्रिचूर चली जाएँगी।" पर सुरंगमा जान-बूझकर ही उस दिन एक दिन की छुट्टी लेकर कानपुर निकल गई थी, वहाँ रहती तो मिनी उसे स्वयं आकर खींच ले जाती। दिन-भर कानपुर घूमकर वह रात को लौटी। मिनी के जन्मदिन का उपहार उसने कागज़ में लपेट सिरहाने रख दिया था। कल आएगी, तो उसे यहीं थमाकर कह देगी, "मुझे अचानक ही दौरे पर जाना पड़ा मिनी, इसी से नहीं आ पाई।' हाथ-मुँह धोकर नाइटी पहन वह खिड़की के पास आ खड़ी हुई थी, कि उसकी दृष्टि द्वार के पास पड़े एक पैकेट पर पड़ी। प्रायः ही डाकिया द्वार की दरार से उसकी चिट्ठियाँ सरका जाता था। एक बड़े-से लिफाफे में अपना टाइप्ड पता देख, उसने लिफाफा खोला, शायद किसी कम्पनी का कैलेंडर था। पैकिंग बड़े यत्न से की गई थी, दोनों ओर से दो गत्ते के मोटे टुकड़ों के बीच सैंडविच-सी तस्वीर खुलकर उसके हाथों में आई तो वह खड़ी नहीं रह पाई। उसे लगा, वह फिर उस निर्जन अरण्य के प्रस्तर-खंड पर बैठी थरथरा रही है और उसके कपोल से अधर सटाकर किसी की भारी आवाज़ कह रही है, "मुझे आज अपने उसी प्रिय चित्र की माडल मिल गई है, सुरंगमा!" तखत पर बैठकर सुरंगमा ने ध्यान से चित्र

को देखा, क्या वह उस दिन ऐसी ही लग रही थी। गीली-सफेद लाल पाड़ की साड़ी में झाँकता उसका उन्मुक्त यौवन भी क्या उस दिन इतना निर्लज्ज बन गया था? भींगी लटें, साड़ी की आर्द्र भाँजों से झाँकते विद्रोही स्तनयुगल और चेहरे पर समर्पण का वह अद्‌भुत सन्तुष्ट स्मित! वह जीर्ण चित्र शायद भेजनेवाले ने किसी पुस्तक की भाँज से ही निकालकर भेजा था। न कहीं भेजनेवाले का नाम था, न पता, फिर भी सुरंगमा उस चित्रकार की एक-एक रेखा में भेजनेवाले के हस्ताक्षर पढ़ चुकी थी। न जाने कब तक वह पागल-सी उस चित्र को हाथ में लिए बैठी ही रही। यह क्या हो गया था भगवान, यह कैसा क्रूर परिहास था विधाता का। क्या इस चित्र के माध्यम से वह अपने उस दिन के अभद्र व्यवहार के लिए मूक क्षमा-याचना कर उस अधूरे अनचाहे प्रकरण का सूत्र फिर पकड़ना चाह रहा था? एक बार जी में आया, तस्वीर फाड़कर खिड़की से बाहर फेंक दे पर ऐसा वह अन्त तक कर नहीं पाई। सूटकेस की तह में उसे छिपा चुपचाप आकर लेट गई। लेटते ही मीरा की अन्तिम बार दी गई चेतावनी, उसके कानों में तीव्र होकर गूँजने लगी।

दूसरे दिन मिनी नहीं आई। ड्राइवर ही आकर उसकी चिट्ठी दे गया था, "आप मेरे जन्म-दिन पर नहीं आई ना, इसी से मुझे बुखार आ गया। आज मैं नहीं आ पाऊँगी।"

सन्ध्या को बैंक से लौटी तो उसका उस कोठी में कभी पैर न रखने का दृढ़ संकल्प स्वयं ही बिखर गया। ज्वर में पड़ी मिनी की ममता उसे रह-रहकर खींचने लगी। बड़ी उलझन के बाद वह उसके उपहार का पैकेट थाम उसे देखने चली ही गई। वहाँ पहुँची तो पैर फिर डगमगाने लगे, क्या करे, पैकेट किसी को थमाकर लौट जाए? तब ही फूलों में पानी डलवा रही विनीता जी की नज़र उस पर पड़ गई, "आओ-आओ सुरंगमा, कल क्यों नहीं आई? हमने तो तुम्हें लेने कार भेजी थी, पर पता लगा वहाँ ताला लगा है। कहाँ गई थीं।"

"मुझे काम से कानपुर जाना पड़ा, लौटी तो बड़ी देर हो गई थी। सोचा, कल जाऊँगी। तब ही मिनी कि चिट्ठी मिली कि उसे बुखार आ गया है।"

"हाँ, बड़ा तेज़ बुखार है, कल खूब कुल्फी दागी लड़की ने, मैंने मना भी किया था, ठंडी चीज़ें उसको मुआफिक नहीं आतीं। तुम जाओ, अपने कमरे में लेटी है, मैं अभी आ रही हूँ।"

रूठी शिष्या को मनाने सुरंगमा उसी की दी साड़ी पहनकर आई थी।

बिस्तर पर अकेली चुपचाप पड़ी मिनी का कुम्हलाया चेहरा देखकर सुरंगमा का जी भर आया।

"मुझसे नाराज़ हो गई मिनी?" उसने हँसकर उसके सिर पर हाथ फेरा, "क्या करती तुम्हीं बताओ, एकाएक कानपुर जाना पड़ा। तुम्हारी चिट पाते ही जी में आया था भागकर तुम्हें देख आऊँ, पर आज बैंक भी कुछ जल्दी पहुँचना था, इसी से अब आ पाई।"

रूठी मिनी मुँह फेरे चुपचाप लेटी रही। इस बार सुरंगमा का स्वर लाड़-दुलार से छलक उसे चिढ़ाने लगा, "इधर तो देखो, तुम्हारी लाई साड़ी पहनकर आई हूँ मिनी! बताओ तो किस ऐक्ट्रेस जैसी लग रही हूँ—फ्रेंच या बेल्जियन?" फिर वह किसी पेशेवर मॉडल की मुद्रा में साड़ी का चमचमाता पल्लू फैला हँसती उसके सम्मुख खड़ी हो गई।

मिनी के बचकाने स्मित के साथ ही पर्दा खोलकर खड़े हो गए दिनकर ने हँसकर कहा, "मैं बताऊँ? न फ्रेंच, न बेल्जियन, बंगाल के उस चित्रकार की..."

सहसा नेपथ्य में विनीता जी की गुरुगर्जना से सकपकाकर दिनकर ने विनोदी कंठ का पैंतरा बदल लिया, मिनी के पास आकर वह ज़ोर-ज़ोर से कहने लगा, "कल कितनी बार मना किया था बेबी, कि इतनी कुल्फी मत खा, परन्तु कब मेरा कहना मानती है! अब इम्तहान नज़दीक आ रहे हैं, और तू बीमार पड़ गई है। मम्मी भी आज जा रही हैं।"

विनीता जी किसी अभागे नौकर पर बरसे चली जा रही थीं, "कितनी बार समझाया था कि बिना मरकरी से साड़ियाँ लिए मत आना। अब कहता है मैं क्या करूँ, दुकान बन्द हो गई थी। पाँचों अच्छी साड़ियाँ वहीं रह गईं। अब जा भाग, दुकान खुलवाकर मेरी साड़ियाँ अभी ला। समझा? मैं कुछ नहीं जानतीं।"

उसे समझाकर वह फिर उसी तनी मुद्रा में भीतर आईं। पुत्री के सिरहाने खड़े पति को उन्होंने एक बार घूरा फिर धम्म से कुर्सी पर बैठकर वह बड़बड़ाने लगीं, "कहीं जाना भी हो तो कभी इस घर से निश्चिन्त होकर नहीं निकल पाती। सब पैकिंग पड़ी है, साड़ियाँ लाया ही नहीं। पता नहीं दुनिया-भर के उज़बक छाँट-छाँटकर तुमने न जाने कहाँ से भर लिए हैं। कितनी बार कहा है, कि कम से कम एक नौकर तो ढंग का ढूँढ़ लो, मन्त्री के नौकर क्या बन गए, हरामखोर अपने को भी मन्त्री ही समझने लगे हैं।"

क्षण-भर पूर्व कमरे में छिटकी आनन्द की ज्योत्स्ना विनीता जी के आते ही विलुप्त हो गई।

सुरंगमा मिनी के सिरहाने हाथ का पैकेट रखकर उठ गई, "मैं अब चलूँ, मिनी जब तबीयत एकदम ठीक हो जाए तब पढ़ने आना, अच्छा!" फिर विनीता जी को औपचारिक नमस्कार कर उसने वही मुँदे हाथ दिनकर की ओर फेरे और पर्दा खोलकर बाहर निकल गई। विनीता जी के भयानक मूड का पारा उतरा नहीं था, इसीलिए उन्होंने मुँह खोलकर यह भी नहीं कहा कि स्टॉफ-कार सुरंगमा को छोड़ देगी। दिनकर पुत्री का माथा सहलाते रहे। पति की कठोर मुखमुद्रा देखकर फिर वह स्वयं रुआँसी हो गई, सुरंगमा को उसने नहीं रोका और उसी की उपस्थिति में उसे बुरा-भला कह गई। तब ही क्या वह उससे अप्रसन्न हो गया था? उस दिन पहली बार पति और पुत्री को छोड़कर जाने में, उसे न जाने कैसा लग रहा था, जी में आ रहा था त्रिचूर तार कर अपने न आ पाने की सूचना दे दे, किन्तु जहाँ वह अपने वातानुकूलित डिब्बे में बैठी और ट्रेन चली, वह सब भूल गई। उसका यायावर भ्रमणशील चित्त त्रिचूर के नए बन रहे आश्रम की योजना में उलझ गया।

मिनी की परीक्षा समाप्त होने तक सुरंगमा उसके लाख बुलाने पर भी, कभी उसके घर नहीं गई। परीक्षा समाप्त होते ही विनीता जी एक दिन के लिए आकर उसे अपने साथ त्रिचूर ले गई, तब भी सुरंगमा उससे नहीं मिल पाई। वह उन्हीं दिनों तीन दिन के दौरे पर कानपुर-उन्नाव चली गई थी। मिनी के जाने के बाद, उसका जीवन और भी नीरस हो गया। उसकी वाचाल निर्दोष शिष्या उसके कितने निकट आ गई थी, इसका आभास उसे उसके जाने के बाद हुआ। वह इधर सुबह ही अपनी किताबें बटोर सुरंगमा के घर आ जाती थी और दिन-भर वहीं पढ़ती रहती। सुरंगमा के हाथ का खाना उसे बहुत अच्छा लगता था, कभी दोनों एक साथ चौके में घुसकर खाना बनातीं, कभी पत्रिकाएँ देखतीं। सुरंगमा बैंक चली जाती तो मिनी उसी के तखत पर पसर जाती। कई बार उसे बुलाने आई आया बड़बड़ाती लौट जाती। सुरंगमा लौटती तो देखती अनभ्यस्त अनाड़ी हाथों से उसके सुव्यवस्थित चौके की पूरी व्यवस्था भंग कर चाय-चीनी के डिब्बे इधर-उधर फैला, उसकी शिष्या चाय बनाकर प्रतीक्षा में बैठी है। कभी पढ़ाई से ऊब, वह जिद कर सुरंगमा को घुमाने उठा ले जाती और उसे नित्य घर वापस भेजना सुरंगमा का सबसे बड़ा सरदर्द बन जाता। कई बार जब उसके डैडी दौरे पर रहते,

वह आया सहित रात बिताने भी चली आती।

"न जाने कैसी बौराई बिटिया है, कहते हैं इहाँ रहब, अब उहाँ कोठी में चार-चार कूलर लगे हैं, मूला सब सरंजाम है..."

"अच्छा-अच्छा, तुम चुप करो, आया, तुम्हें कूलर में सोना है तो चली क्यों नहीं जातीं! हमने डैडी से कह दिया है, हम यहीं सोएँगे..."

मिनी के जाने के बाद, कई दिनों तक कभी हवा से भी द्वार खटकता तो सुरंगमा चौंककर द्वार खोलने भागती, मिनी आई होगी, पर कहाँ थी मिनी, अब कौन उसकी कुंडी खटखटा सकता था। किन्तु एक दिन आधी रात को किसी ने उसकी कुंडी खटखटाकर उसके हाथ-पैर ठंडे कर दिए थे, "कौन? कौन?" दो-तीन बार पूछने पर भी जब किसी ने उत्तर नहीं दिया, तब उसने उठकर बत्ती जला दी। कोई चोर-उचक्का उसके उन मज़बूत द्वारों को तोड़े बिना भीतर नहीं घुस सकता था। कमरे की एकमात्र खिड़की से नीचे की ऊँचाई पर भी, कोई गगनचुम्बी सीढ़ी टेककर ही कमरे में आ सकता था। इसी से वह निर्भीक तनी बैठी रही, फिर उसने अकारण ही काल्पनिक नौकरों के नाम पुकार-पुकार द्वार खटखटा रहे दस्यु को सहमाकर भगा दिया था, "किशनसिंह माली, देखो ज़रा कौन कुंडी खटखटा रहा है, बड़े साहब को भी जगा दो...पापा, पापा!" फिर कुंडी नहीं खटकी पर वह सो नहीं पाई थी। आसपास कोई प्रतिवेशी नहीं थे, उस निर्जन परिवेश में कोई उसका गला घोंटकर बड़ी आसानी से उसकी मृत देह खिड़की से बहती गोमती में बहा सकता था, मीरा कई बार उसे किसी छात्रा या अध्यापिका को पेइंगगेस्ट बना साथ रखने का सुझाव दे चुकी थी, किन्तु सुरंगमा अपने एकान्त में किसी प्रकार का व्याघात नहीं चाहती थी। उसके गृह का सुदृढ़ दुर्ग-सा ढाँचा ही उसका सबसे सशक्त आयुध था। लगता था चारों ओर ऊबड़-खाबड़ चट्टानों से घिरा वह मकान किसी बुन्देलखंडी दुर्ग का नक्शा लेकर ही बनवाया गया है। द्वारों पर भी वैसे ही मोटे-मोटे पीतल के कब्जे-कुंडे जड़े थे, उन्हें कोई तोड़ना भी चाहता, तो शायद भीम की गदा के बिना नहीं तोड़ सकता था। किन्तु जिस दिन से उसकी वह रहस्यमयी कुंडी खटकी थी, उस दिन से उसका साहस स्वयं ही हिल गया था। पत्ता भी फड़कता तो वह उठ बैठती। एक दिन ऐसी ही निद्राहीन विभावरी में उसे वैरोनिका की स्मृति ने घेर लिया। उस कुछ-कुछ याद रह गए बँगले को तो वह अब भी ढूँढ़ सकती थीं, क्या पता वह विजातीय महिला, जिसने कभी उसे जननी के गर्भ से ही अपनी

उदार स्नेहपूर्ण संरक्षण दिया था, आज भी जीवित हो! यदि मिल गई तो फिर वह उसके पैरों पर सर रखकर अपने साथ ले आएगी। इस भयावह बँगले का एकान्त फिर उतना भयावह नहीं रह जाएगा। दूसरे दिन बैंक से लौटते ही वह उस लाल बँगले की खोज में निकल गई। उसे आज भी याद था कि वह बँगला चारों ओर से ब्यूगनवोलिया के कागजी फूलों से घिरा था, सामने एक लौंड्री थी और उसी के पास एक हैंड-पम्प था। उसकी सबसे बड़ी पहचान थी, सम्मुख खड़ी एक लखौरी ईंटों की जीर्ण चौमंजिली खंडहर-सी हवेली जिसकी चारों मंज़िलों में कितने ही दरिद्र परिवार अपनी फटी गुदड़िया सुखाते रहते और उनकी कबूतरों की-सी गुटरगूँ सड़क तक गूँजती थी। बड़ी देर तक भटकने पर उसने जब वह बँगला ढूँढ़ा तब अँधेरा घिर आया था। खंडहर हवेली अब भी थी किन्तु अब उसकी चारों मंज़िलों का अर्द्धांग टूटी ईंटों में नीचे बिखरा पड़ा था। दो-तीन नई चमचमाती दुकानों को देख पहले वह उस बँगले को पहचान नहीं सकी थी फिर उस ब्यूगनवोलिया की बेल ने ही जैसे उसे इशारे से बुलाकर बरामदे में खड़ा कर दिया। बड़े कमरे की जली बत्ती का प्रकाश जाफरी के जालीदार कोष्ठों से गरबा के घड़ों में जल रहे दीये की लौ-सा ही झिलमिला रहा था। शायद भीतर कोई पार्टी चल रही थी। किसी अंग्रेजी गाने के रिकार्ड के साथ कई जोड़ा जूतों की टाप सुनने से पहले ही वह घंटी बजा चुकी थी; पहले सुनती तो शायद लौट ज़ाती।

"कौन है?" ऐंग्लों इंडियन लहजे से खींची गई उस प्रश्न की भीड़ में किसी संगीनधारी सन्तरी के हौल्ट की धमक थी। फिर चरमराते फौजी बूटों की-सी पदध्वनि निकट आती गई और खट से द्वार खुल गया। दरवाज़ा खुलते ही मिली-जुली विदेशी सुगन्धों के तीव्र भभाके ने सुरंगमा को एक क्षण के लिए पीछे धकेल दिया।

"ही ब्यूटी" सामने खड़ा नशे में ढुल-ढुल हिलता हवाई दस्ते की नीली वर्दी में नीली आँखोंवाला वह अपरिचित युवक बड़ी घृष्टता से एयर इंडिया के महाराजा की मुद्रा में दुहरा होकर कहने लगा, कम इन स्वीटहार्ट, कम इन..."

सुरंगमा के सर्वांग में फैलती सुरसुरी उसे किंकर्तव्यविमूढ़ा बना गई। कहाँ फँस गई थी वह।

"कौन है माइक?" भीतर से किसी ने पूछा।

"डौंट आस्क मी, कम एंड सी क्वाइट ए माउथफुल...हा-हा-हा..." उसके

साथ ही नारीकंठों की चंचल हास्य-लहरी ने कमरा गुँजा दिया। प्रश्नकर्त्ता स्वयं बाहर आ गया।

जितना ही उद्दंड द्वार खोलनेवाला प्रथम फौजी था उतना ही सुसभ्य नम्र यह दूसरा आगन्तुक था, "कहिए किसे पूछ रही हैं आप?"

"मैं बचपन में यहाँ रही हूँ, इसी से जिनके साथ रही थी उनका पता पूछने आई थी।" उसने मुस्कराने की चेष्टा की, पर भय से काँपते अधर रुँआसी रेखाओं में ढल गए।

"क्या नाम था उनका?"

"म्यूरी, सिस्टर वैरोनिका म्यूरी..."

"ओह", वही पहला उद्दंड मदालस युवक ठहाका मारकर हँस पड़ा, "ओह माई गॉड! दिस इज़ द बेस्ट आई हैव हर्ड! सिस्टर म्यूरी हो-हो-हो, ही-ही हे गर्ल्स, देखो कौन आई है। सिस्टर म्यूरी का पता पूछने। देखिए मैडम, मैं बताऊँ निशातगंजवाली सिमिट्री देखी है। आपने?"

"ओह", शट अप माइक!" दूसरा सौम्य युवक अब उसे भीतर धकेल द्वार बन्द कर पीठ अड़ाकर खड़ा हो गया जैसे उसे भय हो रहा था—भीतर की नशे में चूर भीड़ बाहर आकर कुछ अभद्रता न कर बैठे। सिस्टर म्यूरी की मृत्यु के तो बारह साल हो गए। आप शायद कहीं बाहर से आई हैं? इस बँगले में अब मेजर डौसन रहते हैं। मैं उनका छोटा भाई हूँ। आज यहाँ कौकटेल पार्टी है। मैं आपको भीतर आने के लिए कहता पर..." वह फिर चुप हो गया।

सुरंगमा के चेहरे से वह जैसे आँखें नहीं हटा पा रहा था।

"धन्यवाद, मैं इतना ही पूछने आई थी, और उनके एक भाई थे रौबर्ट म्यूरी। उनका पता बता सकेंगे क्या?"

"हाँ-हाँ ब्रदर म्यूरी, गोवा, इतना ही लिख दें, तब भी चिट्ठी पहुँच जाएगी। पर आप—क्षमा करें—आपको मैंने नहीं पहचाना...सिस्टर म्यूरी मेरी माँ की फर्स्ट कज़न थीं।"

"आप मुझे नहीं पहचानेंगे। मेरा नाम सुरंगमा है, सुरंगमा जोशी। यहाँ स्टेट बैंक में प्रोबेशन औफीसर हूँ", वह हँसी, मोती-से उजले दाँतों की उस हँसी को वह मुग्ध होकर देख रहा था कि भीतर से फिर वही नशे में लटपटा उद्दंड स्वर आया, "हे बास्टर्ड, आर यू मेकिंग लव?"

युवक का चेहरा लाल हो गया। उस अशिष्ट गूँज को सुनकर भी अनसुनी

कर सुरंगमा उसे धन्यवाद दे तेज़ी से चली गई।

बाहर आई तो उसे लगा, जूतों की वही चरमराती पदध्वनि उसका पीछा कर रही है। एक प्रकार से दौड़ ही लगाती वह टेढ़ी-मेढ़ी गलियों से निकल इस प्रशस्त पथ पर हाँफ रही थी कि खचाक् से कार आकर उसके सामने रुक गई। हे भगवान, तब क्या वह मदमत्त शराबियों की टोली उसे कार लेकर खींचने आ गई थी।

''सुरंगमा, इतनी रात को यहाँ क्या कर रही हो?'' उसने चौंककर गर्दन उठाई, झंडा-लगी कार का द्वार खोल दिनकर ने आश्चर्य से उसके फक पड़ गए चेहरे को देखा—''आओ बैठो—मैं छोड़ दूँगा, अकेले कैसे जाओगी?''

''जी, मैं रिक्शा कर लूँगी।''

''कहीं रिक्शा देख रही हो क्या? आओ बैठो!'' इस बार दिनकर का स्वर अधैर्य से झुँझला उठा। वह बड़े संकोच से उसके पार्श्व में सिमटकर बैठ गई।

''धरमदत्त'', दिनकर ने रौबीली आवाज़ में ड्राइवर को आदेश दिया, ''पहले मिस साहब को उनके घर छोड़ दो।''

यही ड्राइवर कई बार उसे लेने-छोड़ने आया था। ''कहाँ से आ रही थी?'' दिनकर के प्रश्न में ईर्ष्या का पुट था—इतनी रात को, ईसाइयों की इस बस्ती में यह चुप्पा-सी लड़की क्या करने आई थी।

''जी, मेरी माँ की एक मित्र यहाँ रहती थीं उन्हीं से मिलने आई थी।''

''ओह, पर आजकल समय ठीक नहीं है, इतनी देर-सवेर तुम्हें कभी अकेले जाना ही हो तो, निःसंकोच कार मँगा लिया करो—बेबी नहीं है तो क्या हुआ...'' स्वर में हितैषी अभिभावक का वात्सल्य था। ''जी, मैं तो कहीं जाती ही नहीं हूँ, आज ही ज़रा काम था...''

ड्राइवर की उपस्थिति में दिनकर की जिह्वा केवल संक्षिप्त प्रश्न ही पूछ रही थी किन्तु कनखियों से उसने वह रक्तशून्य चेहरा देखकर जान लिया था कि लड़की कहीं कोई आघात पाकर ही सड़क पर खड़ी हाँफ रही थी। धीरे से उसने वह ठंडी हथेली थामकर दबा दी, जब तक कार सड़क पर पहुँचकर रुकी नहीं, सुरंगमा की काँपती हथेली बराबर उस मजबूत पकड़ में बन्द रही। वह उतरने लगी तो दिनकर ने ही उन लम्बी अँगुलियों को अन्तिम बार दबाकर छोड़ दिया।

''आप चली जाएँगी या ड्राइवर से कहूँ घर छोड़ आए?'' वह फिर 'तुम'

से 'आप' पर आ गया।

"अजीब मकान है आपका! लगता है, किसी टापू पर बना छोटा-सा किला है, न कार जा सकती है न रिक्शा—आप क्या उड़कर जाती हैं?"

इस बार सुरंगमा हँस पड़ी, जिस हँसी की अद्‌भुत छटा एक घंटे पूर्व उस अपरिचित युवक को लाल बँगले के बरामदे में मुग्ध कर गई थी वही दिनकर को विवेकशून्य कर गई। उसके जी में आया वह भी वहीं उतर पड़े और उसे बाँहों में बाँधता उसी के घर तक चला जाए।

"एक छोटा-सा ऊबड़-खाबड़ रास्ता है। मकान मालिक ने कहा है, जल्दी ही ठीक करवा देंगे" सुरंगमा हाथ जोड़कर चली गई, दिनकर चलती गाड़ी से, सर झुकाए चली जा रही उस साहसी लड़की की पीठ को तब तक देखता रहा जब तक कार तेज़ी से आगे नहीं निकल गई।

माँ की किस मित्र से मिलने गई थी वह? जब वह सड़क पर खड़ी विश्रान्त दृष्टि से इधर-उधर देख रही थी, तब ही दूर से दिनकर ने उसे पहचान लिया था। खड़ी होने की वह भुवनमोहिनी मुद्रा और किसी की हो ही नहीं सकती थी। रायबरेली के दौरे से वह थककर चूर होकर लौटा था, सोच रहा था घर जाते ही सो जाएगा, और दूसरे दिन भी देर तक सोता रहेगा। पर नींद नहीं आई, जितनी ही बार क्लान्त आँखें मुँदता वीरान सड़क पर खड़ी उस दुबली-पतली लम्बी सड़क का सफेद चेहरा उसकी पलकों पर उतर आता। कितनी देर वह ठंडी हथेली उसकी मुट्‌ठी में बन्द रही थी, और एक पल को भी उसने हाथ छुड़ाने की दुर्बल चेष्टा भी नहीं की।

सुरंगमा को उस दिन तकिए पर सर रखते ही गहरी नींद आ गई थी। ऐसी नींद उसे महीनों से नहीं आई थी। एक तो लालबाग के उस बँगले को ढूँढ़ने में इधर-उधर भटक वह बेहद थक गई थी, उस पर पिछली दो रातों से वह ठीक से सो नहीं पाई थी। आधी रात को न जाने कैसे उसका हाथ लग सिरहाने धरा पानी का गिलास टन्न से नीचे गिरा और वह चौंककर जग गई। उसे लगा, किसी ने द्वार खट्‌खटाया। क्या उसके कान बज रहे थे या सचमुच ही कोई द्वार खटखटा रहा था। इस बार किसी ने कुछ जोर से ही कुंडी खटखटाई। रात को उस बँगले के शराबी का फौजी चेहरा उसकी अधजगी आँखों में तैर गया। उस सौम्य युवक को अपना नाम-पता भी तो बता आई थी। द्वार की कुंडी अब बड़े अधैर्य से खड़खड़ाने लगी थी—"कौन?" इस बार सुरंगमा ने बड़े साहस से पूछा।

"सुरंगमा, द्वार खोलो!"

इस आवाज़ को वह सैकड़ों गलों से निकली आवाज़ के बीच भी पहचान सकती थी पर इतनी रात को उसके यहाँ? उसने घड़ी देखी, रात के ठीक ढाई बजे थे। "सुरंगमा, पहचाना नहीं दिनकर हूँ।" हड़बड़ाकर वह उठ गई। जिस चादर को ओढ़कर सोई थी उसी से उसने अपनी बाँहहीन नाइटी को ढाँपा और द्वार खोल दिया। चार-चार चिटखनियाँ-साँकल खोलने में उसे कुछ समय लगा। जब द्वार खुला तब आनेवाले ने पलक झपकाते ही चारों चिटखनियाँ चढ़ा दीं, और बन्द द्वार पर अपनी चौड़ी पीठ लगाए खड़ा हो गया। उसका साँवला चेहरा कोबरा की पीठ-सा चमक रहा था। उन्नत ललाट पर घुँघराले बालों के छल्ले फैलकर आँखों तक उतर आए थे। वह अब भी हाँफ रहा था। लग रहा था तेज़ी से दौड़ लगा, सीमा की डोरी थामे हाँफता कोई क्रास कंट्री रेस का विजयी धावक खड़ा है। नाइटी को ढाँपने डाली गई चादर जिज्ञासा, भय, कुतूहल की झंझा में उड़कर खुले तम्बू सी नीचे ढह गई थी। किसी आश्चर्यचकित मुग्ध बालिका की दृष्टि से वह एकटक उसे देख रही थी। हँसकर दिनकर ने दोनों हाथ फैला दिए।

"यहाँ आओ सुरंगमा। आओ, तुम्हें दिखाऊँ मेरा कलेजा अब भी कैसे किसी गेन्द-सा उछल रहा है, ऐसा दौड़ लगाकर संसार का कोई भी दुःसाहसी प्रेमी क्या आज तक अपनी प्रेमिका के पास ऐसी तीव्र गति से आ पाया है? आओ सुरंगमा।"

पर सुरंगमा के दोनों पैरों में जैसे किसी ने दो कीलें गाड़कर रख दी थी। बड़े निश्चित कदम रखता, उसका वह अद्भुत आत्मविश्वासी प्रेमी आगे बढ़ा और उसे खींचकर उसने ऐसे उठा लिया जैसे वह नन्ही बच्ची हो।

"सुरंगमा, सुरंगमा, ईश्वर ने हम दोनों की सृष्टि ही एक-दूसरे के लिए की है। मैं अब तक अपने को छलता रहा, नहीं—यह पाप है, पाप है। मेरी पत्नी है, पुत्री है। जनता का मुझ पर अगाध विश्वास है। मैं उसका सेवक हूँ। पर नहीं, मैं किसी का सेवक नहीं हूँ—किसी का नहीं, केवल तुम्हारा। जिस दिन तुम्हें पहली बार देखा उसी दिन से केवल तुम्हारा सेवक रहा हूँ।" उसे छाती से चिपटाए ही वह पागलों की तरह बड़बड़ाता तखत की ओर बढ़ा। सुरंगमा को बड़े यत्न से उस पर बिठा वह स्वयं ज़मीन पर बैठ गया फिर अपना तप्त चेहरा उसने सुरंगमा के थरथराते गौरचरण युगल पर रख दिया। न जाने कब तक दोनों ऐसे ही बैठे रहे। सुरंगमा एक शब्द भी नहीं

बोल रही थी, अचानक उसने अपने पैर छुड़ाकर खींच लिए। "आप यह क्या कर रहे हैं? किसी ने आपको यहाँ देख लिया तो...?" वह अब सुबकने लगी। विवश सिसकियों में उसकी दुबली देह सिर से पैर तक काँप रही थी।

"सुरंगमा", दिनकर ने एक बार फिर उसे खींचकर अपनी छाती से लगा लिया। "मैं जानता हूँ, मैंने यह ठीक नहीं किया, पर मैं न आता तो शायद पागल हो जाता। पागलों की तरह तुम्हें पुकार-पुकारकर शायद अपनी ही कोठी की दीवारें गुँजा देता। मैं जान गया हूँ सुरंगमा, कि तुम भी मुझे प्यार करती हो, तुम निश्चिन्त रहो। कभी कोई नहीं जान पाएगा कि मैं यहाँ आया था। दिनकर ऐसा मूर्ख नहीं है पर सच कहो सुरंगमा, क्या तुम्हें मेरा यहाँ आना अच्छा नहीं लगा? अपने इस एकान्त में, एक हितैषी मित्र के रूप में मुझे कभी-कभी स्वीकार करोगी? मेरी ओर देखो..."

सुरंगमा की छलछलाई आँखों में वह चेहरा उस क्षण कितना करुण होकर प्रतिबिम्बित हुआ था। कितना उदास!

"तुम नहीं जानतीं सुरंगमा, कंठ में दिन-रात शत-शत पुष्पहारों को धारण करनेवाला प्रदेश का यह महिमामय मन्त्री कितना अकेला है, कितना अभागा। कभी-कभी तो लगता है—पत्नी, पुत्री, इष्ट-मित्र, सब मेरे मन्त्रीपद के इर्द-गिर्द मँडराते नक्षत्रगण मात्र हैं। मैं अपने इन्हीं उदासरिक्त क्षणों को कभी-कभी तुम्हारे साथ बिताना चाहता हूँ।"

"आप क्या चाहते हैं, मैं आपकी मिस्ट्रेस बनकर रहूँ?" सुरंगमा छिटककर दूर हट गई, क्रोध से उसके पतले नथुने फड़क रहे थे।

दिनकर जोर से हँसा। "क्यों, उसमें क्या दोष है? किसकी मिस्ट्रेस नहीं थी? कभी-कभी राजनीति के गरिष्ठ भोजन के बाद ऐसा पाचक भी अनिवार्य हो उठता है। रूजवेल्ट, नेपोलियन और कहो तो अपने देश की विभूतियों के नाम भी गिनवा दूँ?"

"आपने मुझे समझा क्या है!" जवान चीते की-सी छलाँग लगाकर सुरंगमा ने द्वार खोल दिया—"जाइए आप, इसी क्षण बाहर निकल जाइए?"

दिनकर को प्रेयसी की वह मुद्रा और मोह गई। अब वह बड़ी धृष्टता से हँसकर कहने लगा। "अच्छा जाता हूँ, पर मिस जोशी, ज़रा अपना कंघा देंगी क्या? ये बिखरे बाल तो सँवार लूँ, कोई देखेगा तो सोचेगा आपने झोंटा पकड़कर बाहर निकाला है?" फिर बड़े अधिकार से सुरंगमा का तकिया खींच उसने हाथ के नीचे दाब लिया और अधलेटी मुद्रा में ही सिगरेट जलाने लगा।

सुरंगमा ने अब उसकी ओर पीठ फेर ली थी। बीच-बीच में विवश दबी सिसकी में उठती-गिरती उसकी पीठ देखकर दिनकर समझ गया, वह रो रही है।

सिगरेट का कश खींचता दिनकर धीरे-धीरे उसी की ओर आ रहा है, यह वह जान नहीं पाई। अचानक उसके दोनों कन्धे थाम दिनकर ने उसको अपनी ओर मोड़ लिया और एक ऊर्ध्वमुखी फूँक का संचित धुआँ उसके चेहरे पर फैला दिया। फिर उसे बाँहों में खींचता वह खिड़की के पास ले आया।

"यही खिड़की हमारी नवीन मैत्री की प्रथम साक्षी बनेगी", अपने अधर उसने फिर उसके अश्रुसिक्त कपोलों से सटा लिए, "कैसी मीठी बयार है, तुम्हारी सौरभमयी साँस-सी मधुर। अब इसी रात को याद कर जीवन-भर गुनगुना सकता हूँ :

छोट्टो घरखानी मने की पड़े सुरंगमा?
मने की पड़े मने की पड़े?
जानालाय नील आकाश झरे
सारा दिन-रात हावाय खड़े
सागर दोला...

पौ फटने से पहले जब उसका दस्यु-सा दुःसाहसी प्रेमी बड़े लाड़ से उसकी दोनों आँखें चूमकर निकल गया तब वह निष्प्राण मुरदे सी पड़ी ही रही। दिनकर का दुःसाहस फिर दिन-प्रतिदिन दुर्दम्य दृढ़ता से बढ़ता ही चला गया था, उसे देख सुरंगमा कभी-कभी भय से अवश हो जाती। वैसे उसके यहाँ कभी किसी के आने का भय नहीं था। आता भी कौन? न उसके कोई आत्मीय थे, न मित्र। माँ के कॉलेज की कुछ अध्यापिकाएँ बीच-बीच में उसे आकर देख जाती थीं, पर रात के दो बजे भला आ ही कौन सकता था? उसका बहुरूपिया प्रेमी कभी चादर ओढ़ देहाती बनकर चला आता, कभी साइकिल के दाएँ-बाएँ दूध की रिक्त बाल्टियाँ खनखनाता दूधवाला? एक ही महीने में दिनकर के चेहरे पर नवतारुण्य हिलोरें लेने लगा था। परिचय की अन्तरंगता ने सुरंगमा के गाम्भीर्य का मुखौटा खिसका दिया था। जो चापल्य कभी उसके कैशोर्य को नहीं रँग पाया वह आँख-नाक की कोर-कोर से फूटने लगा। उसके आने का समय-दिन वह न जाने कैसे जान लेती और द्वार पहले ही से खोल, किसी ओने-कोने में दुबक जाती। उसका अधीर प्रेमी उसे न

पाकर आसमान सर पर उठा लेता और निर्लज्ज बन उसे ज़ोर-ज़ोर से पुकारने लगता। वह हड़बड़ाकर निकल आती और भागकर उसके मुँह पर हाथ दाब देती। "छि-छि, क्यों बेशर्मी कर रहे हैं। किसी ने सुन लिया तब?"

"कौन सुनेगा जी, मेरी मिस्ट्रेस ने जान-बूझकर ही तो ऐसा किला ढूँढ़ा है, जहाँ बनारसी बाग का शेर भी आकर गरज जाए तो किसी को कानों में भनक न पड़े?"

"फिर आपने मुझे मिस्ट्रेस कहा!" वह तुनककर अपने को उस सशक्त बाहुपाश से छुड़ाने लगती।

"तब क्या हेडमिस्ट्रेस कहूँ जी?"

और वह फिर से हँस पड़ती।

कभी-कभी उसका वह सनकी प्रेमी ज़िद कर उसे दुल्हन-सा सजा देता। जितनी ही बार वह आता, उसके लिए एक न एक दामी उपहार अवश्य लाता। न जाने कितने मखमली डिब्बों से उसका सूटकेस भर गया था। सुरंगमा कई बार उसे टोक चुकी थी, "देखिए, अब आप कुछ लाए तो मैं उठाकर इसी खिड़की से बाहर फेंक दूँगी।"

"अच्छा ठीक है, मैं भी देख लूँगा कैसे फेंकती हो—अगली बार आकर कहूँगा सुरंगमा, यह है मेरा अन्तिम उपहार—स्वयं अपने को आज उपहार बनाकर लाया हूँ। अब बोलो फेंक पाओगी मुझे?"

इसके बाद वह लगातार पूरा महीना बाहर रहा था। उस अवधि में सुरंगमा को पहली बार लगा, वह अपने शतमुखी विनिपात के भँवरजाल में गले तक डूब गई है और नियति उसे निरन्तर गहराई में खींचती चली जा रही है। माँ के जीवन की मूर्खता ने भी शायद उसे इतना असहाय नहीं बनाया होगा। दिनकर के लौटने का समाचार वह अखबार में दो दिन पूर्व ही पढ़ चुकी थी, पर वह उसके पास क्यों नहीं आया? क्या उसने अपने क्षणिक आकर्षण की मरीचिका को पहचान लिया था या विनीता जी लौट आई थीं? फिर भी वह प्रत्येक रात्रि को उसकी प्रतीक्षा में व्यर्थ जागती रहती। आते ही वह गर्म कॉफी पीता था, उसके एक जोड़ी धुले कपड़े अपने हाथों से इस्त्री कर सुरंगमा अपनी साड़ियों के साथ सहेजकर रखती थी। हाथ-मुँह धोकर वह कपड़े बदलता। तखत पर उसका प्याला धरा रहता। दोहरे तकियों की ऊँची ढलान पर लेटना ही उसे पसन्द था। उसकी प्रिय अगरबती का धुआँ भी आधी-आधी रात तक कमरे में व्यर्थ मँडराता रहता। फिर हारकर, बत्ती बुझाकर वह सो

जाती। पाँचवें दिन जब सुरंगमा उसके आने की आशा छोड़ चुकी थी तब ही तीन बजे कुंडी फिर खड़की। द्वार की दरार से झाँककर उसने देखा और फुसफुसाकर पूछा, "कौन?"

"खोलो सुरंगमा, मैं दिनकर!"

उसके क्लान्त बुझे स्वर को सुनते ही सुरंगमा जान गई कि कहीं कुछ आघात पाकर ही नित्य का वह आनन्दी स्वर ऐसी अस्वाभाविक हो उठा है।

द्वार बन्द करते ही नित्य की परिचित मुद्रा में उसने अपनी दोनों लम्बी भुजाएँ फैला दीं–सुरंगमा के सुवासित माथे पर अधर सटाकर वह बड़ी देर तक बुत-सा खड़ा रहा, फिर धीमे स्वर में फुसफुसाकर बोला, "सुरंगमा, वह आ गई है!"

"तब क्यों चले आए?" बिजली की-सी तड़प से सुरंगमा ने उसकी छाती से अपना सर उठा लिया।

"तुम मुझसे यह पूछ रही हो सुरंगमा? मैं आज दिल्ली जा रहा हूँ–जिस दिन मुझे सुबह की फ्लाइट से जाना होता है, उस दिन मैं हमेशा अपनी स्टडी में अकेला सोता हूँ, विनीता ज़ी को देर से सोने का अभ्यास है। बहुत तड़के मैं नित्य घूमने जाता हूँ, यह भी उन्हें पता है। द्वार मैं भीतर से बन्द रखता हूँ और कभी भी असमय द्वार खटखटाना मुझे पसन्द नहीं है, यह भी वह जानती हैं। इसी से खिड़की से कूदकर आ गया हूँ। जाऊँगा तो कोई देखेगा नहीं–सन्तरी सोचेगा मैं घूमकर लौट रहा हूँ और फिर विनीता के जगने से पहले ही मैं उड़ जाऊँगा..."

"पर आपका ऐसे आना अब ठीक नहीं है", सुरंगमा ने अपने को छुड़ाने की चेष्टा की, बाहुपाश कठोर होने पर भी वह छटपटाकर दूर छिटक गई।

"आपका यहाँ आना कितना अशोभनीय है, यह आप क्या नहीं जानते?"

"जानता हूँ, जानता हूँ, पर क्या करूँ" एक लम्बी साँस खींचकर उसके निर्लज्ज प्रेमी ने अपनी दोनों भुजाएँ फिर आह्वान में फैला दी।

"नहीं", सुरंगमा का स्वर दृढ़ था, "इतने दिनों मैंने यही सब सोचा है, आपका अपना परिवार है, उज्ज्वल भविष्य है–फिर मिनी", सुरंगमा का गला रुँध गया, "उसका ध्यान आते ही मुझे लगता है–सबसे बड़ा अन्याय मैं उसी के साथ कर रहीं हूँ–वह सयानी हो रही है, एक न एक दिन वह भी जान जाएगी और फिर क्या वह मुझे क्षमा कर पाएगी?"

दिनकर ने लपककर उसे अपने उग्र बाहुपाश में बाँध लिया, "देखो

सुरंगमा, तुम क्या सोचती हो, मैं इतने दिनों निश्चिन्त होकर सोता रहा हूँ? उसी टेंशन को मैं यहाँ भुलाने आया हूँ, बढ़ाने नहीं...''

दिनकर के जाने के बाद, सुरंगमा को लगा कि उसने दृढ़ता से काम नहीं लिया तो वह अपने उस अविवेकी अधीर प्रेमी को कभी यहाँ आने से नहीं रोक पाएगी। उसे स्वयं ही अब अपने उस प्रिय एकान्त परिवेश का त्याग कर अन्यत्र जाना होगा। जिस मुहल्ले में वह पहले रहती थी, वहाँ उसके उदार मकान-मालिक उसके मुँह खोलते ही उसके लिए एक कमरा खोल देंगे और एक बार वह पहुँचने पर फिर दिनकर कितना ही दुःसाहसी क्यों न हो, उस जनसंकुल गली में उसके लिए आ पाना असम्भव हो उठेगा। कुछ ही दिनों की तो बात थी, फिर तो विनीता जी स्पष्ट चेतावनी दे ही गई थीं, उसे उठाकर वह कहीं दूर पटक देंगी। दिनकर चार-पाँच दिन तो बाहर रहेगा ही, इस बीच ही उसे प्रेमी की अनुपस्थिति का लाभ उठा, बोरिया-बिस्तर बाँधना होगा। सन्ध्या को बैंक से लौटते ही, वह अपने पुराने मकान-मालिक के यहाँ जाने को तैयार होकर निकल ही रही थी कि सड़क पर परिचित कार को देखकर देहरी पर ही ठिठक गई। द्वार खोलकर विनीता जी उतरीं, दूर से ही क्रमशः निकट आ रही उस तेजस्वी रौद्र मूर्ति को देखकर सुरंगमा का हृदय किसी अनजान आशंका से सहम गया। आज अकेले ही इस असमय वह उनसे मिलने कैसे चली आ रही थीं। विनीता जी निकट आईं तो उसने अपनी स्वाभाविक सरल मुस्कान से उनकी अभ्यर्थना की, "आइए, मिनी नहीं आई क्या," "नहीं!" संक्षिप्त उत्तर के साथ ही वह स्वयं कुर्सी खींचकर बैठ गईं।

सुरंगमा को अब अपने ही कमरे में पैर रखने में ऐसा भय हो रहा था, जैसे फर्श पर दहकते अंगारे बिछे हों। क्यों आई थीं वह? तब क्या उन्होंने कुछ सुन लिया था? कभी कैसी मुर्खता कर बैठता था दिनकर!

"सुरंगमा, तुम ऐसी नीचता पर उतर आओगी, इसकी मुझे उम्मीद नहीं थी।" तेज़ चलने से उनकी विराट छातियाँ तराजू के पलड़ों-सी उठ-गिर रही थी, स्वर में दबे रुदन का स्पष्ट आभास था।

सुरंगमा के खड़े होने की निर्भीक मुद्रा उन्हें फिर बौखला गई। कैसे तनकर खड़ी उन्हें देख रही थी, बेहया छोकरी, जैसे कुछ किया ही न हो।

"तुम्हें शर्म नहीं आई?" इस बार उनके खीझे स्वर की कर्णकटु चीख

कानों को झल्लाने लगी, "जो कुलटा किसी की बसी-बसाई सुखी गृहस्थी उजाड़ती है, उसे विधाता भी क्षमा नहीं करता। पर मैंने कभी सोचा भी नहीं था," और फिर वह रौबदार अहंकारी महिला, जिसकी गर्वीली उन्नत ग्रीवा को आज तक सुरंगमा ने ईश्वत् नम्र होते भी नहीं देखा था, कुर्सी पर निढाल हो फूट-फूटकर रोने लगी। क्रमशः घनायमान हो रही, डूबती सन्ध्या की धूमिल छाया खुली खिड़की के कमरे में सरक सर्पिणी-सी रेंगने लगी थी। सुरंगमा दोनों हाथ पीठ पीछे ऐसे बाँधे खड़ी थीं, जैसे मुश्कें बँधी हो। फिर भी निर्दोष अपराधिनी की भाँति उसकी गर्दन तनी थी, आँखों में पश्चात्ताप की क्षीण रेखा भी नहीं थीं। हाथ बढ़ाकर ही वह स्विच खटका सकती थी, किन्तु उसने जानबूझकर ही बत्ती नहीं जलाई। अँधेरे कमरे में वह कुर्सी पर तनकर बैठ गई, "तुम मत समझना कि मैं तुम्हारे पास रो-गिड़गिड़ाकर अपने सौभाग्य की भीख माँगने आँचल फैला रही हूँ। किसी वेश्या के सम्मुख आँचल फैलाने से, मैं चुल्लू-भर पानी में डूब मरना श्रेयस्कर समझती हूँ।"

अपनी तीखी दृष्टि के चाबूक से उन्होंने अँधेरे में भी उस तनी खड़ी लड़की को तिलमिलाते देख लिया और फिर उसी शक्तिशाली सम्बोधन को दुहराया, "हाँ, एक बार नहीं, लाख बार कहूँगी, तुम वेश्या हो। वेश्या तो खुले खज़ाने अपने शरीर का व्यापार करती है और तुम?" विकृत हँसी में उनके मोटे होंठ तिर्यक् हो गए।

"बाहर से देखने में सौम्य, सम्भ्रान्त और भीतर? ओफ, मैंने कभी कल्पना भी नहीं की थी कि तुम ऐसी होगी। यही सब करना था तो किसी अड्डे पर क्यों नहीं बैठ गई? लखनऊ में तो ऐसे एक नहीं अनेक अड्डे हैं। या वहाँ भी पार्ट टाईम पेशा करती हो? मैं सब सुन चुकी हूँ, किस जौहरी की दुकान से तुम्हारे लिए कौन-कौन-सा उपहार आया है, किस-किस रंग की रेशमी साड़ियों से तुम्हारा बक्सा पाट दिया गया है पूरी लिस्ट धरी है मेरे पास। पर इतना समझ लो सुरंगमा जोशी, मेरी अनुपस्थिति में ही तुमने मुझे मूर्ख बनाया है, अब नहीं बना सकती। अगर तुम अब भी नहीं चेतीं तो तुम्हें ऐसे कुचलकर मिट्टी में मिला देने की क्षमता विनीता में है..." अपनी चप्पल को उन्होंने फर्श पर रगड़कर दाँत पीस लिए।

"मैं यहाँ आए बिना भी तुम्हें तुम्हारे इस अक्षम्य अपराध का उचित दंड दे सकती थी। जिस चेहरे पर तुम्हें इतना गुमान है, जिस मासूम भोले मुखड़े के चुम्बक से तुमने मेरे लौहपुरुष को खींचा है, उसे मैं तेज़ाब डलवाकर किसी

कुष्ठ रोगिणी के चेहरे-सा ही विकृत बना सकती थी। अपनी जिस यौवन-मंडित देह का तुम्हें इतना गर्व है, उसे मैं एक साथ बीसियों गुंडों से नुचवाकर इसी गोमती के गर्भ में सदा-सदा के लिए विलीन कर सकती थी। पर ऐसा कर भी देती तो शायद दिनकर मुससे जीवन-भर प्रतिशोध लेता रहता।" फिर एक क्षण चुप रहकर वह अब जैसे सुरंगमा की उपस्थिति भी भूलकर स्वगत बड़बड़ाने लगीं "वह मूर्ख तुम्हें प्यार नहीं करता, तो क्या अपनी राजनीतिक महत्ता को भी ऐसे भूल-बिसर जाता? मैं अब उसे पलकों में मूँदकर रखूँगी। बाहर-भीतर निरन्तर उसके छायाग्रास को भी निगलती रहूँगी।" एकाएक अपनी दृढ़ घोषणा के साथ वह उछलकर खड़ी हो गई और अपना तमतमाया चेहरा सुरंगमा के इतने निकट ले आई कि वह सहमकर पीछे हट गई। विनीता जी के उस एकदम ही मर्दाने लग रहे चेहरे की रगें फूल गई थीं, दोनों मुट्ठियाँ बाँध वह फिर दाँत पीसकर कहने लगी, "समझ लिया है ना?" उनकी दोनों आँखों से प्रतिशोध की ज्वलन्त चिंगारियाँ फूट रही थी, क्रोध के वाष्प ने चश्मे का मोटा लेंस धुँधला कर दिया, उसे उतार आँचल से पोंछती वह फिर बड़बड़ाने लगीं, "मैंने तुम्हारी बदली का प्रबन्ध कर दिया है, सात-आठ दिन में यहाँ से तुम्हारा मुँह काला हो जाएगा और तब तक तुम्हारे एक-एक कदम का हिसाब मेरे बही-खाते में लिखा जाता रहेगा।"

हाथ का बटुआ सम्भाल उन्होंने जाने को पैर बढ़ाया ही था कि सुरंगमा के स्वर की दृढ़ता उन्हें चौंका गई, "रुकिए, आप अभी नहीं जा सकतीं!" विनीता जी का साहसी हृदय भी एक पल को धड़क उठा। क्या कह रही थी यह छोकरी! क्या कहीं से छिपा रिवाल्वर निकालकर सौत के सीने पर धरेगी अभागी? उन्होंने भी तो कैसी मूर्खता की थी अकेली ही चली आई, पर साथ में लाती भी किसे? अपनी लज्जा, अपने दुर्भाग्य को वह अपने ही तक सीमित रखना चाहती थीं। उन्हें रुकने का दुःसाहसी आदेश देकर सुरंगमा भीतर गई तो उन्होंने लपककर बत्ती जला दी और तेजी से बाहर निकल गई। दूर खड़ी कार को देख उन्हें कुछ तसल्ली हुई। कमरे की घुटन और तनाव के बाद बाहर की बयार ने उन्हें सहलाया तो वह हाँफती देह को विश्राम देने एक पल को रुकी। तेज़ी से आकर सुरंगमा उनका मार्ग अवरुद्ध कर खड़ी हो गई।

"लीजिए, इन्हें लेती जाइए, मैंने इसमें से एक भी वस्तु की फरमाइश नहीं की थी, इसकी पुष्टि आप दिनकर से पूछकर कर सकती हैं!" मेजपोश

नहीं की थी, इसकी पुष्टि आप दिनकर से पूछकर कर सकती हैं!" मेजपोश में लिपटे सारे प्रणयोपहार वह उन्हें थमाने लगी तो विनीता जी चिहुँककर पीछे हट गई।

दिनकर... दिनकर कहने का साहस, इस छोकरी को हुआ कैसे! बिना उसकी ओर देखे ही फिर विनीता जी ऐसे आगे बढ़ गई, जैसे उसकी बात का एक शब्द भी उनके कानों में गया ही न हो।

"आपने कहा, मैं वेश्या हूँ", हाथ का पैकेट लिए सुरंगमा उनके साथ-साथ चलने लगी, "वेश्या निर्लज्ज होती है, यह भी आप जानती होंगी, आपने यह पैकेट नहीं थामा तो मैं आपके साथ चलकर स्वयं आपके ड्राइवर को थमाकर कहूँगी—दिनकर को दे दे।" वह इतना कहकर हँसी। खुली तलवार की तीखी धार-सी सौत की वह हँसी विनीता जी के कलेजे में धँस गई।

"तो क्या तुम दिनकर को ब्लैकमेल करने की धमकी से मुझे डरा रही हो?" इस बार उनका प्रश्न क्रुद्ध सिसकी में टूट गया।

"जी नहीं, यह विद्या मैंने अभी नहीं सीखी", हाथ का पैकेट उनके हाथों में डाल वह तेज़ी से मुड़ गई।

कार चली तो काँपते हाथों से विनीता जी ने पैकेट खोला। कितनी साड़ियाँ और कितने मखमली डिब्बे! फिर एक बादामी लिफाफे में, यत्न से धरा गया एक जीर्ण-शीर्ण चित्र। लाल पाड़ की भीगी साड़ी में नग्न अंग-प्रत्यंग दिखा रही, काँख में कलश लिए पोखर की सीढ़ियाँ चढ़ती एक सुन्दरी। उन्होंने अपनी बुद्धिदीप्त दृष्टि से चेहरे को ध्यान से देखा, भीगी भाँज का एक-एक उभार, तरल आँखों की स्निग्ध चावनी, लाल अधरों का मोहक ढलान, चिबुक की निर्दोष गढ़न—सब कुछ ही तो सुरंगमा का था। तब क्या कभी ऐसी ही मोहक भंगिमा से उस छोकरी ने उसके पति को भी मोहा था? विनीता जी की आँखें छलछला आईं, एक-एक कर डिब्बों को खोलती, बन्द करती वह पागल-सी हो गई। ड्राइवर न होता तो शायद फूट-फूटकर रो पड़तीं। विवाह के प्रथम दिवसों की मधुर स्मृति उन्हें व्याकुल कर गई, उनके काँपते अधरों पर सरल दिनकर का प्रथम अनाड़ी चुम्बन, अधकचरे बाहुपाश का बेढंगा ढीलापन, जिसे उसने कभी स्वयं ही एक-एक पेच कसकर अटूट बनाया था, रवीन्द्रनाथ की कविता की आवृत्तियाँ सब उसकी अश्रुसिक्त पलकों पर दिवास्वप्न बनकर उतर आईं। उन दिनों वह बार-बार उसके कानों से अधर सटाकर चिढ़ाता था :

गोपने प्रेम रय ना धरे
आलोर मत छड़िए पड़े

(प्रेम कभी गोपन नहीं रहता, प्रकाश की भाँति स्वयं इधर-उधर छिटक जाता है।)

"कब तक छिपाओगी अपने समाज से? मुझे स्वीकार करो विनीता..."

आज कहाँ गया वह अनुरोध, वह प्रेम, वह आसक्ति? उस उत्कट उन्माद के क्षणों में भी उसने क्या कभी एक साड़ी या एक छल्ला उसे लाकर दिया था? विनीता जी की आँखों से अविरल अश्रुधार बहती जा रही थी। इन झुमकों ने सुरंगमा के कानों में झूलकर न जाने कितनी बार उसके पति के कपोलों का स्पर्श किया होगा, इन साड़ियों के आँचल न जाने कितनी बार उसके जीवन-सहचर के नग्न वक्षस्थल पर लहराए होंगे। रूमाल मुँह में डालकर उसने सिसकी रोक ली। मिनी को दिल्ली छोड़कर उसने बुद्धिमता का कार्य किया था। वह आज यहाँ होती तो अनर्थ हो जाता। दिनकर! दिनकर! तुमने क्यों ऐसा किया? क्यों? कार के खुले शीशे से आ रहे तेज़ हवा के झोंकों के साथ बार-बार विनीता जी का मूक प्रश्न उन्हीं की छाती में टकरा रहा था। उस प्रश्न का उत्तर अब उन्हें जीवन-भर नहीं मिल सकता था। हृदय के उस घाव को वह कितनी ही मृत्युञ्जयी चिकित्सा से भर लें, उसका निशान अब कभी मिट नहीं सकता था। पति-पत्नी का रिश्ता जब एक के चरित्र की दुर्बलता से टूटता है, तब टूटे दर्पण की ही भाँति फिर कभी सम्पूर्ण रूप से जुड़ता नहीं है।

सुरंगमा की सारी रात उस दिन खिड़की के पास धरी कुर्सी पर ही बैठे-बैठे कट गई थी। दूसरे दिन बैंक गई तो उसे लगा सब उसे ही मुड़-मुड़कर देख रहे हैं। अखबार उठाकर देखने में भी उसे न जाने कैसा भय हो रहा था। विनीता जी उसे बदली की धमकी दे गई थीं, किन्तु उस अपमान से वह स्वयं ही छुटकारा पाने का निश्चय ले चुकी थी।

त्यागपत्र देकर वह स्वयं ही लखनऊ से डेरा-डंडा उखाड़, रौबर्ट के पास गोवा चली जाएगी। जिसने जीवन-भर डैडी की मान्यता देने का वचन दिया था। वह क्या वहाँ जाने पर उसके लिए द्वार बन्द कर पाएगा?

डाकिया द्वार की दरार से चिट्ठी सरका गया तो वह चौंककर उठी। परिचित अक्षरों ने एक बार फिर उसे दुर्बल बना दिया। एक बार जी में आया, बिना पढ़े ही फाड़कर फेंक दे, पर फिर काँपती अँगुलियों से उसने लिफाफा खोला। न कोई सम्बोधन, न नाम--फिर भी उसे लगा, जिन चार

मधुर पंक्तियों के साथ वह प्राणों से प्रिय अनजान व्यक्ति उसके जीवन को झंझा के वेग से हिलाकर रख गया था, उसी वेग से उन्हीं पंक्तियों के साथ उसके जीवन को एक बार फिर हिलाकर उससे सदा-सदा के लिए विदा हो गया है :

छोट्टो घरखानी
मने की पड़े सुरंगमा?
मने की पड़े, मने की पड़े?
जानालाय नील आकाश झरे
सारा दिन-रात हावाय खड़े
सागर दोला!

हाथ में उसी लिफाफे को लिए वह द्वार पर साँकल लगाकर विक्षिप्त-सी नंगे ही पैर बाहर निकल गई। उसके खुले दीर्घ केश पीठ पर फैले थे, विस्फारित आँखों में न जाने कैसी उन्मत्त शून्यता थी। पागलों की भाँति वह धीरे-धीरे बढ़ती हनुमान सेतु की रेलिंग पकड़कर खड़ी हो गई। सामने अन्धकार में क्रमशः डूब रहे लखनऊ की टिमटिमाटी बत्तियाँ गोमती-वक्ष में प्रतिबिम्बित हो रही थी। एक क्लान्त वृषभ न जाने कहाँ से आकर उसके पैरों के पास पसर गया। तीन-चार कतारबद्ध ट्रक सड़क का कलेजा रौंदते निकल गए, कई रिक्शा-साइकिलों की टुनटुनाती घंटियों और फिर थोड़ी देर तक जनकलरव से मुखरा सड़क एकदम निःस्तब्ध हो गई। रेलिंग थामे वह न जाने कब तक खड़ी रही । पैरों के पास पसरा बैल उठा तो वह चौंककर चैतन्य हुई। कब तक खड़ी रहेगी यहाँ? मन्दिर से आ रही आरती की घंटा-ध्वनि धीरे-धीरे मन्द अवरोह पर उतरती एकदम शान्त हो गई। एक बार गोमती की उद्दंड लहरों में चिट्ठी फेंकने को उसके हाथ उठे फिर न जाने क्या सोचकर उसने चिट्ठी कसकर मुट्ठी में ऐसे दाब लिया जैसे वह कागज का टुकड़ा नहीं विवश प्रेमी का काँपता हाथ हो। जैसी ही मरी-घिसी चाल से वह आई थी, वैसे ही क्लान्त पगों से वह लौट गई।

द्वार की साँकल वैसे ही लगी थी, शायद अचानक ही पूरे शहर की बिजली चली गई थी। घुप्प अँधेरे में वह साँकल टटोलने लगी तो द्वार पर पड़ी किसी गठरी से टकराकर लड़खड़ा गई। भय से उसका सर्वांग सिहर उठा। कौन छिपकर ऐसे घात लगाकर वहाँ बैठ गया था? तेजाब डालकर उसे विकृत बनाने और गुंडों से नुचवाने की विनीता जी की भयंकर धमकियाँ

उसके कानों में एक बार फिर गूँज उठी।

"कौन, कौन हो तुम?" उसने पूछा। कोई उत्तर न पाकर वह झुकी और वर्षों के परिचित दुर्गन्ध के भभाके को पहचान उसने आँखें बन्द कर लीं।

मैली-सी पोटली का सिरहाना बना नशे में चूर गजानन बेहोश पड़ा था।

●●●